이 책은 예수님을 인격적으로 깊이 만나 구원을 받은 신약 성경 주요 인물들의 성장과 공적 생애를 추적하는 영적 수상록 형식의 설교집이다. 예수님을 지극히 감미롭게 따랐던 예수따르미의 행로를 추적한 영적 저널인 셈이다. 저자 송인수는 긴 세월 동안 공교육 개혁과 발전을 위해 투신해 온 교육개혁가요 사상가다. 사람들은 그의 초지일관하고 투철한 사명감의 근원이 무엇인가 물어 왔는데 이 책은 그것이 예수님에 대한 인격적 투신과 사랑에서 비롯된 것이라고 답한다. 베드로부터 헤롯왕의 신하에 이르기까지 예수님을 인격적으로 만난 사람들의 만남을 자세히 기록하는 1부는 감동적이고 논리적인 본문 해설도 좋지만 저자의 영적 분투에 대한 간증적 삽화들 덕분에 더 감동적이다. 신앙이란 무엇인가를 묻는 2부 또한 신앙 인물들을 줌업(zoom-up)하는 형식으로 스스로 설정한 질문에 답변을 제시한다. 저자는 비록 정규 신학 수업을 받지 않았으나 여기에 담긴 성경 묵상은 깊고 상상력으로 가득 차 있다. 그러므로 부디 이 책이 모든 평신도 성경 교사와 설교자들에게 신선한 자극과 격려를 주기를 간구한다. 이 땅의 목회자들에게도 널리 읽혀 그들의 설교 사역 심화를 촉발시키는 도전이 되기를 기도한다.

김회권 숭실대 기독교학과 교수

복음서에서 예수님은 다양한 인물을 만난다. 저자 송인수는 뛰어난 상상력과 문장력을 발휘해 그 만남들을 우리 눈앞에 생생하게 펼쳐 보인다. 성경의 가르침에 충실하면서도 저자의 신실한 신앙의 고백과 체험이 가미되어 여느 설교보다 뛰어나고 무척 감동적이다. 성경이 신학 이론의 원전이 아니라 생동하는 내러티브임을 실감하게 해 주는 아주 특별한 책이다.

손봉호 서울대 명예교수

아, 이 책은 투박하다. 그가 참여하는 평신도 교회에 모이는 적은 청중과 나눈 복음서 이야기를 이렇게 모았다. 그는 잘 울고, 많이 운다. 요한복음이 보여 주는 예수님의 모습과 그의 고투가 많이 닮았다 싶었는데, 아마 그가 닮고 싶었던 예수님이 거기에 있었기 때문일 것이다. 종교개혁가 마르틴 루터는 만인사제론을 들고나와 평신도에게 성경 해석권이 주어져야 한다고 외쳤다. 500년이 지났으나 아직 우리에게는 그 외침에 값하는 결과물이 많지 않다. 이 책은 마음과 뜻과 정성을 다해 말씀을 읽고, 해석하고, 살아 내고자 애썼던 평신도 운동의 유구한 흐름을 이 땅에서 재현하고 갱신하는 최전선의 열매다. 오늘 우리 설교자들의 강단에서 완전히 사라져 버린 줄 알았던 그 '어떤 것'을 이 책에서 찾았다. 평신도뿐 아니라 설교자들도 꼭 읽어 보기를 청한다.

양희송 청어람ARMC 대표

이 책은 남다르다. 성경을 읽다가 한 번쯤 던져 봤을 법한 질문을 놓치지 않는다. 답을 얻기 위해 상상력을 동원해 끈질기게 파고든다. 그 덕분에 말씀이 입체적으로 살아 움직인다. 무엇보다 내 삶을 말씀에 통째로 던지고 싶게 할 정도로 용기를 준다. 인생설계도를 그리고 있는 청소년들의 눈과 귀까지도 활짝 열리게 만들 매력적인 책이다.

이수진 한국형 청소년 자유학년제 꽃다운친구들 대표

이상하다. 해박한 원어 뜻풀이나 최신 신학 담론, 화려한 인문학적 서술이 없는데도 어떤 주석이나 강해보다 말씀이 깊고 풍성하다. 말씀과 연관된 저자의 경험을 끊임없이 이야기하는데, 저자가 아니라 그리스도의 십자가가 보인다. 철저하게 말씀으로 말씀을 풀이하는데, 계속해서 읽는 이의 삶의 맥락들에 말씀이 와닿는다. 삶과 신앙의 과제를 붙들고 말씀과 정직하게 씨름하는 자에게 주시는 하나님의 은혜가 이토록 크다.

정병오 기독교윤리실천운동 공동대표, 좋은교사운동 전 대표

만 남

IVP(InterVarsity Press)는
캠퍼스와 세상 속의 하나님 나라 운동을 지향하는
IVF(InterVarsity Christian Fellowship)의 출판부로
생각하는 그리스도인을 위한 문서 운동을 실천합니다.

만 남

한길 가는 교육운동가 송인수의
예수를 만난 사람들

송인수

lvp

차례

머리말 — 직접 길어 마셔야 할 물　　　　　　　　9

1부　**예수를 만난 사람들**

1 — 그물을 던져야 아는 답이 있다　　　　　　21
　　　베드로

2 — 네가 무화과나무 아래에 있을 때에 보았노라　　43
　　　나다나엘

3 — 그가 내려놓아야 했던 것　　　　　　　　63
　　　니고데모

4 — 하나님 나라에 우연은 없다　　　　　　　87
　　　수가성 여인

5 — 낫기 시작한 때를 물은즉　　　　　　　109
　　　헤롯의 신하

6 — 제 도시락을 드리고 싶어요!　　　　　　129
　　　한 소년

7 — 믿음과 절망은 분리되지 않는다　　　　　149
　　　마르다

8 — 모든 것을 버리라!　　　　　　　　　169
　　　부자 청년

2부 진정한 신앙이란 무엇인가?

1 — 예수님의 시간표 　　　　　　　　　　195
　　　멈춤

2 — 내 때는 아직 이르지 아니하였거니와 　215
　　　분별력

3 — 그가 내 안에, 내가 그 안에 　　　　　233
　　　사랑

4 — 작은 기도에 담긴 큰 뜻 　　　　　　251
　　　제자의 삶

5 — 성공을 다시 생각한다 　　　　　　　267
　　　죽음

6 — 동쪽 하늘 언덕, 간달프의 군대 　　　285
　　　부활

머리말

직접 길어 마셔야 할 물

제가 설교집을 낸다고 하니 뜻밖의 일이라 여길 분들이 많을 것입니다. 저는 목회자도 아니고 신학교를 가 본 적도 없는 평신도 교육운동가니까요. 여기에는 사연이 있습니다. 두 아이를 키울 때 한 가지 염려가 저를 따라다녔습니다. '아이들이 내 품을 떠난 후에 과연 신앙을 고백하며 살 수 있을까? 성인이 되어서 믿음의 터전을 가꾸며 살 수 있을까? 돈을 최고의 가치로 떠받드는 자본주의 체제에서 영혼의 순수함을 지킬 수 있을까?'와 같은 염려였지요. 이 문제로 새벽에 기도하다가 눈물을 쏟은 적이 한두 번이 아닙니다.

그런 고민을 안고 살다가 2008년, 고향과도 같았던 교회를 떠나게 되었습니다. 새로 섬기게 된 교회는 교인 수가 적었는데 특히 중고등부는 제 아들과 친구 목사의 두 딸이 전부였습니다. 저는 아이들을 직접 가르치기로 결심했습니다. 성경 공부 교재를 이용하는 대신 말씀을 직접 읽고 함께 공부해 나가는 방식으로요.

이 시간을 위해 저는 토요일 밤마다 성경을 펼쳤습니다. 본문이 요한복음이었는데, 참 놀라웠습니다. 성경 속 여러 인물이 예수님을 만나 몇 마디 나누고서는 직업까지 버리고 곧바로 그분을 따르는 것 아니겠어요? 나다나엘이 그랬고 야고보와 요한이 그랬습니다. 물론 예수님은 하나님의 아들이시니 한 사람의 마음 바꾸는 일쯤이야 못 하실 리 없지요. 그러나 이 만남들 가운데 무슨 일이 있었는지 무척 궁금했습니다. 그래서 그 이유를 찾아보기로 했습니다.

아쉽게도 주석으로부터는 큰 도움을 받지 못했습니다. 물론 주석이 해석자의 해석을 반추하도록 도와주는 거울 역할을 하는 것은 사실입니다만, 많은 경우 제가 가진 의문에 대해서 피상적으로만 이야기하거나 침묵했기에 제 질문은 여전히 제 몫으로 남았습니다. 설사 큰 도움을 받을 수 있다 하더라도 말씀 앞에서 질문이 생겼을 때 생각해 볼 겨를도 없이 다른 사람에게 답을 물어보는 것 같아서 꺼려지기도 했습니다. 마치 수학 문제를 직접 풀어 볼 생각도 하지 않고 해설집부터 들추는 것처럼 느껴졌다고 하면 이해가 되실까요?

그래서 저는 성경을 보다가 질문이 생기면 이렇게 해결하곤 했습니다. '내가 예수님 앞에 선 니고데모와 베드로와 나다나엘이 되어 보자. 본문을 최대한 자세하게 관찰하면서 둘 사이에 주고받는 대화의 맥락을 이해하자. 이해하기 어려운 부분은 같은 이야기가 나오는 다른 성경을 참고해서 추가적 단서를 찾자. 이해할 만한 단서가 없다면, 해석이 멈춘 그곳에서 내가 예수님을 만나면서 경험한 신앙의

원리를 바탕으로 간격을 좁혀 보자. 주석이 필요하다고 생각되면 이 과정을 끝내고 참고하자.' 이렇게 말입니다.

토요일 저녁, 이 과정을 거쳐 꽤 자주 답을 찾을 수 있었습니다. 하지만 답은커녕 더 큰 궁금증을 안은 채 준비를 마쳐야 할 때도 많았지요. 그러나 달리 도리가 없었습니다. 일요일에 아이들과 만날 시간이 되면 저는 제가 공부한 것을 가지고 혹은 해결하지 못한 고민을 가지고 아이들 앞에 섰습니다.

열네댓 살 또래의 아이들은 심드렁했습니다. "아, 그 이야기요? 저도 알아요." 이렇게 반응하는 아이들에게 저는 말씀을 읽고 요약해 보도록 했습니다. 그리고 아이들이 알고 있는 성경 지식 위에 무엇을 얹으려 하기보다는, 제가 말씀을 보면서 얻은 답 혹은 풀지 못한 문제의 보따리를 꺼내 놓고 아이들의 의견을 물었습니다. 아이들은 지금까지 들어 보지 못한 질문 앞에서 어안이 벙벙해졌습니다. 답이라고 내놓을 수 있는 성경 지식을 안다고 해도 그것이 어떤 질문과 연결되어 있는지 모르니 아이들에게 소용이 없었던 거지요. 저와 아이들의 대화는 이런 식으로 이루어졌습니다.

"얘들아, 예수님이 나다나엘에게 '참으로 이스라엘 사람이라. 그 속에 간사한 것이 없도다. … 네가 무화과나무 아래에 있을 때에 보았노라'고 하시니까 갑자기 나다나엘이 '당신은 하나님의 아들이시요 당신은 이스라엘의 임금이로소이다'라고 답하잖아? 도대체 무화과나무 아래 있다는 게 어떤 의미길래 예수님이 나다나엘을 그렇게 크게 칭찬하신 걸까?"

"무화과나무 아래 있으면 좋은 사람인가 보죠 뭐."

"그래? 그렇다고 치자. 그런데 모두가 다 아는 사실을 예수님이 이야기했다는 게 나다나엘이 주님을 따른 이유로 충분하다고 생각하니?"

여기에서 아이들은 말문이 막힙니다. 그러면 저는 그때부터 제가 거친 과정을 아이들도 밟도록 합니다. 그제야 아이들은 새로운 눈으로 성경을 봅니다. 물론 성경에 나오는 대화가 짧고 맥락이 생략되어 있어 답답할 지경이지요. 그때 제가 생각해 볼 만한 질문을 던지면 아이들이 답을 합니다. 그러면 제가 그 답을 해석해 주면서 다시 새로운 질문을 던지지요. 아이들은 더 깊이 생각하거나 혹은 다른 방식으로 생각을 이어갑니다.

그런데 신기한 일입니다. 질문과 답을 반복하던 중에 제가 혼자 끙끙댔던 질문의 답이 홀연히 찾아오는 것이었습니다. 제가 풀지 못한 문제라고 설명하는데 갑자기 해석이 되기도 하고 아이들의 질문에 답하는 과정에서 혹은 아이들이 던진 한마디에 꼬였던 실타래가 풀리기도 했습니다.

이 과정에서 아이들도 많이 변했습니다. 제 큰아이는 맹렬한 사춘기를 지나고 있었는데요. 이 시간에 어디 숨을 구석이 없었습니다. 그러나 정답을 외워야 하는 시간이 아니고 함께 본문을 읽으면서 질문하고 해석하면서 답을 찾는 시간이라 큰 부담을 느끼지는 않았습니다. 아이는 이 시간을 통해 성경에 대한 고정관념이 사라졌고 성경을 우습게 볼 것이 아니라는 생각을 하게 되었습니다.

이렇게 풀어낸 말씀을 저는 전체 교인들과 함께하는 예배 시간에 설교하기도 했습니다. 설교할 때 울지 않은 적이 별로 없습니다. 성경 인물들이 예수님을 만나는 과정에서 나눈 대화 중에 이해되지 않는 것을 풀어내는데 가슴이 떨리고 눈물이 나다니 이상했습니다. 그 시간에 제 영혼의 묵은 과제들이 풀리는 일들도 있었습니다. 이유를 생각해 보건대 성경 인물들이 저와 전혀 다른 남이 아니라 한 사람 한 사람이 제 자신처럼 느껴졌기 때문이었습니다. 때로 저는 나다나엘의 이름으로 예수님 앞에 섰다가 니고데모의 이름으로 또 마르다의 이름으로 그분의 말씀 앞에 섰던 것입니다. 그들의 대화를 이해하려고 힘썼고 이해되지 않을 때는 제 경험을 대입해 보는 등 여러 방법으로 저는 그분 앞에 제 자신을 서게 했습니다. 그렇게 10년 동안 정리한 말씀의 일부를 이렇게 책으로 엮게 되었습니다.

저는 신학을 따로 공부하지 않았습니다. 목회자도 아닙니다. 그러나 이러한 방식으로 성경을 대하고 제 개인의 문제를 말씀을 통해 해석하고 답을 찾아 가는 과정은 신자들 모두에게 허락된 은총이라고 생각합니다. 문제를 안고 예수님께 나가서 끈질기게 답을 구할 때 답을 얻지 못한 경우는 없습니다. 1992년 교사로 일할 때, 제 평생 붙들고 믿어 온 신앙의 근본이 흔들리는 위기를 겪었습니다. 그때 저를 일으켜 세운 것은 디모데전서 1장 16-17절 말씀이었습니다. 불법 찬조금 걷는 일에 협조하지 않겠다고 버티다가 교직 인생의 밑바닥을 경험하며 괴로워할 때 누가복음 1장 1-19절 말씀이 저를 이끌어 주었습니다. MBC 〈100분 토론〉에 교원평가제 도입을 찬성하는 패널로 나가게 된 엄중한 상황에서 눌려 있던 제 마음에 자유와 여유를 허락한 것은 새벽에 일어나 읽은 에베소서 2장 11-18절이었습니다.

우리는 인생의 수많은 문제를 안고 살아갑니다. 뜻밖에 찾아온 시련을 해석할 방법을 몰라 허둥댈 때, 실수 혹은 연약함 때문에 넘어져 자책의 깊은 터널을 지날 때, 뜻을 따라 살다가 태산과 같은 문제를 만날 때, 우리는 인생의 빛을 스스로에게 던질 수 없는 이들임을 깨닫습니다. 성경은 그 어둠을 헤쳐 나오라고 주님이 주신 선물입니다. 주님은 우리 모두를 사랑하시기에 우리는 각자 성경을 읽고 해석함으로써 답을 찾을 수 있습니다.

예배 시간에 선포되는 설교자의 말씀도 물론 중요합니다. 설교자가 직접 풀어낸 말씀에서 지혜와 통찰을 얻을 수 있어야 하고 그것은 매우 유익합니다. '저분은 성경을 저렇게 해석하고 적용하시는구나. 저런 성찰을 통해 변화를 꾀하고 스스로의 문제를 넘어서려고 하시는구나. 나도 저분과 같은 자세로 말씀 앞에 서야겠다.' 이런 마음으로 설교를 들어야 할 것입니다.

그러나 우리는 매일 스스로 말씀을 보면서 그 속에서 빛을 발견할 수 있어야 합니다. 앞서 말했듯이 우리는 수많은 문제를 안고 살고 있고 그 문제는 직접 말씀을 붙들고 씨름해야 풀리는 경우가 많기 때문입니다. 아무도 이 과정을 대신해 줄 수 없습니다. 각자 지닌 삶의 질문은 누군가에게 의존함으로써 해결할 수 없습니다. 아니, 의존하려고만 하는 자세 자체가 오히려 문제입니다. 물론 우리는 그리스도께 의존해야 하지만 인간관계에서는 독립적이고 자주적으로 살아야 합니다. 그래야 건강한 사귐과 협력과 배움이 이루어집니다.

성경을 접할 때도 이런 태도를 견지해야 한다고 봅니다. 그리스도를 신뢰하면서 스스로 말씀의 우물에서 물을 길어 마셔야 합니다. 물론 이때 균형을 잃고 치우쳐서는 안 됩니다. 우리의 믿음이 이상한 방향으로 흐르지 않도록 주의하고 생각에 오류가 있지는 않은지 살펴야 합니다. 이를 위해 주석과 신학자들과 교회의 건전한 가르침에 우리 자신의 마음을 열어 두어야 합니다. 그러나 이는 말씀의 물을 스스로 길어 마시는 가운데 경계해야 할 일인 것입니다.

저는 요즘 목회자가 따로 없이 서너 가정이 모이는 소위 평신도 교회를 섬기고 있습니다. 예배 말씀 나눔은 신자들이 차례로 돌아가면서 맡습니다. 누군가에게 영향을 끼칠 의도를 가지고 말씀을 보는 대신, 스스로 말씀을 읽고 연구하며 자신의 삶에 적용한 부분과 그 속에서 얻은 유익을 나눕니다. 기대 이상의 통찰을 얻을 때도 있고 미완의 발표로 끝날 때도 있습니다. 그러나 그 발표 이후가 우리에게 더 중요합니다. 그날의 나눔을 토대로 우리는 말씀의 실체적 진실을 찾기 위해 대화를 합니다. 열린 마음으로 대화를 나누다 보면 말씀을 준비한 사람보다 더 깊은 통찰이 찾아오거나 말씀을 온전히 이해할 수 있는 순전한 태도가 우리에게 쌓이는 것을 경험합니다.

예배 시간에 선포되는 말씀을 케리그마(Kerygma), 즉 선포되는 말씀이라고 부릅니다. 설교자가 회중에게 하나님의 뜻을 대언해 선포하니 '아멘'으로 받으라는 뜻이지요. 케리그마는 탁월한 한 설교자를 통해서도 제시되지만, 제 경험에 비춰 보건대 때로 한 개인이 최선을 다해 준비한 말씀을 토대로 신자들이 과연 그러한지 숙고하고 생각을 나누는 과정에서 드러나기도 했습니다. 즉, 케리그마는 설교자의 말씀 나눔이 회중의 응답을 통해 완성되는 결과일 수도 있겠다는 생각이 듭니다.

그러고 보니 지금 제가 섬기는 교회는 10년 전, 세 명의 아이들과 함께 성경을 공부했던 그 시절의 활동을 성인들에게로 확대한 것과 같은 모습입니다. 아이들과 부모들은 성경을 숙고하고 자기 문제를 말씀으로 풀어내기 위해 애쓰는 과정을 공유함으로써 세대 차이를 느끼기보다는 서로에게 도전을 받기도 하면서 성장하고 있습니다. 저는 이런 일들이 신자들의 공동체에서 확산되기를 기대합니다.

오래전 저는 제 아이들의 신앙을 염려했다고 했습니다. 세월이 꽤 흐른 지금, 저는 더 이상 조급해하지 않습니다. 자식을 둔 부모의 눈에 염려할 것이 왜 보이지 않겠습니까만, 아이들은 분명히 저희 부부와 함께 성장해 왔습니다. 10년의 시간 동안 아이들에게 성경을 보는 눈이 생기고 예수님이 이 아이들의 삶을 이끌어 가시는 모습을 보았습니다. 앞으로도 아이들이 살면서 시련을 만나 당황해 하거나 미숙한 모습을 보이기도 하겠으나, 아이들이 말씀과 함께할 것이기에 그들이 더욱 굳건해질 것이라고 믿습니다.

저는 이 책이 누군가가 맹목적으로 의존하는 또 하나의 주석이 되는 것은 원치 않습니다. '인생의 문제를 풀기 위해 그가 말씀 앞에 섰듯이 나도 말씀을 저렇게 대해야겠구나' 하는 자극을 받는 정도면 좋겠습니다. 저는 2003년에 교직을 내려놓아서 더 이상 학생들을 가르칠 수 없습니다. 그러나 지금껏 교사의 피가 식은 적이 없습니다. 이 책이 아이들과 함께 공부하면서 얻은 결과물이기에 청소년을 포함한 젊은이들이야말로 이 책의 중요 독자입니다. 그들이 이 책을 읽으며 예수님을 알게 될 것을 생각하니 교사로 못다 한 역할을 조금 채우는 것 같아 다행스럽기도 합니다.

좋은교사운동과 사교육걱정없는세상을 통해 만난 수많은 벗에게 제 마음을 나누고 싶기도 합니다. 세상을 바꾸기 위한 운동에 뛰어든 동기가 저마다 다르겠지만, 오늘 여기까지 저를 이끈 가장 큰 동기는 예수님입니다. 예수님은 자기 이익이라는 울타리를 넘어 고통받는 이웃에게로 시선을 돌리는 것이 신앙이고, 이를 위해 가진 것을 모두 쏟아내는 삶을 살라고 가르쳐 주셨습니다. 교회의 본질 또한 같다고 깨우쳐 주셨습니다. 돌아보니 믿음의 삶을 살면서 손해를 보기는커녕, 참으로 존귀하고 보배로운 삶을 살았습니다. 신앙이란 나를 버리는 일임과 동시에 나를 되찾는 일임을 새삼 깨닫습니다.

한국 사회에서 평신도가 한 설교를 모아 책으로 낸다는 것은 흔치 않은 일입니다. 그 어려운 결정을 내려 주신 IVP에 머리 숙여 감사드립니다.

2018. 7.
송인수

1부

예수를 만난 사람들

35 또 이튿날 요한이 자기 제자 중 두 사람과 함께 섰다가 36 예수께서 거니심을 보고 말하되 보라 하나님의 어린 양이로다 37 두 제자가 그의 말을 듣고 예수를 따르거늘 38 예수께서 돌이켜 그 따르는 것을 보시고 물어 이르시되 무엇을 구하느냐 이르되 랍비여 어디 계시오니이까 하니 (랍비는 번역하면 선생이라) 39 예수께서 이르시되 와서 보라 그러므로 그들이 가서 계신 데를 보고 그날 함께 거하니 때가 열 시쯤 되었더라 40 요한의 말을 듣고 예수를 따르는 두 사람 중의 하나는 시몬 베드로의 형제 안드레라 41 그가 먼저 자기의 형제 시몬을 찾아 말하되 우리가 메시야를 만났다 하고 (메시야는 번역하면 그리스도라) 42 데리고 예수께로 오니 예수께서 보시고 이르시되 네가 요한의 아들 시몬이니 장차 게바라 하리라 하시니라 (게바는 번역하면 베드로라)　● 요한복음 1:35-42

1 무리가 몰려와서 하나님의 말씀을 들을새 예수는 게네사렛 호숫가에 서서 2 호숫가에 배 두 척이 있는 것을 보시니 어부들은 배에서 나와서 그물을 씻는지라 3 예수께서 한 배에 오르시니 그 배는 시몬의 배라 육지에서 조금 떼기를 청하시고 앉으사 배에서 무리를 가르치시더니 4 말씀을 마치시고 시몬에게 이르시되 깊은 데로 가서 그물을 내려 고기를 잡으라 5 시몬이 대답하여 이르되 선생님 우리들이 밤이 새도록 수고하였으되 잡은 것이 없지마는 말씀에 의지하여 내가 그물을 내리리이다 하고 6 그렇게 하니 고기를 잡은 것이 심히 많아 그물이 찢어지는지라 7 이에 다른 배에 있는 동무들에게 손짓하여 와서 도와 달라 하니 그들이 와서 두 배에 채우매 잠기게 되었더라 8 시몬 베드로가 이를 보고 예수의 무릎 아래에 엎드려 이르되 주여 나를 떠나소서 나는 죄인이로소이다 하니 9 이는 자기 및 자기와 함께 있는 모든 사람이 고기 잡은 것으로 말미암아 놀라고 10 세베대의 아들로서 시몬의 동업자인 야고보와 요한도 놀랐음이라 예수께서 시몬에게 이르시되 무서워하지 말라 이제 후로는 네가 사람을 취하리라 하시니 11 그들이 배들을 육지에 대고 모든 것을 버려 두고 예수를 따르니라　● 누가복음 5:1-11

1

그물을 던져야 아는 답이 있다
베드로

성경을 읽다 보면, 도저히 이해할 수 없는 대목을 만날 때가 있습니다. 저는 예수님이 제자들을 부르시는 장면과 제자들의 반응이 쉽게 이해되지 않았습니다. 다짜고짜 "나를 따르라" 하는 말에 제자들이 망설임 없이 따라나서기 때문입니다. 대표적으로 마태가 그렇습니다. "그 후에 예수께서 나가사 레위라 하는 세리가 세관에 앉아 있는 것을 보시고 나를 따르라 하시니 그가 모든 것을 버리고 일어나 따르니라"(눅 5:27-28). 마태뿐 아니라 야고보와 요한도 그랬습니다. 예수님께 무슨 염력이라도 있었던 걸까요? 어떻게 멀쩡한 사람들이 말 한마디에 가족과 직업마저 버리고 예수님을 따른 것일까요? 부르는 사람이야 '저 사람 내가 써먹어야겠다!'고 생각해서 부른다 쳐도, 그 부름이 무엇을 의미하는지 아는 사람이 철부지처럼 모든 걸 버리고 주님을 따른다는 것은 당혹스럽기마저 합니다.

그러나 예수님의 부르심에 어떤 마술적 혹은 주술적 요소가 있었다고 볼 수는 없습니다. 성경이 모든 맥락을 구체적으로 언급하지는 않지만, 그럴 만한 사연이 있지 않겠습니까? 다행히 베드로의 경우는 제자들이 지체 없이 예수님을 따른 것처럼 보이는 이면에 어떤 고민과 사연이 있었는지 짐작하게 해 줄 맥락을 조금 더 구체적으로 제공합니다.

베드로는 왜 그리고 언제 예수님을 따랐을까?

요한복음 1장은 베드로가 예수님을 만난 장면을 묘사합니다. 먼저 동생 안드레가 예수님을 만나 그분이 메시아라는 사실을 알게 됩니다. 그는 형을 찾아가 "우리가 메시야를 만났다"고 하면서 형을 예수님께 데려갑니다(요 1:41). 예수님은 베드로가 오는 것을 보고 말씀하십니다. "네가 요한의 아들 시몬이니 장차 게바라 하리라"(1:42).

흥미로운 사실은 베드로가 예수님을 만나 따른 사건에 대해 복음서마다 설명이 다르다는 점입니다. 마태복음과 마가복음에서는, 베드로가 갈릴리 해변에서 고기를 잡던 때에 예수님을 따릅니다. 그물을 던지는 베드로와 그 동생 안드레에게 예수님이 "나를 따라오라. 내가 너희를 사람을 낚는 어부가 되게 하리라"고 하시자, 그들이 그물을 버리고 예수님을 따랐습니다(마 4:19-20). 마가복음의 설명도 비슷합니다(막 1:16-20). 누가복음은 이 사건을 다른 방식으로 설명합니다(눅 5:1-11). 베드로가 고기를 잡다가 허탕을 친 상태에서 예수님이 베드로의 배 위에 올라와 말씀을 전하시다가 베드로에게 깊은 곳에 그물을 던지라 하시자 베드로가 순종하여 많은 고기를 잡게 되었고, 그때 예수님을 따랐다는 것이지요.

각 복음서가 두 사람의 만남을 조금씩 다르게 설명하니, 자칫 진실이 무엇인지 헷갈릴 수 있습니다. 소설가 김성일은 『성경과의 만남』(국민일보 출판국)이라는 책에서 사복음서 가운데 어느 하나만 맞고 나머지는 틀린 것이 아니라고 했습니다. 모두 다 옳다면서 만남의 과정을 설명하지요. 저는 이분의 말씀에 동의합니다. 따라서 베드로와 예수님의 만남이 어떤 의미를 주는지 따지기에 앞서, 사복음서의 기록을 토대로 사건의 전후 관계를 재구성해 보려고 합니다.

마태복음과 마가복음은 같은 상황을 설명한다고 봐도 무방합니다. 누가복음은 두 복음서와 약간 상황이 다르거나, 같은 상황을 좀 더 구체적으로 표현한 것 같습니다. 요한복음은 전혀 다른 상황을 설명하는 것 같습니다. 마태복음과 마가복음과 누가복음에서는 베드로가 고기를 잡던 중 예수님을 만나 따릅니다. 반면 요한복음에서는 동생 안드레의 제안으로 예수님을 만나러 갑니다. 그렇다고 요한복음이 다른 복음서들과 충돌되는 것은 아닙니다. 요한복음 1장에서의 만남이 시간상 먼저였고 나머지 세 복음서의 사건이 그 후에 이어졌다고 보면 되니까요.

물론 예수님과 베드로가 두 번만 만난 것은 아닙니다. 마태복음(8:14-15)과 마가복음(1:29-34)과 누가복음(4:38-41)에 따르면, 중간에 한 번 더 만남이 이루어집니다. 예수님이 가버나움 회당에서 말씀을 가르치실 때인데, 시몬 베드로의 장모가 열병으로 몸져 눕자 예수님이 베드로의 집에 방문해서 장모의 병을 고쳐 주셨습니다. 다만 마태복음과 마가복음에서는 베드로가 예수님의 제자가 된 후에 장모의 병을 고치신 이야기가 나오고, 누가복음에서는 그 전에 장모의 병을 고치신 이야기가 나옵니다. 이 사건이 언제 일어났는지에 따라 상황을 이해하는 방식과 베드로의 심정이 달랐을 수 있습니다.

저는 마가복음의 순서를 따라, 이 사건이 베드로가 예수님을 만난 후에 일어났다고 봅니다. 그러니까 베드로는 동생 안드레의 소개로 예수님을 처음 만났고, 바닷가에서 고기를 잡다가 두 번째로 예수님을 만나 그를 따랐으며, 그 후 안식일에 예수님이 베드로의 집에 오셔서 장모를 고쳐 주신 것 같습니다. 이 순서에 따라 두 사람의 만남을 설명해 보겠습니다.

첫 번째 만남: 동생 안드레에게 예수님을 소개받다

베드로의 동생 안드레는 세례 요한의 제자였습니다(요 1:40). 세례 요한을 선지자로 따랐고 메시아를 기다리고 있었지요. 그런데 어느 날 스승 세례 요한이 예수님을 보면서 말합니다. "보라, 세상 죄를 지고 가는 하나님의 어린 양이로다"(1:29). 이어 나오는 "내가 전에 말하기를"(1:30)이라는 언급을 볼 때 독백이 아니라 제자들에게 그를 소개하는 맥락임을 알 수 있습니다. 제자인 안드레 역시 그 이야기를 들었겠지요.

다음 날, 세례 요한은 안드레를 포함한 제자 두 명이 곁에 있을 때 예수님을 보며 다시 한번 말합니다. "보라, 하나님의 어린 양이로다"(1:36). 예수님을 지칭하는 표현이 전날보다 짧지만 그 내용은 같습니다. 어쩌면 같은 말의 반복이라서 '세상 죄를 지고 가는'이라는 표현은 생략했을지도 모릅니다. 놀라운 사실은 그 말을 듣고 두 제자가 세례 요한을 버려 두고 예수님을 따랐다는 점입니다. 자기 스승을 버리고 다른 사람을 좇는 것은 어색한 일입니다. 대중의 관심이 새로 등장한 선생에게 쏠릴 때 제자는 자기 선생의 명성을 지키기 위해 애쓰고 그 세력을 지키기 위해 노력하는 법이니까요.

그러나 우리가 알다시피 세례 요한은 예수님과 경쟁 관계가 아니었습니다. 세례 요한에게 예수님은 세상 죄를 지고 가는 하나님의 어린양이고 하나님의 아들입니다. 자신은 예수님의 길을 예비하기 위해 광야에서 외치는 자의 소리일 뿐이기에, 예수님은 그에게 있어 "그는 흥하여야 하겠고 나는 쇠하여야 하리라"는 고백의 대상이었습니다(3:30). 즉 자기가 존재하는 이유가 예수님이었기에 제자들에게 그분이 오시면 따르라고 가르쳤을 가능성이 높습니다. 이런 배경으로 보면 세례 요한의 두 제자가 예수님을 즉시 따르는 장면은 아주 자연스럽습니다.

두 제자는 하룻밤 사이에 예수님을 만나 대화하면서 과연 예수님이야말로 오랫동안 이스라엘이 기다려 온 메시아임을 알았습니다. 그 후 안드레는 제일 먼저 형 시몬에게 가서 "우리가 메시야를 만났다"고 말하며 형을 데리고 예수님을 다시 찾습니다. 예수님은 시몬을 보자마자 "네가 요한의 아들 시몬이니 장차 게바라 하리라"라고 말씀하십니다. 예수님과 베드로의 첫 만남은 이렇게 이루어졌습니다.

요한복음은 베드로와 예수님의 만남을 이 정도로만 소개하고, 베드로와 안드레가 예수님을 따르기로 했다고는 하지 않습니다. 다른 복음서들은 그들이 그 후 갈릴리 바닷가에서 고기잡이를 할 때 다시 예수님을 만나 그의 부르심에 응답했다고 전합니다. 저는 이 부분이 이상했습니다.

동생의 소개로 예수님을 만난 베드로가 예수님을 바로 따르지 않은 이유는 무엇일까요? 어쩌면 베드로는 세례 요한의 제자가 아니었기 때문에 세례 요한의 가르침을 잘 몰랐을 수 있습니다. 예수님이 심상치 않은 사람이라는 것은 눈치챘지만 개인적 이유로 부담을 느꼈을지도 모르지요. 어쨌든 예수님과의 첫 만남은 그렇게 끝났습니다.

두 번째 만남: 내겐 먹여 살려야 할 가족이 있다

예수님을 메시아라고 확신한 안드레도 단번에 예수님을 따르지는 않았습니다. 나중에 예수님이 "나를 따라오라!"고 부르실 때까지 형 곁에서 고기를 잡으며 살았지요(마 4:19). 메시아라는 사실을 알았을 때 분명 그의 가슴은 요동쳤을 것입니다. 그래서 형에게도 이야기했겠지요. 이스라엘이 그토록 기다려 온 분이 예수님이라는 사실이 명백한데도 그분을 따르지 않고 원래 하던 일을 계속하는 것이 말이 되나요? 아마 안드레는 뱃일을 하면서 이런 고민을 했을 것입니다. '메시아를 만났는데 어찌해야 할까? 스승님이 오랫동안 광야와 요단강에서 메시아가 오실 거라고 이야기했고, 하나님의 어린양, 하나님의 아들이 오시면 그분을 따르라고 했다. 그분과 하룻밤을 같이 보내며, 그분이 메시아라는 사실을 확신했다. 그렇다면 그분을 따를 것인가? 따른다면 형과 함께 가야 한다. 그런데 우직한 형이 어떤 생각을 하고 있는지 잘 모른다. 형도 그분을 메시아라고 생각한다면, 그런 상태로 고기잡이를 하기는 어려울 것이다. 그러나 형에겐 변화가 없다. 나 혼자라도 예수님을 따를 것인가, 형 곁에 남을 것인가?'

베드로는 어떻습니까? 동생의 소개로 만난 인물이 심상치 않은 분임은 분명했습니다. 자신의 이름이 게바라고 바뀌어 불릴 것이라고 말하는 그의 어투와 태도는 진지하고 힘이 있었습니다. 그러나 눈앞의 현실은 너무 무겁습니다. '나는 아내와 자식 그리고 동생 안드레의 생활을 책임지는 가장이다. 마음속에 약간의 파문이 일었다고 해서, 생활을 뒤엎고 그분을 따를 만큼 한가하지 않다.' 아마 그런 이유로 일상에 머무를 수밖에 없었는지 모릅니다.

그런데 예수님의 소문이 사방에 퍼지기 시작했습니다(눅 4:14-15). 안식일에 갈릴리 여러 회당에서 말씀을 전하셨는데, 유대 랍비들과는 달리 가르침에 권세가 있고 귀신 들린 사람, 아픈 사람을 고쳐 주셨다는 이야기도 들려왔습니다. 온 갈릴리가 그분의 이야기로 요란했습니다.

하지만 베드로는 예수님을 따르지 않았습니다. 따른다는 것은 지금까지 살아온 일상의 질서를 다 뒤집어엎는다는 의미입니다. 물론 예수님이 단지 선생이라면 적당히 따르면 그만입니다. 그 정도는 할 수 있을지도 모르지요. 하지만 동생에 따르면 예수님이 메시아라고 하지 않습니까. '메시아' '하나님의 어린양' '하나님의 아들'이란 조상 대대로 수많은 유대인이 기다려 온 분을 뜻합니다. 만일 그분이 메시아가 맞다면, 단지 그분을 찾아가 배우는 수준이 아니라 그분에게 자기 삶을 걸어야 하는 것입니다. 그러나 민족이 기다려 온 메시아가 아니라면 어떻게 한단 말입니까?

이전에도 기적을 일으키는 사람은 많았습니다. 민중의 가슴을 뜨겁게 만드는 웅변가도 많았습니다. 사도행전에 기록된 드다나 갈릴리의 유다를 보십시오(행 5:36-37). 그런데 지금 그들은 어디에 있습니까? 다 사라졌고 그들에게 인생을 걸었던 사람들 역시 넘어졌습니다. 베드로가 젊고 책임질 가족이 없다면 인생을 잠시 허비해도 괜찮습니다. 그러나 그에겐 가족이 있습니다. 먹여 살려야 할 가족! 그에게 인생을 걸었는데 그분이 메시아가 아니라면, 자신은 물론이요 사랑하는 가족과 생업의 기반도 함께 무너질 것입니다.

옳은 일에 참여하려면 대가를 치러야 합니다. 서슬이 시퍼렇던 군부독재 시절에 대학생들은 자기 몸에 불을 질러 세상 모순에 맞섰습니다. 학업도 중단하고 시위에 나섰지요. 하지만 모두가 그러지는 않았습니다. 옳지 않다는 것을 안다고 해서 모두가 항거하지는 않습니다. 자칫하면 퇴학당할 수도 있고 감옥살이를 할 수도 있으며 실제로 불이익을 당한 사람이 많습니다. 직장의 불의한 관행을 고발하는 양심적 제보자가 되기도 어렵습니다. 제보자 신상이 밝혀져 쫓겨난 경우가 허다합니다. 혼자라면 그래도 해 볼 만합니다. 상처를 입고 손해를 보더라도 혼자 감당하면 되니까요. 그러나 내 손으로 먹여 살려야 할 식구가 있으면 이야기는 달라집니다. 이런 이유로 많은 사람이 옳은 소리를 삼키고 침묵한다는 사실을 우리는 잘 알고 있습니다. 베드로의 심정이 그렇지 않았을까요?

    베드로는 예수님이 메시아인지 더 따지고 고민하기 위해 일손을 놓을 여력이 없었을 것입니다. 매일 배를 타고 바다에 나가 물고기를 잡아야 하는 팍팍한 삶이었을 테니까요. 어쩌면 흔들리는 마음을 다잡기 위해 고기 잡는 일에 더 전념했을지도 모르지요. 진리가 밥 먹여 줍니까? 밥은 내 책임이지 진리가 책임질 일이 아닙니다. 예수님이 귀신을 쫓아내고 병을 고쳐 주는 기적을 일으키셔서 갈릴리가 발칵 뒤집혔을 때도 시몬은 섣불리 예수님을 따라다닐 수 없는 것입니다. 장모도 자신을 의탁(막 1:29-30)하고 있는 상황에서 과연 예수님이 베드로의 가족을 지켜 줄 수 있을까요? 그 모든 책임은 고스란히 자기 몫으로 남을 뿐입니다. 진리를 좇는다며 직업을 팽개치는 것만큼 가장으로서 무책임한 일이 없음을 베드로는 잘 알았을 것입니다.

    그럼에도 동생의 삶에 파문을 일으키시고, 자신의 미래에 대해 예언하시며, 가르침에 권세가 있으시고, 수많은 사람의 질병을 고치신 그분이 떠오를 때마다 베드로는 고민에 빠졌을 것입니다. 일터에서 고기를 잡으면서도 '동생 말처럼 그는 과연 메시아일까?' 하는 생각이 가슴을 사로잡았을 것입니다.

그러던 어느 날 베드로가 고기잡이를 하던 게네사렛 호숫가에 예수님이 오셨습니다(눅 5:1-3). 어쩌다 보니 찾아오신 것인지, 그를 만나러 오신 것인지 확인할 길은 없습니다. 다만 베드로 입장에서는 갈릴리 가버나움 한 곳에 머물지 않고 여러 곳을 돌아다니며 가르치시는 분이다 보니, 자신의 일터 부근까지 오셨다고 여겼을 수도 있습니다. 물론 자신의 일터 근처로까지 오신 것에 대해 아무런 감정이 없지는 않았을 것입니다.

늘 그렇지만 예수님께서는 병 고치는 기적을 일으키는 일보다 하나님의 말씀을 전하는 것이 우선이었습니다(눅 4:43-5:1). 밀려드는 군중에게 말씀을 전하기 위해 예수님은 일정한 공간이 필요했습니다. 마침 근처에 배가 두 척 있었는데, 베드로를 포함한 어부들이 그물을 씻고 있었습니다. 밤새도록 고기잡이를 했으나 허탕을 치고 그물을 청소하던 중이었지요.

예수님은 왜 베드로가 있는 호숫가에 와서 말씀을 전하셨을까요? 무리에게 밀려 거기까지 오셨을까요? 그럴 수도 있습니다. 그러나 우리가 알거니와 예수님은 누군가를 우연히 만나신 적이 없습니다. 세관에 있던 마태를 만나신 것, 삭개오를 만나신 것, 12년간 하혈을 하던 여인 때문에 길을 가다가 멈추신 것 모두 그때야말로 그들을 만나야 할 적기(適期)였기 때문입니다. 예수님이 주도하신 만남은 그 이유와 뜻이 분명했습니다. 베드로에게도 예외는 아니었을 것입니다. 그런 의미에서 저는 베드로가 동생 안드레의 손에 이끌려 그의 앞에 올 때부터 예수님이 그를 사람 낚는 어부로 만들어야겠다는 뜻을 갖고 계셨다고 생각합니다. 그러니 그에게 '시몬'이 아니라 '게바'라 불릴 거라고 예언을 하셨겠지요.

"나를 떠나소서!"

어쨌든 수많은 사람이 운집했고, 예수님은 말씀을 전하기 위해 뜬금없이 베드로의 배에 오르셨습니다. 두 척의 배 중에 베드로의 배를 선택하신 까닭은 그 배가 더 좋아서였다기보다는 베드로를 만나기 위해서였을 것입니다. 예수님이 자기 배에 오르시니 베드로도 그물을 씻던 손을 멈추고 안내를 위해 배에 오를 수밖에 없었습니다. 안드레와 함께 만난 적이 있어 모르는 사이도 아니었으니까요.

그러나 그의 심경은 복잡했을 것입니다. 아마 이런 생각을 하지 않았을까요? '나의 일터에 선생님이 오시다니 어찌된 일입니까? 우리 동네 가버나움에서 질병을 고치고 귀신을 내쫓는 기적을 보여 수많은 사람이 열광했다는 소문은 들어 압니다. 하지만 그게 나와 무슨 상관입니까? 나는 선생님을 따라다닐 만큼 한가하지 않습니다. 기적이 필요할 만큼 병약하지도 않습니다. 또한 내 조국이 식민지 상태에서 자유케 되는 해방의 날에 대해서도 관심이 없습니다. 이미 수많은 사람이 혁명을 위해 일어났다가 넘어졌고 그를 따르던 사람들도 불티처럼 사라졌습니다. 그러니 사람들이 선생님을 혁명가로

추앙한다 해도 나는 관심이 없습니다. 그 대신 나에게는 지켜야 할 가족이 있습니다. 어부의 삶은 누가 대신해 줄 수 없습니다. 선생님이 어부의 삶을 아십니까? 가족의 생계를 위해 사는 고단한 삶을 아십니까? 어제도 나는 밤새도록 수고했지만 아무것도 잡지 못했습니다. 내 삶이 이렇습니다. 선생님은 이런 내 삶을 모르시지 않습니까? 그러니 선생님을 따를 수 없습니다. 그런데 선생님은 오늘 나에게 오셨습니다. 내 배 위에 올라 사람들에게 말씀은 하십시오. 그 정도는 배려할 수 있습니다. 하지만 나를 흔들 수 있다고 생각하지는 마십시오. 그건 오산입니다.'

예수님은 베드로의 배 위에서 하나님 나라의 복음을 가르치셨습니다(눅 5:3). 베드로는 자신의 배이니 꼼짝없이 예수님의 말씀을 들어야 했겠지요. 예수님과 가장 가까운 곳에서, 예수님의 말씀이 가장 잘 들리는 자리에서요. 그런데 가만히 듣다 보니, 하나님 나라에 대한 그의 말씀은 다른 랍비들의 말씀과는 달리 힘이 있었습니다. 베드로의 가슴속에 어떤 뜨거운 것이 올라왔을지도 모릅니다. 그분을 처음 만났을 때 느꼈던 비범함을 다시 느꼈을지도 모르지요. 유대를 휩쓸고 간 수많은 지도자와는 다르다는 것을 베드로가 왜 몰랐겠습니까? 그래도 마음 가는 대로 움직일 수 없는 것이 그의 처지입니다.

이윽고 예수님의 이야기가 끝났습니다. 그런데 말씀을 마친 예수님이 배에서 내려가지 않고 뜬금없이 베드로에게 말씀을 건네십니다.

깊은 데로 가서 그물을 내려 고기를 잡으라. (눅 5:4)

이 말은 무슨 뜻일까요? 저는 베드로의 생각에 대한 예수님의 대답이라고 생각합니다. "그대가 나에게 물었지? 어부의 삶을 아느냐고. 고기 잡는 것의 의미를, 가족의 생계를 책임지는 고단한 삶을 아느냐고. 그대에게 대답하고자 한다. 그 대답을 통해 내가 그대의 삶 전체를 던져 따를 존재, 메시아임을 드러내고자 한다. 내가 그대의 배에 올라온 이유가 무엇인지 알리고자 한다. 그러니 저기 깊은 곳에 그물을 내려라." 그러자 베드로가 대답합니다.

> 선생님 우리들이 밤이 새도록 수고하였으되 잡은 것이 없지마는 말씀에 의지하여 내가 그물을 내리리이다. (눅 5:5)

그물을 내리겠다는 말이 베드로의 믿음 좋은 순종을 의미할까요? 그렇지 않습니다. 그물을 내리는 것은 베드로가 당연히 해야 할 일이었습니다. 그의 마음속 질문, 즉 '선생님이 내 인생을 아십니까? 어부의 고단한 삶을 아십니까? 오늘도 나는 허탕을 쳤습니다'라는 질문에 예수님이 대답하겠다고 하신 거니까요. 깊은 데로 가서 그물을 내리라는 말은 베드로의 질문에 대한 대답이 아닙니다. 그 말대로 움직여서 얻을 결과가 대답입니다. 그러니 대답을 얻기 위해 베드로는 그물을 내려야 합니다. 평생 어부로 살아온 사람보다 고기잡이를 더 잘 알 리 없는 목수 주제에 명령을 한다고 저항하는 건 무의미합니다. 이미 예수님께 질문을 했다면 말이지요. 질문은 답을 얻기 위해 하는 것이고 그러므로 질문자는 답변자의 요구에 귀 기울일 필요가 있습니다. 따라서 '그물을 내리겠다'는 베드로의 말은 믿음의 순종이 아니라 답을 찾기 위한 행동이었습니다.

베드로는 그물을 내렸습니다. 그리고 놀랍게도 그물이 찢어질 정도로 고기가 많이 잡혔습니다. 근처에 있던 야고보와 요한에게 도움을 요청해야 했고, 그들이 와서 두 배에 채웠지만 배가 잠길 정도였습니다. 수십 년 어부 생활을 해 온 베드로 생애에 가장 충격적인 순간이었습니다. '예수라는 사람이 어업에도 조예가 깊구나!' 하는 정도의 충격이 아니었습니다. 사람들이 그물이 찢어질 정도로 물고기가 많이 잡혀서 놀랐다면, 베드로의 놀람은 그 이상이었습니다. '선생님이 저를 아십니까?'라는 질문에 예수님이 '그대 자신보다 내가 그대를 더 잘 아노라'고 응답하신 것이니까요. 메시아가 아니면 대답할 수 없는 질문, 이해할 수 없는 곤고한 삶에 대해 예수님은 그물이 찢어질 정도로 많은 고기로 대답하셨습니다. 베드로는 말했습니다.

주여 나를 떠나소서. 나는 죄인이로소이다. (눅 5:8)

이게 어떻게 된 일인가요? 베드로가 예수님을 부르는 호칭이 '선생님'에서 '주'로 바뀌었습니다. 또한 스스로를 '죄인'이라고 고백했습니다. 예수님이 친히 자신의 배에 오르셔서 전하신 하나님 나라, 그물이 찢어질 만큼 많은 고기를 잡게 하신 사건을 접하고 베드로는 충격과 전율을 느끼며 동생의 말을 인정했을 것입니다. '안드레가 본

것이 이것이구나! 이분이 메시아가 맞구나. 우리 민족이 기다리던 분이 바로 이분이로구나.'

'선생'은 누구입니까? 알고 싶은 게 있을 때 필요한 대상이 선생입니다. 선생에게 여러 가르침을 받을 수는 있지만, 삶의 주도권은 여전히 우리 자신에게 있습니다. 독립된 존재인 한 사람이 같은 사람인 선생에게 자신의 삶 자체를 맡기지는 않습니다. 그렇다면 '주'는 누구입니까? 삶의 주도권을 넘길 수 있는 존재입니다.

베드로는 왜 스스로를 죄인이라고 했을까요? 위대하신 존재 앞에서 자신의 부족함과 죄를 보았기 때문일 겁니다. '다들 그렇게 사는걸 뭐' 하는 생각으로 넘겨 온 죄와 허물 많은 삶이 빛 앞에서 떠올라 괴로웠을 것입니다. 그러나 베드로의 가장 큰 슬픔이자 부끄러움은 따로 있었다고 봅니다. 그것은 바로 동생이 메시아를 만났다고 했는데도 알아보지 못한 것입니다. 진리가 나타났는데 가슴 설레 하며 따라가지 않고 냉담하게 생계에 연연해 한 것이 가장 부끄러웠을 것입니다.

예수님이 말씀하셨습니다. "무서워하지 말라. 이제 후로는 네가 사람을 취하리라"(눅 5:10). 고기잡이보다 더 중요한 것을 본 이상 베드로는 마다할 이유가 없었습니다. 세베대의 아들로서 시몬의 동업자인 야고보와 요한도 현장에서 그 사실을 보았으니 머뭇거릴 이유가 없었습니다. 그리하여 베드로와 동생 안드레뿐 아니라 야고보와 요한도 모든 것을 버리고 함께 예수님을 따랐습니다. 마가복음은 일련의 과정을 다음과 같이 간추려 설명합니다.

갈릴리 해변으로 지나가시다가 시몬과 그 형제 안드레가 바다에 그물 던지는 것을 보시니 저희는 어부라. 예수께서 이르시되 나를 따라오라 내가 너희로 사람을 낚는 어부가 되게 하리라 하시니 곧 그물을 버려 두고 따르니라. 조금 더 가시다가 세베대의 아들 야고보와 그 형제 요한을 보시니 그들도 배에 있어 그물을 깁는데 곧 부르시니 그 아버지 세배대를 품꾼들과 함께 배에 버려 두고 예수를 따라가니라. (막 1:16-20)

먹고사는 것이 최고인 세상에서

오늘 우리가 사는 세상은 베드로와 같이 생계 걱정에 지배당하는 곳입니다. 경쟁 사회 속에서 각자가 노력하지 않으면 살 수 없고 내 가족을 챙기지 않으면 안 됩니다. 먹고살기 위해서는 현실에 바짝 엎드려 살아야 하고 그러자니 정규직이 곧 진리처럼 여겨집니다. 그렇다고 모두가 옳고 그름을 따지지 않고 무조건 입신만 추구하지는 않습니다. 젊은 시절, 이 두 길 사이에서 어떻게 하면 잘 사는 것일지 고민합니다. 정도의 차이가 있을지언정 우리 모두 그 사이에서 기우뚱한 채 살아가기 쉽습니다.

저는 1982년 대학에 입학했습니다. 군부독재로 온 나라가 고통받던 때 대학 생활을 했지요. 친구들은 도서관 옥상에서 투신하고, 몸에 불을 붙여 죽음으로 독재에 맞섰습니다. 어두운 시대에 대한 답을 찾기 위해 자신을 던졌습니다. 그러나 저는 그렇게 살지 못했습니다. 당시 정권이 불의한지 가늠할 수 있는 안목이 부족했습니다.

교회가 오직 내세와 전도와 봉사와 구제만 가르쳤고, 세상의 어둠이나 정치적 압제로 고통받는 사람들을 돕고 일그러진 사회질서를 바로잡는 일을 '복음적'이라고 가르치지 않았으니까요. 알았더라도 바로잡기 위해 뛰어들 용기가 부족했습니다.

예수님에 대한 지식 또한 다를 것이 없었습니다. 그 당시 저는 진리이신 주님을 제대로 알지 못했습니다. 제 삶의 목표는 졸업정원제에 걸려 중퇴당하지 않도록 학점 관리를 잘하는 것이었습니다. 학비는커녕 생활비도 없어 하루하루 버티며 살았습니다. 친구들이 세상을 바꾸겠다고 사회과학 서적을 읽는 동안, 저는 대학 도서관 사서로 아르바이트를 하면서 생활비를 벌었습니다. 노래를 좋아해서 단과대 합창단에 가입했지만 중간에 그만두었습니다. 생계를 책임져 줄 사람이 없었거든요. 일을 하고 시간이 남으면 공부를 했고, 그러고도 시간이 남으면 남들이 하는 대학 생활을 하는 정도였습니다. 예수님을 믿기는 했으나, 제 삶의 질서를 바꿔 가면서까지 따를 정도는 아니었습니다.

저는 취업 가능성이 모두 끊긴 후에 교사가 되었습니다. 60만 원이 찍힌 첫 월급명세서를 받아 들고 너무 뿌듯했지만 어떤 교사로 살아야 할지 몰랐습니다. 삶은 여전히 불투명했지요. 그러다 1992년 그리스도를 만났습니다. 제가 만난 것이 아니라 그분이 저를 찾아오셨다고 할 수 있습니다. 마치 베드로에게 예수님이 찾아오신 것처럼 말입니다.

그분은 우연한 사건을 통해 저에게 물으셨습니다. "과연 네가 나와 관계가 있는 사람이냐? 네가 나에게 속한 사람이라고 할 만한 근거가 무엇이냐?" 이 질문은 뾰족한 화살처럼 제 마음에 꽂혔습니다. 깊은 상처를 남긴 이 질문에 저는 할 말이 없었고 그 누구도 답을 주지 못했습니다. "그러게 말입니다. 제가 당신에게 속한 사람이라고 말할 근거를 찾을 수 없습니다. 저는 누구입니까?"

제 생애 그때처럼 치열하게 성경을 읽은 적이 없습니다. '당신이 사랑하는 세상에 구원을 주기 위해 오셨다고 했지요? 그 속에 저도 포함되어 있다는 것을 제가 경험하게 해 주십시오. 저는 믿을 수가 없습니다. 저를 부르셨다는 말이 성경 어디에 나옵니까? 베드로를 부르셨고 안드레를 부르셨고 또 바울과 수많은 당신의 종을 부르셨다는 사실은 압니다. 그런데 저도 부르신 게 맞는지 모르겠습니다. 당신이 목숨을 내줄 만큼 사람들을 사랑하셨다고 이 두꺼운 성경이 증언하는데, 그 사람들 속에서 저를 발견하지 못하겠습니다. 저에게 근거를 주십시오.' 저는 성경을 읽고 기도하고 또 성경을 읽었습니다. 우리말로 읽다가 질문이 생기거나 애매한 지점이 보이면 단서를 찾기 위해 영어 성경을 찾아 가면서 읽었습니다. 논리적 연결 관계를 파악하고 또 파악했습니다.

성경을 읽다 보니 한줄기 빛이 저를 비추는 것 같았고 빛에 비추인 존재로서 다시 성경을 읽으니 어느새 제 질문이 바뀌어 있었습니다. 그분의 사랑 속에 제가 있는지 물었던 처음의 질문 대신 숨겨 두었던 죄가 떠올랐고 해결하지 못한 부끄러운 일에 대한 사무치는 아픔이 올라왔습니다. 차라리 성경을 읽지 않았더라면 느끼지 않았을 고통이지만, 거기서 성경을 덮을 수는 없었습니다.

1992년 4월 어느 날, 성경을 읽다가 저는 주님을 만나고야 말았습니다.

> 미쁘다 모든 사람이 받을 만한 이 말이여 그리스도 예수께서 죄인을 구원하시려고 세상에 임하셨다 하였도다 죄인 중에 내가 괴수니라. 그러나 내가 긍휼을 입은 까닭은 예수 그리스도께서 내게 먼저 일체 오래 참으심을 보이사 후에 주를 믿어 영생 얻는 자들에게 본이 되게 하려 하심이라. (딤전 1:15-16)

바울은 죄인 중에 괴수라는 자기 인식을 가진 인물이었습니다. 그런 바울을 구원하신 예수님이 저에게 이렇게 말씀하는 것 같았습니다. "바울을 구원한 이유는 내가 용서하지 못할 죄인은 없다는 것을 증명하기 위해서다. 네 죄도 그렇다. 그러니 너는 나의 사랑을 부정하지 말아라." 답을 찾았다는 생각에 눈물이 폭포수처럼 터져 나왔습니다. 제가 예수님께 속한 사람이라는 확신이 들었지요. 말씀에 근거한 확신과 더불어 자유가 찾아왔습니다. 그것은 피할 수 없는 예수님과의 만남이었습니다. 예수님을 만남으로써 먹고사는 것보다 더 가치 있는 세계가 있다는 사실에 눈을 떴고, 그러자 제 일이 새롭게 보였습니다. '내가 하늘에 속한 자고 하나님이 내 아버지시니 먹이고 입히는 일은 그분이 하시겠구나. 교사의 자리는 먹고살기 위한 수단이 아니라 예수님의 제자로 살아야 하는 자리구나.' 그런 깨달음이 있었기에 저는 교직에서 물러나 다른 일을 하라는 부르심을 받았을 때도 생계 걱정을 내려놓고 설레는 마음으로 그 길을 따라나설 수 있었습니다. 예수님을 만나고서야 저도 베드로처럼 생계의 부담에서 자유로워진 것입니다.

    매우 뛰어난 선생을 만났다고 해서 그에게 자신의 인생 전부를 의탁하기란 어렵습니다. 그러나 내 인생의 주인, 곧 주님을 만난 사람은 망설일 필요가 없습니다. 주님을 위해서는 내 모든 것을 포기해도 아깝지 않고, 내 자신을 던져도 죽지 않으며, 오히려 새로운 삶을 얻게 되기 때문입니다. 그런 존재를 어떻게 만날 수 있을까요? 내 배로 주님이 오시도록 허락하면 됩니다. 그분이 나에게 오실 때, "당신이 메시아라면 고단한 내 인생에 대해 정말 알고 계십니까?" 하고 질문하면 됩니다. 주님은 진심으로 질문하는 자들에게 답을 주겠다고 말씀하시기 때문입니다. 예수님이 "깊은 데로 그물을 던지거라. 그러면 내가 주인 줄 알 것이다" 하고 말씀하실 때, 우리는 우리의 경험 대신 주님의 말씀에 의지하여 "네, 알겠습니다!" 고백한 후 그물을 던져야 합니다. 그래야 그물이 찢어질 정도로 고기가 잡히는지 아닌지 알 수 있습니다. 그리고 수많은 고기가 그물에 걸려 올라올 때, 우리는 고백할 것입니다. "주여 나를 떠나소서. 나는 죄인이로소이다"(눅 5:8).

    예수님에 대한 나의 질문은 무엇입니까? 예수님이 내 인생의 선생이 아니라 주인이심을 알기 위해 내가 들어야 할 답은 무엇입니까? 그 답을 찾기 위해 그물을 던지라는 말에 "네, 알겠습니다!" 하고 그물을 던질 나만의 '깊은 데'는 어디입니까?

43 이튿날 예수께서 갈릴리로 나가려 하시다가 빌립을 만나 이르시되 나를 따르라 하시니 44 빌립은 안드레와 베드로와 한 동네 벳새다 사람이라 45 빌립이 나다나엘을 찾아 이르되 모세가 율법에 기록하였고 여러 선지자가 기록한 그이를 우리가 만났으니 요셉의 아들 나사렛 예수니라 46 나다나엘이 이르되 나사렛에서 무슨 선한 것이 날 수 있느냐 빌립이 이르되 와서 보라 하니라 47 예수께서 나다나엘이 자기에게 오는 것을 보시고 그를 가리켜 이르시되 보라 이는 참으로 이스라엘 사람이라 그 속에 간사한 것이 없도다 48 나다나엘이 이르되 어떻게 나를 아시나이까 예수께서 대답하여 이르시되 빌립이 너를 부르기 전에 네가 무화과나무 아래에 있을 때에 보았노라 49 나다나엘이 대답하되 랍비여 당신은 하나님의 아들이시요 당신은 이스라엘의 임금이로소이다 • 요한복음 1:43-49

2

네가 무화과나무 아래에 있을 때에 보았노라

나다나엘

나는 누구인가? 여러분은 이 질문에 어떻게 대답하시겠습니까? 직업이나 가치관이나 성격은 물론 취미나 좋아하는 음식 등 다양한 방식으로 답할 수 있을 겁니다. 저라면 내가 좋아하는 혹은 나에게 큰 영향을 끼친 세 사람을 소개하는 것으로 답하겠습니다. 이 방식은 추상적인 많은 말보다 쉽고 적절합니다.

    제 삶에 결정적 영향을 끼친 세 사람 중 가장 먼저 소개하고 싶은 분은 제 어머니입니다. 저는 어머니에게서 신앙을 얻었고 삶의 끈기를 체득했으며 타자지향적 삶을 배웠습니다. 두 번째 사람은 선생으로 살아가는 데 필요한 용기와 태도를 가르쳐 주신 김교신 선생입니다. 그는 일제강점기에 손기정 선수를 길러 낸 참된 교사요 민족운동가였습니다. 훌륭한 그리스도인이었고 평신도 성경 연구가였습니다. 그리고 마지막으로 손봉호 교수님입니다. 저는 이분에게 이

끌려 기독교사운동을 시작하게 되었고 그 연장선에서 여기까지 왔습니다. 말하자면 제가 신앙인으로서 세상과 악수하는 방법을 알려 주신 분입니다. 만약 이 세 분을 아신다면 이분들에게 큰 영향을 받은 제가 어떤 사람인지 어느 정도 짐작할 수 있을 겁니다. 그만큼 만남은 중요합니다. 실제로 우리 대부분 누군가를 만나 영향을 받고 또 그 만남을 통해 나다워지는 경험을 합니다.

이번 장에서는 예수님을 만나 인생이 바뀐 한 사람, 나다나엘을 소개하려고 합니다. 나다나엘과 예수님과의 첫 만남은 매우 짧았고, 대화는 두 차례만 이루어집니다. 신기하게도 이 두 번의 짧은 대화를 통해 나다나엘의 인생이 뒤집어집니다. 도대체 어떻게 이런 신비와 기적이 일어났는지 어리둥절할 따름이지요.

말문이 막혀도 권하고야 마는 우정: "와서 보라"

예수님은 서른 살에 세례 요한에게 세례를 받고 갈릴리 지방에서 메시아로서 활동을 시작하셨습니다. 세례 요한은 예수님이 메시아임을 알아차리고, 두 제자에게 자신이 아닌 예수님을 따르라고 하면서 그들을 떠나보냅니다(요 1:35-37). 그중 한 사람이 안드레입니다. 예수님은 자신을 따라오는 안드레에게 무엇을 구하느냐고 물으신 후 계시던 곳으로 데려가십니다. 안드레는 예수님과 하룻밤을 보내면서 주님이 메시아라는 사실을 알게 되지요. 그는 예수님을 '랍비'라고 칭하다가 형 베드로에게 '메시아'라고 소개할 만큼(1:38, 41)

예수님을 보는 관점에 큰 변화가 생겼습니다. 하룻밤 사이에 무슨 일이 있었길래 안드레가 바뀌었는지 우리는 잘 모릅니다. 여하튼 안드레는 예수님을 만나고 집으로 돌아가서 메시아를 만났다고 말하면서 형을 예수님께 인도합니다.

지금까지의 이야기는 나다나엘을 소개하기 위한 하나의 배경이었습니다. 나다나엘은 베드로와 안드레가 예수님을 만나고 난 다음 날 예수님을 만납니다. 예수님은 벳새다에서 제자들을 만나시고 다음 날 갈릴리 지방으로 가려고 하셨습니다(1:43). 그런데 바로 그 길에서 빌립을 만나 "나를 따르라"는 말씀을 남기지요. 이 한마디에 빌립의 삶에 큰 변화가 생겼습니다.

빌립은 예수님의 말씀을 듣고 곧장 나다나엘을 찾아갑니다. 나다나엘은 빌립의 친구로 함께 메시아를 기다려 왔고, 그래서 빌립은 자기가 겪은 놀라운 사건을 친구에게 이야기해야 한다고 생각한 것 같습니다. 참으로 귀한 우정입니다. 우정에는 자신이 옳다고 생각하는 방향으로 친구를 이끄는 힘이 있습니다. 옳다고 생각하는 바가 어둠이면 우정은 어둠에 봉사하고, 옳다고 생각하는 바가 진리면 우정은 진리에 봉사합니다. 다행히 빌립과 나다나엘은 진리로 묶인 우정 관계였습니다.

빌립이 나다나엘에게 말합니다. "모세가 율법에 기록하였고 여러 선지자가 기록한 그이를 우리가 만났으니 요셉의 아들 나사렛 예수니라"(1:45). '모세가 율법에 기록하고 여러 선지자가 기록한 그이'가 어떤 의미인지 빌립은 설명하지 않습니다. 평소에 두 사람이 이 주제로 자주 대화를 했다고 짐작할 수 있는 대목입니다. 그러나 나다나엘은 미심쩍었습니다. 그의 상식으로는 나사렛에서는 메시아가 나올 수 없습니다. "베들레헴 에브라다야. 너는 유다 족속 중에 작을지라도 이스라엘을 다스릴 자가 네게서 내게로 나올 것이라"라는 미가서 5장 2절 말씀을 기억하고 있었기 때문입니다. 이스라엘을 다스릴 메시아는 나사렛이 아닌 베들레헴에서 나와야 했습니다. 그러므로 나사렛 예수는 메시아가 아닙니다.

> 나사렛에서 무슨 선한 것이 날 수 있느냐. (요 1:46)

해박한 나다나엘의 질문에 빌립은 말문이 막혔을지도 모릅니다. 맞는 지적이었으니까요. 반박할 지식이 없었음에도 빌립은 주님을 만난 기쁨과 흥분에 가슴이 들끓었습니다. 삶에서 언제나 지식이 중요한 것은 아닙니다. 충분한 지식이 없더라도, 영혼 깊은 곳에 찾아온 직감이 더 정확할 때가 있는 법입니다. 빌립은 친구 나다나엘에게 말합니다. "와서 보라!"(1:46). 이는 '네 지식만으로 의심하지 말고 직접 와서 보고 판단하라!'는 의미였습니다.

나다나엘은 일단 친구 빌립을 따라나섰습니다. 그러나 속으로는 이렇게 생각했겠지요. '그가 메시아라고? 나사렛 출신인데? 오랫동안 우리 민족이 기다려 온 메시아를 나도 기다려 왔어. 그는 모를 거야. 내가 얼마나 메시아를 기다려 왔는지…. 메시아는 도탄에 빠진 민족, 로마의 압제에 사로잡힌 식민 국가 이스라엘을 해방시키고, 새 하늘과 새 땅을 건설할 거야. 만일 그가 나타난다면 나는 언제든 따를 준비가 되어 있어. 하지만 나사렛이라니, 왜 하필 나사렛이야? 성경은 베들레헴이라고 했는데 어떻게 나사렛이라는 거지? 예수를 만나면 이것부터 물을 거야. 이 질문에 답하지 않는다면 빌립의 마음은 얻었을지언정 내 마음은 조금도 그에게 줄 수 없어.'

아부와 진실의 경계

친구 빌립을 따라가 보니, 저 멀리 예수님이 서 계셨습니다. 나다나엘은 가까이 가서 예수님께 물어볼 것이 많았습니다. 그런데 예수님이 먼저 그에게 뜻밖의 말씀을 던지셨습니다.

> 보라. 이는 참으로 이스라엘 사람이라. 그 속에 간사한 것이 없도다. (요 1:47)

주님은 베드로와 안드레와 빌립에게는 이런 말을 하지 않으셨습니다. 오직 나다나엘에게 하셨습니다. 왜일까요? 두 가지 이유를 생각해 볼 수 있습니다. 하나는 나다나엘을 끌어들이기 위한 아부입니다. 다른 사람들과 달리 나다나엘은 의심이 많아 보이니 칭찬을 늘어놓아 제자로 끌어들이려고 사탕발림을 하는 것이지요. 하지만 이 방법은 예수님답지 않습니다. 예수님은 사람 마음을 얻기 위해 없는 말을 지어낼 분이 아닙니다. 오히려 겉으로 괜찮아 보여도 마음속 깊은 곳에 자리한 어둠을 꿰뚫어 보고 폭로하는 분이라, 망신을 당하는 사람이 한둘이 아니었습니다.

두 번째 이유는 아부가 아니라, 진짜 나다나엘이 그런 사람이고 예수님이 그를 알아보셨기 때문일 수 있습니다. 나다나엘은 예수님의 말씀에 적지 않은 충격을 받았을 것입니다. '처음 보자마자 나더러 참 이스라엘 사람이라니! 둘 중 하나일 수밖에 없어. 사기꾼 아니면 대단한 존재!' 생각해 보세요. 한 번도 본 적 없는 사람을 향해서 이렇게 말하는 게 가능이나 한가요? 나다나엘이 이렇게 되묻는 건 당연합니다.

[나를 한 번도 본 적 없는 당신이] 어떻게 나를 아시나이까. (요 1:48)

그러나 나다나엘은 예수님이 자신의 외적 조건을 칭찬하지 않았다는 점이 마음에 남았을 것입니다. '많이 배웠다. 율법을 잘 안다. 성격이 좋다'는 말처럼 듣기 좋은 말을 하신 게 아니니까요. 예수님은 한 번도 본 적 없는 나다나엘에게 다짜고짜 '참 이스라엘 사람'이라고 하셨습니다. 이 말은 어떤 뜻일까요? 가령 지금이 일제강점기라고 생각해 봅시다. "자네는 참 대한제국 사람이군! 간사한 것이 없는 사람일세." 예수님이 독립운동을 하던 누군가에게 이렇게 말씀했다면 그 의미는 특별합니다. 이 말은 그가 나라를 걱정하는 마음이 누구보다 크고, 독립을 열망하며, 일본 제국주의와 타협하지 않는 사람이라는 의미입니다. 나다나엘도 마찬가지입니다. 나다나엘이 이스라엘 민족의 일원으로서 이스라엘의 회복을 꿈꾸고 있고, 그 꿈을 위해 이것저것 재지 않고 모든 것을 던질 각오가 되어 있는 순수한 사람이라는 의미입니다.

하지만 예수님은 무슨 근거로 나다나엘을 이렇게 평가하신 걸까요? 제가 만일 명동 한복판에서 지나가는 학생에게 "너는 탁구를 잘하는구나. 특히 드라이브가 일품이야!"라고 말한다면 그 학생이 물을 겁니다. "아저씨, 저를 어떻게 아세요? 무슨 근거로 제가 탁구를 잘한다고 하시는 건가요?" 나다나엘도 그런 심정으로 예수님께 묻습니다. "어떻게 나를 아시나이까"(요 1:48).

> 빌립이 너를 부르기 전에 네가 무화과나무 아래에 있을 때에 보았노라.
> (요 1:48)

예수님의 대답에 나다나엘은 180도 태도가 바뀝니다. 그리고 이렇게 말하지요.

> 랍비여 당신은 하나님의 아들이시요 당신은 이스라엘의 임금이로소이다.
> (요 1:49)

아니, 이렇게 경솔할 수가 있습니까? 나다나엘은 예수님이 메시아인지 확인하기 위한 질문을 품고 그에게 왔습니다. 그런데 아직 가져온 질문을 입 밖에 꺼내 놓지도 않았는데 벌써 예수님께 무릎을 꿇다니요. 이것은 지성적인 나다나엘답지 않습니다. 도대체 둘 사이에 무슨 일이 일어난 것일까요?

버스 정류장 앞 인호에게 찾아온 사건과 같았다

"네가 무화과나무 아래 있을 때에 내가 [봤다]"는 말이 어떤 의미이길래, 생각 많던 나다나엘이 예수님을 하나님의 아들, 이스라엘의 임금이라고 고백한 걸까요? 무화과나무와 참 이스라엘 사람 사이에는 어떤 관계가 있는 걸까요?

미리 말하겠습니다. 무화과나무와 참 이스라엘 사람은 객관적으로는 아무 관계가 없습니다. 무화과나무는 특정한 사람의 거룩함을 드러내 주는 신성한 나무가 아니니까요. 다만 무화과나무 아래 그 당시 선한 사람들이 많이 모여 있었을 수는 있습니다. 가령 그 나무 아래에서 한 무리가 자선을 베풀거나 혹은 이스라엘의 해방과 메시아를 기다리며 기도하는 일을 반복적으로 수행했을 수 있지요. 물론 나다나엘도 그 선한 무리에 포함되어 있었을 수 있고요. 지나가던 사람들이 그 모습을 보고 이렇게 말할 수 있습니다. "저분들은 오실 메시아를 기다리는 참 훌륭한 분들이야." 만약 그렇다면 나다나엘이 선한 사람이라는 것은 누구나 아는 사실입니다. 남들도 다 아는 사실을 예수님이 말했다고 해서 나다나엘이 "오, 당신은 하나님의 아들입니다!" 이렇게 고백하며 무릎을 꿇을 리는 없습니다. 그러니까 이런 추정도 정확하지 않습니다.

그렇다면 도대체 예수님과 나다나엘의 대화를 어떻게 해석하면 좋을까요? 이해를 위해 한 예를 들어 보겠습니다. 중학교 3학년 인호는 매일 버스를 타고 학교에 갑니다. 아침마다 정류장에서 버스를 기다리는 인호 마음에는 가시지 않는 의문이 하나 있었습니다. '한참 하고 싶은 것도 많고 놀고 싶은 것도 많은 나이에 나는 왜 공부에 매달려야 하나? 대체 이런 식의 공부가 내 인생에 무슨 의미란 말인가? 입시 경쟁을 뚫고 다들 알아주는 명문 대학에 입학해서 부모님께 인정받고 주변의 부러움을 사려고?' 인호는 이런 목적을 위해 공부에 자신의 인생을 걸고 싶지는 않았습니다. 이 땅에서 사는 이유가 나 혼자 잘 먹고 잘살며 출세하는 데 있다고는 생각하지 않았기 때문입니다. 인호는 인생의 의미가 어디에 있는지 매일 아침 되묻곤 했습니다.

그러던 어느 날 아침이었습니다. 그날을 4월 8일이라고 치죠. 버스를 기다리던 인호에게 갑자기 큰 깨달음이 찾아왔습니다. '그렇지! 내 배만 불리려고 공부하는 건 부끄러운 일이야. 학교를 마치고 일자리를 얻어서 부모님의 부담을 덜어 드리고 나와 가족의 생활을 책임지는 건 정말 중요해. 하지만 그걸로 그치면 안 돼. 내가 공부한 지식으로 고통받는 이웃에게 내 삶을 내주는 삶을 살겠어. 나의 이익과 공공의 이익이 부딪히면 공익을 택하는 게 배운 사람의 도리일 거야. 그게 바로 내가 이 땅에 태어난 목적에 부합하는 삶일 테지. 그게 사람의 도리고 뜻으로 산다는 건 바로 이런 의미일 거야.'

이런 생각이 인호를 크게 흔들자 가슴이 벅차올랐습니다. (오늘 이 땅의 모든 젊은이와 부모가 이런 마음을 갖기 원합니다.) 하지만 지나가던 사람들의 눈에 인호는 그저 버스를 기다리는 평범한 중학생일 뿐입니다. 인호는 탄성을 내지르거나 과장된 몸짓을 하지 않았습니다. 가방을 메고 버스를 기다리고 있었을 뿐이지요. 눈물이 조금 맺혔거나 깊이 숨을 들이켰을 수도 있습니다. 하지만 마음에 찾아온 깨달음은 인생 최대의 깨달음이었습니다. '대학'의 훈음은 클 대(大), 배울 학(學)입니다. 크게 배운다는 것은 내 배를 불리기 위해 배운다는 뜻이 아니라, 배움을 통해 이웃을 돕는다는 뜻입니다. 바로 거기에 지식을 추구하는 참된 뜻이 있지요.

　인호는 인생의 전환점을 지나는 중대한 사건을 겪느라 하마터면 버스를 놓칠 뻔했습니다. 앞으로도 인호는 4월 8일 그 버스 정류장을 잊을 수 없을 것입니다. 하지만 누구에게도 이 이야기를 하지는 않았습니다. 섣부르게 말하기보다는 깨달은 대로 조용히 살아가기로 했습니다.

　그런데 어느 날, 길을 가다가 일면식도 없는 분을 만났습니다. 학교 선생님도 아니고 동네 아저씨도 아니었습니다. 그런데 그분이 가까이 와서 이렇게 말하는 겁니다. "네가 인호지? 너를 보니 얼마 전 공부에 대해 크게 깨달은 바가 있구나. 네 마음이 얼마나 순수한지!" 인호의 마음에 파문이 입니다. '어? 이분이 누구지? 나만 아는 걸 아시다니!' 인호는 그분께 묻습니다. "아저씨, 제가 그렇다는 것을 어떻게 아세요?" 그때 그분이 이렇게 말한다면 인호의 마음이 어떨까요? "4월 8일 아침 등굣길에 버스 정류장 앞에 네가 서 있을 때 너를 보았단다."

그 사건은 오직 인호만 아는 마음의 사건입니다. 그 사건을 그분이 이야기했을 때 인호가 받은 충격은 이만저만이 아닐 겁니다. 남들은 그 말이 무슨 뜻인지 몰랐을 것입니다. 이상한 대화이지요. 그러나 당사자 인호는 알았습니다. 그래서 큰 충격 속에서 이렇게 되물었겠지요. "내 마음의 깊은 비밀을 아시다니, 당신은 누구십니까?"

다시 재구성한 만남

저는 나다나엘의 상황이 이와 비슷하다고 생각합니다. 무화과나무 아래에 있는 것과 참 이스라엘 사람은 객관적으로는 아무런 관계가 없습니다. 그러나 주후 30년 5월 12일(가상의 날입니다), 나다나엘은 무화과나무 아래에 서 있었습니다. 지나가는 사람 누구에게도 무화과나무는 인격이나 삶의 특성에 대해 메시지를 줄 만한 어떤 단서도 주지 않는 평범한 나무일 뿐입니다. 나다나엘이 그곳에서 큰 소리로 기도하거나 눈에 띄는 선행을 하고 있었던 것도 아닙니다. 그런데 그날, 나다나엘은 바로 그곳에서 이전에는 경험하지 못한 이스라엘의 회복에 대해 크게 깨달았습니다. 이스라엘이 오래 열망해 온 회복의 꿈을 이룰 메시아, 모세와 선지자들이 예언했던 메시아를 사모하는 강한 열망이 일었습니다. 나다나엘의 영혼 깊은 곳에서부터 진실한 고백의 기도가 터져 나왔습니다. 물론 소리를 내며 하는 기도가 아닌 울음을 삼키며 되뇌는 탄식과 같은 기도였습니다.

'여호와 우리 조상의 하나님이시여. 이 땅을 회복시켜 주시옵소서. 당신이 모세와 선지자 그리고 당신의 종들을 통해 보내 주시겠다고 한 메시아를 보내 주시옵소서. 우리는 지금 불행합니다. 우리는 억압받고 있습니다. 어둠에 갇혀 있는 이 역사 가운데 빛을 주시옵소서. 생명의 기운으로 이 땅을 회복시켜 주십시오. 우리는 스스로 이 어둠을 해결할 수 없습니다. 고통과 억압을 끝낼 수 없습니다. 그러니 하나님, 우리에게 이스라엘의 왕을 보내 주십시오. 모세와 선지자들이 예언한 메시아가 오신다면 저의 꿈과 야망을 모두 접고 순전한 마음으로 그를 따르겠습니다.'

나다나엘의 겉모습은 별다를 바가 없었습니다. 무화과나무 아래선 그의 얼굴은 침착했고 그가 어떤 말을 한 것이 아니기에 주변의 누구도 그의 마음의 흐름을 알지 못했습니다. 다만 나다나엘은 그날을 똑똑히 기억하고 있었습니다. 주후 30년 5월 12일 바로 그날을요.

그런데 어느 날, 친구 빌립이 메시아를 만났다고 이야기했습니다. 나사렛 출신 요셉의 아들 예수가 바로 그분이랍니다. 실망스러웠습니다. 메시아는 베들레헴에서 태어나야 했습니다. 나사렛은 메시아는커녕, 이민족과 피를 섞고 사는 이스라엘의 저주받은 땅인데, 그곳에서 난 사람이 메시아라니 있을 수 없는 일입니다. 기본 요건도 만족시키지 못하는 예수가 메시아라고 기대할 수는 없습니다. 그러나 친구 빌립의 눈빛이 이전과 달랐습니다. 빌립에게서 이런 흥분, 이런 불타는 확신은 본 적이 없습니다. 말로 표현하지 못하는 무언가가 있는 것 같은데, 내가 아는 성경 지식과는 들어맞지 않습니다. 서성이는 마음으로 나다나엘은 예수님을 만나러 갔습니다.

저기 멀리 빌립이 말한 분이 서 있었습니다. '저 사람이 베드로와 안드레의 마음을 바꾸고, 내 친구 빌립도 변화시킨 분이구나.' 하지만 마음속 질문은 그대로였습니다. '당신이 메시아라면 내 질문에 답하십시오. 메시아는 나사렛에서 나올 수 없습니다!' 가까이에서 본 그분의 얼굴은 평화롭고 침착해 보였습니다. 그런데 그분이 대뜸 이렇게 말했습니다. "너는 참 이스라엘 사람이다. 너는 이스라엘의 회복을 기다려 왔고, 그날을 위해 간사한 것을 다 버리고 메시아를 위해 네 인생을 던지겠다는 마음을 품은 사람이다."

나다나엘은 깜짝 놀랐습니다. 그것은 그날, 그러니까 5월 12일에 그가 무화과나무 아래에서 혼자 있을 때 겪은 영적 경험이었기 때문입니다. 친구 빌립에게도 회당의 랍비나 가족에게도 이야기하지 않고 간직해 온 사건을 예수님이 말씀하셨을 때, 나다나엘의 마음은 흔들렸습니다. 나다나엘이 예수님을 만나기 전에 품은 질문은 무의미해졌습니다. 그 대신 이렇게 물을 수밖에 없었습니다. "내가 그렇다는 것을 당신이 어떻게 아십니까? 당신은 누구십니까?"

주님이 말씀하셨습니다. "네가 무화과나무 아래에 있을 때에 보았노라." 아무도 모르는 내 마음의 사건을 이분이 아시다니! 그 순간 나다나엘의 마음의 빗장이 활짝 열렸습니다. 그것은 그를 압도하는 강렬한 빛과 같았습니다. '메시아다. 이분이 메시아다. 무화과나무 아래서 내가 찾던 그 메시아! 우리 민족이 오래 기다려 온 분, 내 꿈과 야망을 접고 순전한 마음으로 따르겠다고 말한 그분. 빌립의 말이 맞구나!' 예수님과의 만남은 나다나엘에게 기도의 응답이었습니다.

성경 예언의 성취였습니다. 이스라엘 민족이 듣고 싶었던 대답이었습니다. 그러니 무화과나무 아래서 너를 봤다는 말씀은 '그러니 이제 너는 나를 따르라'는 말씀인 셈이었습니다. 고백이 저절로 터져 나왔습니다. "랍비여 당신은 하나님의 아들이시요 당신은 이스라엘의 임금이로소이다." 가져온 질문을 꺼낼 필요도 없이 근본적인 질문에 답을 얻은 나다나엘은 모든 것을 버리고 예수님을 따르겠다고 고백했을 것입니다.

복음서에서 사라진 나다나엘, 그는 어디로 갔나?

그런데 희한한 점이 있습니다. 이 사건 후 나다나엘의 이름은 성경에 등장하지 않습니다. 벳새다에서 예수님을 따른 사람들은 모두 제자가 되었는데, 나다나엘의 이름은 어디에도 보이지 않습니다. 다만 예수님이 돌아가신 후 부활하셔서 제자들을 만나기 위해 갈릴리에 가시는 장면에서야 그의 이름이 등장합니다(요 21:1-2). 이상합니다. 나다나엘은 예수님의 제자인데, 복음서 어디에도 나다나엘의 이름이 나오지 않다니요. 그런데 마태복음 10장에 이상한 대목이 나옵니다.

열두 사도의 이름은 이러하니 베드로라 하는 시몬을 비롯하여 그의 형제 안드레와 세베대의 아들 야고보와 그의 형제 요한, 빌립과 바돌로매, 도마와 세리 마태, 알패오의 아들 야고보와 다대오, 가나나인 시몬

및 가룟 유다 곧 예수를 판 자라. (마 10:2-4)

마태복음은 제자들의 이름을 열거하면서, 주로 형제지간이나 친한 사람 또는 인연이 비슷한 사람들을 짝지어 썼습니다. 베드로와 동생 안드레, 세베대의 아들 야고보와 요한, 알패오의 아들 야고보와 다대오가 그렇습니다. 그리고 빌립과 바돌로매가 함께 쓰였습니다. 그러니까 예수님의 제자들을 형제들끼리 묶어 설명하다가, 빌립을 소개하는 대목에서 바돌로매라는 제자를 언급한 것입니다. 바돌로매, 이 사람은 누구일까요? 빌립과 짝을 이루는 사람이니 미루어 짐작할 수 있습니다. 네, 바로 이번 장의 주인공 나다나엘입니다. 나다나엘의 공식 이름은 '나다나엘 바돌로매'인 것입니다. 실제로 많은 성경학자가 그렇다고 말합니다.

나다나엘 바돌로매는 3년간 제자로서 예수님을 따랐습니다. 예수님이 부활하신 후에는 갈릴리에서 그분을 만나기도 했습니다. 예수님이 승천하신 후에는 사도들과 함께 예수님의 부활을 증거하는 삶을 살았지요. 역사가들에 따르면 나다나엘은 에티오피아, 메소포타미아, 이란, 터키, 아르메니아 지역에서 선교 활동을 했습니다. 그리고 바빌로니아 왕 아스티아게스에게 죽임을 당했습니다.

나의 무화과나무 아래는 어디인가?

제 아들 여명이가 중학교 2학년 때 아들과 함께 이탈리아를 여행하다가 밀라노를 방문한 적이 있습니다. 다른 곳에서는 성당을 둘러볼 기회가 많았는데 여행 막바지라서 밀라노에서는 그 유명한 밀라노 대성당을 방문하지 못했습니다. 직접 보지는 못했지만 그 성당에는 기괴한 모습을 한 조각상이 있습니다. 다른 성인들의 조각상과는 달리 온몸의 피부가 벗겨진데다 벗겨진 피부가 마치 망토처럼 어깨 뒤에 걸려 있습니다. 이 끔직하게 죽은 조각상의 주인공이 바로 나다나엘 바돌로매입니다. 그는 예수님을 위해 살다가 피부가 벗겨지는 참극을 겪고 순교한 것입니다. 과연 그는 주님을 위해 가진 것을 모두 쏟아부어 '간사한 것이 하나도 없는' 모습으로 죽음을 맞이했습니다. 나다나엘은 왜 그런 죽음을 선택했을까요? 바로 예수님을 만났기 때문입니다. 예수님을 만난 후 인생에 빛이 찾아들었고, 그 빛을 전하는 것을 가장 고귀한 일로 여겨 자신의 인생을 던졌기 때문입니다. 그렇다고 해서 우리 모두 나다나엘처럼 끔찍한 방식으로 순교해야 한다는 것은 아닙니다. 다만 자신의 모든 것을 포기해도 아깝지 않을 만큼 귀한 존재를 나다나엘이 인생에서 만났다는 점을 말하고 싶습니다.

저는 인도의 타고르라는 시인을 좋아합니다. 그가 쓴 『기탄잘리』라는 시집에 신랑을 기다리는 어린 신부의 간절함을 잘 표현한 시가 있습니다. 신랑은 단지 남편이나 연인이 아니라 왕, 신적 존재, 하나님이라고 말할 수도 있습니다. 신랑을 기다리다 지친 신부의 마음을 이렇게 잘 표현한 시도 없을 것입니다. 저는 이 시를 읽을 때마다 기다림의 슬픔이 느껴져 마음이 아픕니다. 한편 수치와 모멸감 속에서도 신랑을 기다리는 신부의 그 끈질김에 숙연함을 느끼기도 합니다.

내 사랑하는 이여. 당신은 그들 뒤 어디에 서서, 그늘 속에 스스로를 숨기십니까? 그들은 먼지 이는 길에서 당신을 밀치고 지나치며 당신을 거들떠보지도 않습니다. 나는 여기서 당신에게 드릴 나의 선물을 펴놓고 지치도록 몇 시간을 기다리고 그 동안에 지나가는 사람들이 와서 하나씩 하나씩 내 꽃을 가져가고 그래서 내 바구니는 거의 비었습니다.

아침 시간은 지나고 한낮. 저녁 그림자 속에 내 눈은 잠으로 감기웁니다. 집으로 가는 사람들은 나를 쳐다보고 비웃으며 내게 수치감을 안겨줍니다. 나는 치마로 얼굴을 가리고 구걸하는 처녀처럼 앉아서 그들이 내 원하는 것이 무어냐고 물을 때면 나는 눈을 떨구고 대답을 하지 않습니다.

오, 당신을 내가 기다리고 있음을, 당신이 오겠다고 약속한 것을 내 어찌 정말 그들에게 말할 수 있겠습니까? 내 신부 지참금을 위해 이 가난을 견딘다는 것을 어찌 부끄러이 말할 수 있겠습니까? 아, 나는 이 자랑을 내 가슴의 비밀로 간직합니다.

나는 풀밭에 앉아 하늘을 보며 당신이 오시는 급작스런 찬란함을 — 번쩍이는 모든 빛들과 당신의 수레 위로 펄럭이는 황금빛 깃발들을, 길

가의 사람들이 멍하게 서서 바라보는 동안, 당신이 자리로부터 내려오셔서 흙 속에서 나를 일으켜 세우고 여름 미풍 속의 덩굴처럼 부끄러움과 자랑으로 몸을 떠는 이 남루한 구걸 소녀를 당신 앞에 앉히는 것을 꿈꿉니다.

그러나 시간은 미끄러져 가고 아직 당신의 수레바퀴 소리는 들리지 않습니다. 많은 행렬이 차례로 소란스럽게 떠들며 화려한 영광을 떨치고 지나갑니다. 왜 당신만이 그늘 속에서 말없이 서 계셔야 하며, 왜 나만이 헛된 그리움으로 기다리며 눈물 흘리며 내 가슴을 지치게 해야 합니까?●

신부는 신랑을 기다리다가 지쳤습니다. 그러나 주님을 찾는 사람들에게 헛된 기다림이란 없습니다. 만날 각오를 하고 주님을 찾으면 그분은 반드시 만나 주십니다. 다시 말하거니와 나다나엘만이 아닙니다. 이것은 말씀을 붙들고 주님을 찾았던 사람들이 한결같이 경험한 은총입니다. 저도 인생에서 그 순간들을 수없이 경험하며 여기까지 왔습니다. 그러므로 그분 앞에 나가는 것을 헛수고라고 지레 포기하지 마십시오. 성경을 손에서 놓지 마십시오. 신랑을 기다리는 타고르의 저 남루한 어린 신부와 같이 끈기 있게 주님을 기다리십시오. 주님은 우리를 만나 주십니다.

● 라빈드라나드 타고르, 「기탄잘리」(민음사), 36면.

다만 스스로 생각해 보십시오. 주님이 내게 오셔서 "내가 너를 보았다"라고 말씀하실 때 "당신은 하나님의 아들이십니다!"라고 고백할 나의 무화과나무 아래는 어디인지를 말입니다. 오직 예수님만이 참 이스라엘 사람으로 우리 각자를 알아차리실 나의 진실, 나의 눈물, 나의 기도가 무엇인지를 말입니다.

1 그런데 바리새인 중에 니고데모라 하는 사람이 있으니 유대인의 지도자라 2 그가 밤에 예수께 와서 이르되 랍비여 우리가 당신은 하나님께로부터 오신 선생인 줄 아나이다 하나님이 함께하시지 아니하시면 당신이 행하시는 이 표적을 아무도 할 수 없음이니이다 3 예수께서 대답하여 이르시되 진실로 진실로 네게 이르노니 사람이 거듭나지 아니하면 하나님의 나라를 볼 수 없느니라 4 니고데모가 이르되 사람이 늙으면 어떻게 날 수 있사옵나이까 두 번째 모태에 들어갔다가 날 수 있사옵나이까 5 예수께서 대답하시되 진실로 진실로 네게 이르노니 사람이 물과 성령으로 나지 아니하면 하나님의 나라에 들어갈 수 없느니라 6 육으로 난 것은 육이요 영으로 난 것은 영이니 7 내가 네게 거듭나야 하겠다 하는 말을 놀랍게 여기지 말라 8 바람이 임의로 불매 네가 그 소리는 들어도 어디서 와서 어디로 가는지 알지 못하나니 성령으로 난 사람도 다 그러하니라 9 니고데모가 대답하여 이르되 어찌 그러한 일이 있을 수 있나이까 10 예수께서 그에게 대답하여 이르시되 너는 이스라엘의 선생으로서 이러한 것들을 알지 못하느냐 11 진실로 진실로 네게 이르노니 우리는 아는 것을 말하고 본 것을 증언하노라 그러나 너희가 우리의 증언을 받지 아니하는도다 12 내가 땅의 일을 말하여도 너희가 믿지 아니하거든 하물며 하늘의 일을 말하면 어떻게 믿겠느냐 13 하늘에서 내려온 자 곧 인자 외에는 하늘에 올라간 자가 없느니라 14 모세가 광야에서 뱀을 든 것같이 인자도 들려야 하리니 15 이는 그를 믿는 자마다 영생을 얻게 하려 하심이니라 • 요한복음 3:1-15

3

그가 내려놓아야 했던 것

니고데모

저는 어릴 때부터 겁쟁이였습니다. 친구들과 싸워서 이겨 본 적이 거의 없고 모험도 두려워했습니다. 비슷한 맥락에서 저는 익숙한 것이 좋습니다. 낯선 가게보다는 단골집이 편하고, 특히 새로운 식당은 잘 가지 않습니다. 어릴 적 시골에 살았는데, 고등학교가 멀리 떨어져 있어 10킬로미터가량을 자전거로 통학했습니다. 학교에서 늦은 시간까지 공부를 하다가 집으로 올 때면 너무 무서웠습니다. 도로 공사로 산허리가 잘려 나간 시골길을 지나야 했는데, 그곳은 다름 아닌 묘지였습니다. 시신을 담은 관이 잘린 모습을 보는 게 너무 무서워서 가끔 차가 지나가기를 기다렸다가 차 불빛에 의지해 있는 힘껏 자전거 페달을 밟았지요.

그보다 더 어린 시절에 한번은 동네 어른들에게서 이런 이야기를 들었습니다. "밤길을 가다가 갑자기 어느 집에서 빛이 나와 하늘로 올라가면 그 집 사람이 죽는다는 뜻이란다. 빛의 꼬리가 길면 남자의 죽음이고 짧으면 여자의 죽음이다. 그런데 그 빛을 보는 사람도 죽는다." 그 이야기를 듣고 너무나 무서워서 한동안은 고개를 푹 숙인 채 밤길을 다녔습니다. 그렇게 겁이 많았습니다.

나이가 든 지금도 저는 여전히 겁이 많고 소심한 구석이 있습니다만, 제게도 용기라는 것이 좀 생겼습니다. 교사를 그만두고 좋은교사운동이라는 새 일을 시작한 것이나, 수많은 이해 당사자들 사이의 긴장과 갈등 혹은 대결이 첨예한 사교육걱정없는세상을 시작한 것을 보면 그렇습니다. 소심하면 버틸 수 없는 사건들이 줄줄이 기다리고 있지만, 별 두려움 없이 버티고 있으니 용기가 조금 생겼다고 봐도 되겠지요?

이 용기를 어떻게 얻었는지 설명하려면 길고 긴 이야기가 필요한데, 마침 예수님을 만난 니고데모의 이야기를 묵상하다 보니 그의 삶 속에 제 경험이 담겨 있더라고요. 그래서 이번 장에서는 그 이야기를 풀어 보겠습니다.

유대교 고위 인사가 예수님을 찾다

니고데모는 유대교 핵심 종파인 바리새파 사람이자 동시에 유대인의 지도자였습니다(요 3:1). 영어 성경에 따르면 "a member of the Jewish ruling council"로서 유대인의 최고 의결 기구인 '산헤드린 공회'의 공회원, 요즘으로 치면 국회의원에 해당하는 고위직

인사였습니다. 그런데 그가 어느 날 예수님을 찾아옵니다. 왜였을까요? 이유를 설명하기 위해 배경을 잠시 살펴보겠습니다.

니고데모에게 어느 날 이상한 이야기가 들렸습니다. 유월절을 맞아 예루살렘에 온 예수라는 종교 지도자에 관한 이야기였습니다. 니고데모가 등장하는 요한복음 3장 이전까지의 내용은 이렇습니다. 먼저 예수님이 가나에서 열린 혼인 잔치에서 물로 포도주를 만드십니다. 그리고 예루살렘에 올라가셔서 성전에서 장사하는 사람들을 쫓아내며 성전을 깨끗하게 하셨습니다. 요한복음 2장에 그 내용이 다 기록되어 있지는 않지만, 예수님이 여러 표적을 보여 주시자 사람들이 그를 믿었다는 이야기도 나옵니다.

이렇게 유대 명절에 큰 소동이 일고 민중들이 예수님을 믿기 시작하니, 삽시간에 유대 종교 지도자들과 정치가들 귀에 예수님에 대한 소문이 들어갔습니다. 권력은 민심의 향배에 예민하기 마련입니다. 예수라는 존재 때문에 그 사회를 유지해 오던 정치적·종교적 질서가 흔들리면 어쩌나 하는 걱정이 되었을 것입니다. 경계가 시작되었지요. 그런데 그중에는 예수님께 우호적인 지도자들도 있었나 봅니다. 일부 사람들이 예수님을 좀 알아봐야겠다고 판단한 것이지요. 제가 이렇게 추측하는 데는 다 이유가 있습니다. 나중에 니고데모가 밤에 예수님을 만나러 와서 이렇게 말하기 때문입니다. "랍비여 우리가 당신은 하나님께로부터 오신 선생인 줄 아나이다"(요 3:2).

'우리'라는 표현을 볼 때 니고데모 한 사람의 의견이 아님을 알 수 있습니다. 아무튼 예수님에 대해 우호적 관심을 보인 정치 지도자 중 대표적인 사람 니고데모가 주님을 찾아갑니다. 흥미롭게도 성경은 그가 예수님을 찾은 때가 '밤'이라고 이야기합니다. 왜 밤에 예수님께 갔을까요? 밤에는 신분을 숨기기 쉽기 때문 아니었을까요? 권력자가 유대의 사이비 종교 지도자를 찾아간다는 것은 채신없는 행동입니다. 그래서 사람들을 피해 밤에 예수님을 만나러 간 것 같습니다.

그에게 왜 까칠하셨을까?

니고데모가 예수님을 만나서 나눈 대화는 알쏭달쏭합니다. 저는 오랫동안 두 사람의 대화를 잘 이해하지 못했습니다. 물론 지금도 모두 이해했다고 장담하지는 못하지만, 그래도 알게 된 만큼을 여러분과 나누고자 합니다. 니고데모가 예수님을 찾아온 목적은 그가 예수님을 만나 처음 한 말에서 드러납니다. 그는 예수님의 표적에 아주 깊은 인상을 받았습니다. 혼인 잔치에서 일으키신 표적이야 가나에서 일어났으니 직접 보지 않아 모를 일이고, 예루살렘에서 채찍으로 성전을 깨끗하게 하신 사건이야 표적이랄 것도 없습니다. 그냥 채찍을 휘두르면 될 일이니까요.

그러나 자세히 언급되지는 않지만 요한복음 2장에 다음과 같은 내용이 있습니다. "유월절에 예수께서 예루살렘에 계시니 많은 사람이 그의 행하시는 표적을 보고 그의 이름을 믿었으나"(2:23). 그러니까 민중이 그의 이름을 믿을 만큼 아주 인상적인 표적이 많았던 것입니다. 구체적으로 무엇인지는 모르겠으나 병이 들었거나 귀신 들린 사람들을 고쳐 주셨을 수 있겠지요. 유대 지도자들은 그런 표적을 일으키신 예수님을 경계했지만, 니고데모는 오실 하나님 나라에 대한 관심이 많은 순수한 사람이었습니다. 그래서 밤에 예수님께 와서 이렇게 말했습니다.

> 랍비여 우리가 당신은 하나님이 보내신 선생인 줄 아나이다. 하나님이 함께하시지 아니하시면 당신이 행하시는 이 표적을 아무도 할 수 없음이니이다. (요 3:2)

이 말의 의미가 무엇입니까? "사람이 할 수 없는 기적을 당신이 일으키셨으니 당신은 분명 하나님께 보내심을 입은 선지자일 것입니다. 그러니 제게 진리를 알려 주십시오." 이런 말이겠지요. 니고데모의 말에 예수님이 응답하십니다. 즉 진리에 대한 예수님과 니고데모의 문답이 시작된 것입니다. 그것은 니고데모의 상식을 깨트리는 방식으로 찾아왔습니다. 하나님이 보내신 랍비가 예수님이 틀림없다고 니고데모가 말하자, 예수님은 다음과 같이 대답하십니다.

> 사람이 거듭나지 아니하면 하나님의 나라를 볼 수 없느니라. (요 3:3)

사실 이 말은 황당하기 이를 데 없습니다. 어떻게 노인이 다시 태어날 수 있다는 말입니까? 그러나 예수님은 니고데모와 말씨름을 하시려는 것이 아닙니다. 그에게 진리를 알려 주시기 위해, 그가 잘 알아들을 수 있는 방법을 고심한 끝에 하신 말씀입니다. '거듭나야 하나님 나라를 볼 수 있다'는 말은 성경 전체를 통틀어 예수님이 니고데모에게만 딱 한 번 말씀하셨습니다.

거듭난다는 말이 꽤 인상적이었던지, 후세의 기독교는 이 말을 구원론의 일반적 개념으로 널리 사용합니다. 그러나 저는 예수님이 구원론의 일반적 개념으로서 니고데모에게 '거듭남'에 대해 말씀하셨다고 보지 않습니다. 예수님은 자기를 찾아온 사람들에게 하나님 나라를 설명하실 때, 모든 사람에게 적용되는 보편적 대답 대신 그 사람의 처지를 살피시고 그의 가장 개인적인 문제를 가지고 대화를 이끌어 가십니다. 몇 사람의 예만 간단히 보지요.

2장에서 살펴본 나다나엘 역시 진리에 대한 목마름이 강했습니다. 예수님은 나다나엘에게 '다시 태어날 것'을 이야기하지 않으셨습니다. 그 대신 "빌립이 너를 부르기 전에 네가 무화과나무 아래에 있을 때에 보았노라"고 한마디 하셨지요(요 1:48). 나다나엘은 "당신은 하나님의 아들이시요 당신은 이스라엘의 임금이로소이다"라고 대답하며 예수님을 따릅니다(1:49). 사마리아의 수가성 여인을 봅시다. 예수님은 뙤약볕에 우물가에서 물 좀 달라고 여인에게 말을 건네시고는 "너에게 다섯 남편이 있었고 지금 있는 자도 네 남편이 아니니"라는 말로 여인의 마음을 뒤집으셨습니다(4:18). 예수님은 베드로를 만나기 위해서 그의 배 위에 일부러 올라 설교하시다가 깊은 곳에 그물을 던지라 하시더니 그를 제자 삼습니다.

이들 중 누구에게도 주님은 '거듭남'에 대해 이야기하지 않으셨습니다.

그러므로 니고데모에게 거듭남을 이야기하신 이유는, 모든 사람에게 공통으로 적용되는 구원론의 일반 공식을 제시하기 위해서가 아니라, 니고데모 내면에 자리한 본질적 문제를 이끌어 내기 위해, 그가 처한 특수한 상황을 염두에 두고 꺼내신 '상황적 표현'인 것입니다.

니고데모에게만 거듭남을 물은 뜻

왜 예수님은 베드로나 나다나엘에게는 하지 않은 질문으로 니고데모와 대화를 나누신 걸까요? 이와 관련해서 제가 존경하는 야나이하라 다다오(矢內原忠雄)라는 일본 동경대학교 총장의 말을 인용하고 싶습니다. 이분은 일제강점기에 살았던 우치무라 간조(內村鑑三)의 제자입니다. 우치무라 간조는 그리스도인으로서 신사참배도 하지 않고 전쟁도 반대했는데, 야나이하라 다다오도 그랬습니다. 그는 식민지 시대에 조선에 와서 YMCA에서 성경 공부 사경회도 했고 김교신 선생과도 교분이 있었습니다. 그는 신학자가 아니지만 성경 주석서를 여러 권 썼는데, 요한복음 주석서에서 이 부분과 관련해 예수님이 이렇게 말씀하셨다고 설명합니다.

니고데모여 네가 하나님의 나라를 보기 위해서는 너의 지위와 경력과 연령과 자기 의에 의지하는 바리새인의 마음을 버리고 하나님에 의해

새로 태어나는 것이 절대로 필요하다.•

이분의 설명 가운데 유난히 '연령'이 제 눈에 들어왔습니다. 그분의 해석이 저와 정확히 일치한다고 말할 수는 없지만, 저는 야나이하라 다다오의 해석에서 힌트를 얻었습니다. 그렇습니다. 늙음은 다시 태어남과 정반대입니다. 가난과 부유가 대결하고, 무식과 유식이 다투고, 미남과 추남이 다투듯이, 노인과 아이는 정반대 편에 있습니다. 예수님은 진리에 관심이 있는 니고데모를 향해, 하나님 나라와 진리를 그의 늙음과 연결 지어 말씀하려는 것입니다. 예수님은 근본적인 이야기를 꺼내 노인을 흔드셨습니다. 즉, 하나님 나라를 보려면 '어린아이와 같이 다시 태어나야 한다'는 것입니다. 어느 부자 청년이 예수님을 만나서 영생에 대해서 물었을 때(마 19:16-26) 예수님은 다시 태어나야 한다고는 말하지 않으셨습니다. 그 대신 돈을 문제 삼으셨습니다. 왜 그랬습니까? 그에게 가장 중요한 것은 늙음이 아니라 돈이었기 때문입니다. "네 소유를 다 팔아 가난한 자들에게 주라.…그리고 와서 나를 따르라"(마 19:21). 자신이 가장 소중하게 생각하는 것, 자신이 포기하지 못하는 유일한 것을 건드리며 진리를 이야기하시자 부자 청년은 근심하며 떠났습니다.

그런데 니고데모의 삶에서 돈은 이슈가 아니었습니다. 재산이 얼마나 있었는지 모르나, 살 날이 많이 남지 않았을 테니 버리라고

• 야나이하라 다다오, 「성서강의: 요한복음」(기독교문화사), 61면.

하면 버리기가 어렵지 않았을 것입니다. 그에게 돈보다 더 중요한 것, 결코 내려놓을 수 없는 것은 무엇이었겠습니까? 잘 늙는 것입니다. 명예롭고 기품 있게 늙는 것, 양심과 명예를 지키면서 세상과 이별하는 것입니다. 성경은 "백발은 영화의 면류관이라 공의로운 길에서 얻으리라"고 말합니다(잠 16:31). 기품 있게 늙기란 어렵습니다. 악과 타협해서는 안 되고 탐욕에게 지혜를 굴복시키면 안 됩니다. 남들이 알아주지 않아 섭섭하다고 해서 노욕을 부리려는 마음이 스스로에게 있음을 알고 이를 경계해야 합니다. 무엇보다 아름다운 늙음은 한때의 노력이 아니라 전 생애의 결과로 쌓여야 합니다. 니고데모는 그렇게 살았습니다. 니고데모는 오늘로 따지면 국회의원이었고, 유대 민족의 중심 세력 바리새인이었습니다. 예수님의 말씀대로 유대의 선생이기도 했습니다. 또한 하나님 나라에 관심이 있거나 최소한 정의로운 사람이었습니다. 이것은 뒤에서 자세히 설명하겠습니다.

아무튼 그런 니고데모에게 예수님은 하나님에 대한 이야기를 하면서 니고데모가 평생 붙들고 지켜 온 가치를 통째로 뒤집어야 하는 요구를 하셨습니다. "네가 하나님 나라를 알고 싶으면 다시 태어나야 한다. 네가 지금껏 붙들고 있던 것, 네가 명예롭게 생각한 것, 네게 가장 귀한 것을 내려놓아야 한다. 그래야 네가 하나님 나라를 볼 수 있다." 이렇게 말씀하신 것입니다. 이것은 니고데모의 인생에 대한 전면적 부정이요 뒤집기였습니다.

니고데모는 당황했을 것입니다. 그러나 우리는 압니다. 신앙은 무엇입니까? 어떻게 해야 신앙이 시작되고 자라납니까? 울타리 안에 있는 나 자신을 바깥으로 끄집어내고 그 자리에 주님을 모셔야 합니다. 아니, 나의 성채인 울타리를 불 지르고 오직 주님의 나라, 주님의 성이 넓어지는 것만 환영해야 합니다. 그래야 신앙이 시작되고 자랄 수 있습니다. 그것은 그리스도의 부르심 앞에서 '이것만큼은 안 됩니다' 하는 생각으로 지켜 온 것들을 내려놓으면서부터 시작됩니다. 그것은 마음으로 내려놓는 것을 넘어 종종 실제로 내려놓는 것으로 번져 갑니다.

니고데모로서는 참으로 난감한 일이었습니다. 내려놓는다는 것도 어렵지만, 어린아이와 같이 다시 태어나는 것이 도대체 어떻게 가능한 일인지 궁금했던 것 같습니다. '당연히 나는 하나님 나라에 들어갈 거라고 생각했고 하나님이 보내신 예수님을 알아본 것인데, 내가 완전히 다시 태어나야 하고 그렇지 않으면 하나님을 알 수도 없고 하나님 나라를 볼 수도 없다니, 그럼 지금 나의 인생은 무엇인가. 나는 무엇을 위해 여기까지 달려왔던가.' 이런 생각이 들면서 인생이 허망하게 느껴졌겠지요. 그러나 참 신기하게도 니고데모는 그런 허망함을 드러내지 않습니다. 그 대신 이스라엘의 선생답게 거듭나는 방법에 대해 자기가 이해할 수 있는 수준에서 질문을 던집니다.

성령과 바람, 그래도 그는 몰랐다

니고데모는 유치한 질문부터 시작합니다.

> 사람이 늙으면 어떻게 날 수 있사옵나이까. 두 번째 모태에 들어갔다가 날 수 있사옵나이까[이건 불가능하지 않습니까?]. (요 3:4)

이에 예수님이 대답하십니다.

> 사람이 물과 성령으로 나지 아니하면 하나님의 나라에 들어갈 수 없느니라. (요 3:5)

> 내가 네게 거듭나야 하겠다[다시 태어나야 한다] 하는 말을 놀랍게 여기지 말라. (요 3:7)

그러고는 아주 알쏭달쏭한 말씀을 하십니다.

> 바람이 임의로 불매 네가 그 소리는 들어도 어디서 와서 어디로 가는지 알지 못하나니 성령으로 난 사람도 다 그러하니라. (요 3:8)

저는 이 말의 의미를 오랫동안 잘 몰랐습니다. 도대체 무슨 말인지 여러분은 바로 이해가 되시나요? "물과 성령으로 거듭나야 한다. 성령으로 다시 태어나야 한다. 성령으로 난 사람은 어떤 사람인가. 바람이 부는 소리를 듣기는 해도, 어디서 와서 어디로 가는지 알지 못하는 존재와 같다." 이런 이야기인데요. 쉽게 정리해 보면 다음과 같습니다. "하나님 나라를 보기 위해서는 다시 태어나야 한다. 이 말은 엄마 배 속에 다시 들어가라는 뜻이 아니다. 성령으로 다시 태어나라는 것이다. 성령으로 다시 태어난다는 것의 의미를 모른다고 해서 네가 성령으로 태어나는 것을 부정하겠느냐? 바람을 보아라. 바람이라는 존재를 어떻게 알 수 있느냐? 바람이 어디서 시작되고 어떻게 여기까지 불어오는지 우리는 모른다. 그렇더라도 바람이 불고 있다는 것은 알 수 있다. 빈 벌판에 서 있을 때 피부를 스치는 감촉을 통해 바람의 존재를 느낀다. 산에 올랐을 때 나뭇잎이 흔들리는 것을 보고 바람을 알아차린다. 눈에 보이지 않지만, 이런 것들로 바람을 느낄 수 있다. 성령으로 거듭난 사람도 마찬가지다. 성령으로 다시 태어난다는 것이 어떻게 가능한지 세세하게 설명하지 않아도, 바람처럼 그렇게 '아, 성령으로 거듭났구나!' 느낄 수 있는 것이다. 그런 사람이 하나님 나라를 볼 수 있다."

　니고데모가 어떻게 성령으로 거듭날 수 있는지 그 '방법'을 묻자, 예수님은 세세한 방법이 아니라 바람이라는 존재로 인해 생기는 '결과'로 설명하십니다. 그러나 이렇게 설명한들 그 말이 깨달아지나요? 이해가 됩니까? 니고데모는 더 알아들을 수 없었습니다. 그래서 다시 질문합니다. "어찌 그러한 일이 있을 수 있나이까"(3:9). 이 말을 듣고 예수님은 니고데모를 질책하십니다. "너는 이스라엘의 선생으로서 이러한 것들을 알지 못하느냐…땅의 일을 말하여도 너희가 믿지 아니하거든 하물며 하늘의 일을 말하면 어떻게 믿겠느냐"(3:10, 12). 비유로 본질을 설명했는데도 이해를 못하니, 어떻게 본질을 설명할 수 있겠느냐는 의미지요.

참 희한한 것은 예수님이 "이런 무식한 놈, 돌아가!" 이렇게 말씀하시지 않고 하늘의 것을 직접 설명하신다는 점입니다. 이것은 예수님이 제자들에게 보여 준 전형적 어법입니다. 네 종류의 땅에 떨어진 씨에 빗대 하나님 나라를 설명하신 후에 제자들이 도대체 무슨 뜻인지 묻자 예수님은 "하나님 나라의 비밀을 너희에게는 주었으나 외인에게는 모든 것을 비유로 하나니…"라고 하시면서 비유를 해설해 주셨습니다(막 4:11). 즉, 제자들에 한정해 비유를 해설해 주십니다. 그런데 니고데모에게 해설을 해 주시다니요. 여기서 니고데모를 향한 예수님의 마음을 짐작할 수 있습니다. 니고데모를 제자로 삼기 원하신 것이지요. 그래서 제자들에게 주시는 해설을 니고데모에게 해 주시는 것입니다.

주님은 자신이 이 땅에 오신 목적을 그대로 설명하십니다. "하늘에서 내려온 자 곧 인자 외에는 하늘에 올라간 자가 없느니라. 모세가 광야에서 뱀을 든 것같이 인자도 들려야 하리니 이는 그를 믿는 자마다 영생을 얻게 하려 하심이니라. 하나님이 세상을 이처럼 사랑하사 독생자를 주셨으니 이는 그를 믿는 자마다 멸망하지 않고 영생을 얻게 하려 하심이라"(요 3:13-16). 이 말씀의 의미는 대단합니다. 복음의 핵심이지요. 이 말씀을 사역 초반에 제자들도 아닌 니고데모에게 하신 것입니다.

니고데모와 예수님의 대화는 이것으로 끝이 납니다. 하늘의 진리를 직접 듣고 니고데모가 이해를 했을까요? 여전히 이해하지 못했을 것입니다. 광야에서 모세의 지팡이에 들린 뱀처럼 인자도 들릴 것인데 그래야 믿는 사람들이 영생을 얻는다니, 이게 도대체 무슨 소리입니까? 3년간 따라다닌 제자들도 이해 못했는데 어떻게 니고데모가 이해할 수 있을까요? 어찌 되었건 니고데모와 예수님과의 대화는 이렇게 끝났습니다.

니고데모와 아리마대 요셉, 그 둘의 관계

그 후 니고데모는 어떻게 되었을까요? 성경은 니고데모에 대해 자세히 이야기하지 않습니다. 요한복음에만 니고데모 이야기가 나오는데, 이 사건 후 니고데모가 두 번 더 등장합니다. 스치듯 나오기 때문에 맥락을 보고 짐작하면서 빈칸은 상상을 통해 메꿀 수밖에 없습니다.

한 장면은 요한복음 7장 45-52절에 나옵니다. 예수님의 세력이 점점 강해지자 종교 지도자들이 불안해서 초막절에 예루살렘에 온 그를 체포하러 사람들을 보냅니다. 그런데 예수님을 체포하러 간 성전 경비병들이 예수님을 보고 마음이 달라졌습니다. "누구든지 목마르거든 내게로 와서 마시라"(요 7:37)는 말씀에 사람들이 큰 감동을 받고 예수님을 선지자, 그리스도라고 고백하였고 경비병들도 그만 큰 감동을 받은 것입니다. 그래서 체포하지 않고 돌아와서 대제사장들과 바리새인들에게 말합니다. "그 사람이 말하는 것처럼 말한 사람은 이때까지 없었나이다"(7:46).

그러자 종교 지도자들은 이들을 책망합니다. "너희도 미혹되었느냐. 당국자들이나 바리새인 중에 그를 믿는 자가 있느냐"(7:47-48). 그때 니고데모가 나서서 예수님을 옹호합니다. "우리 율법은 사람의 말을 듣고 그 행한 것을 알기 전에 심판하느냐"(7:51). 일단 사람의 말을 듣고 판결을 해야 한다는 니고데모의 말에 동료들은 "너도 갈릴리에서 왔느냐"고 비아냥거립니다(7:52). 니고데모와 예수님의 관계에 대해 드러난 바가 없고 이 장면만으로 니고데모의 마음을 모두 헤아릴 수는 없습니다. 그가 예수님의 제자인지, 정의로운 사람이라 원칙을 이야기한 것인지는 모릅니다.

두 번째 장면은 요한복음 19장입니다. 예수님이 십자가 위에서 죽으신 후, 아리마대 요셉이 빌라도에게 예수님의 시신을 달라고 요청합니다. 시신을 달라는 요청은 쉽지 않습니다. 그것은 예수님과 자신의 관계를 드러내고 예수님의 삶을 지지한다는 의미였으니까요. 신변에 부담을 느낄 만한 일이지요. 당시 예수님을 죽인 유대 종교 지도자들은 예수 한 사람을 죽이는 것으로 끝내지 않고 그 잔당을 소탕하는 데 2차 관심을 두었습니다. 사도행전을 보면 예수님이 부활 승천하신 후, 사울이 예수님을 믿는 사람들을 죽이려고 원정을 떠나기도 하고, 실제로 스데반을 돌로 쳐서 죽이기도 합니다.

이처럼 살벌한 상황이었기에 제자들도 예수님이 돌아가시고 나서 전부 방문을 걸어 잠그고 숨어 있었지요. 그런데 대범하게도 아리마대 요셉이 나서서 예수님의 시신을 달라고 요구한 것입니다. 마가복음 15장 43절은 요셉의 이런 행동을 '당돌히'(boldly)라고 표현합니다. 요셉은 자기의 새 무덤에 예수님의 시신을 안치했습니다. 자신의 모든 것을 잃을 각오를 하지 않으면 안 될 행동이었습니다. 그런데 중요한 점은 이것입니다. 아리마대 요셉이 시신을 요구하고 그 시신을 운반할 때, 니고데모도 동행했다는 사실입니다(요 19:38-39). 단순한 동행이 아니라 시신에 바르기 위해 몰약과 알로에를 섞은 향료 34킬로그램을 가져왔습니다.

그럼 아리마대 요셉과 니고데모는 어떤 관계일까요? 성경은 아리마대 요셉이 존경받는 공회원이요 하나님의 나라를 기다리는 자(막 15:43)라고 밝힙니다. 다만 그는 "예수의 제자이나 유대인이 두려워 그것을 숨[겨]" 왔습니다(요 19:38). 그럼 니고데모는 어떤 사람일까요? 바리새인이고 요셉과 같이 산헤드린 공회원이었습니다. 즉, 둘은 동료였던 거지요. 요셉과 니고데모는 예수님의 시신을 함께 옮긴 동료로서, 요셉은 예수님의 시신을 내 달라고 용기 있게 말했고, 니고데모는 예수님의 장사를 위해 몰약과 알로에를 준비했습니다. 그러니 요셉에 대한 설명은 동료인 니고데모에게 적용될 수도 있습니다. 즉, 니고데모는 예수님의 제자이자 하나님 나라를 기다리는 사람이었고, 종교 지도자들의 행동에 동의하지 않았지만 유대인들이 두려워 숨었던 존재인 것입니다.

그리고 보니 니고데모가 몇 년 전에 예수님을 찾아와 "우리가 당신은 하나님께로부터 오신 선생인 줄 아나이다"(요 3:2)라고 했을 때, '우리'는 아리마대 요셉을 포함하는 말이었고, 그 둘이 함께 예수님께 관심을 갖고 마음을 나누다가, 니고데모가 대표로 밤에 예수님을 찾아왔다고 추정할 수 있을 것 같습니다.

십자가에 매달리신 예수님과 니고데모의 깨달음

그런데 이상한 것이 한 가지 있습니다. 심리적 문제인데요. 제자들은 예수님이 십자가에서 돌아가시자 다들 도망갔습니다. 여인들은 그렇지 않았습니다만, 남자들은 요한을 빼고 다들 배신했지요. 그러나 요셉과 니고데모는 지금껏 몰래 예수님을 믿어 오다가 십자가 앞에서 오히려 용기를 냅니다. 즉, 제자들은 용기 있게 살다가 그의 죽음 앞에서 겁쟁이가 되거나 배신했는데, 두 사람은 겁쟁이처럼 살다가 예수님의 죽음 이후 용감해진 것입니다. 성경이 '당돌히'라고 표현했을 정도입니다. 예수님이 살아서 메시아 노릇을 할 가능성이 클 때는 숨죽이고 조용히 지내다가, 그분이 죽어 실패하니 갑자기 용감해지다니 참 이상하지 않나요? 그들이 갑자기 용감해진 이유는 무엇일까요?

이유를 충분히 알 길은 없습니다. 그래서 저는 그 이유를 찾기 위해 니고데모가 예수님을 처음 만난 때로 돌아가 보려고 합니다. 그리고 제삼자가 아닌 니고데모의 마음속으로 들어가서 그의 관점으로 생각해 보려고 합니다. 이제부터는 많은 부분 제가 상상한 내용임을 미리 말씀드립니다.

니고데모는 예수님을 만난 후 그분의 말씀을 완전히 이해하지는 못했지만 마음이 흔들렸을 것입니다. 그리고 아리마대 요셉을 만났겠지요. 요셉이 물었을 겁니다. "니고데모 선생님, 표적을 일으키는 그 예수를 만나 보았습니까?" (정황과 근거를 따져 보면, 요셉이 니고데모보다 한결 젊습니다.)

니고데모가 이렇게 대답합니다. "만나 보았네. 그런데 그분은 하나님이 보내신 랍비나 선지자 정도가 아닌 것 같더군. 나와 대화를 나눌 때 그분 표정이 어찌나 침착하던지, 유대 지도자요 공회원인 나를 대하는 태도에 비굴함이 없었네. 그분이 진리에 관해 이야기 할 줄 알았는데, 그분은 자신이 진리라고 말했네. 믿으면 영생을 얻는다고 했지. 내가 그분의 이야기를 다 이해한 것은 아니네. 그러나 그분의 눈빛은 진지했고, 거짓이 없어 보였네. 그분 말씀을 듣고 내 마음은 흔들렸다네. 그분에게 '당신이 하나님이 보내신 선생인 것을 알고 있다'고 해도 그분은 미동도 하지 않으셨어. 그 대신 내 인생에서 가장 중요하게 생각하며 지켜 왔던 것을 짚어 내며 내 마음을 흔들어 버리셨어. '기품 있게 늙어 가는 것보다 더욱 귀한 것은 하나님을 아는 것'이라고 하셨지. 또 '하나님 나라는 너의 것을 다 내려놓고, 오직 물과 성령으로 거듭나야 볼 수 있다'고 하셨네. 성령으로 거듭나는 것이 무엇인지 그분이 비유로 설명했지만, 나는 잘 모르겠더군. 그러나 그분의 말씀은 우리가 한 번도 들어 보지 못한 말씀이었지. 그분을 만나고 나서 내 가슴은 뛰기 시작했네. 지금껏 오래 살면서 나는 사람도 많이 만났고 책도 많이 읽었어. 하지만 한 번도 이렇게 내 가슴을 뛰게 한 사람을 만난 적은 없네. 내가 가르친 사람은 많지만, 노년의 나를 흔들며 가르친 사람은 없었지. 내가 만난 사람들은 내가 가진 것을 부러워하고 존경하며 그것들을 가지고자 흠모했지만, 그분은 내가 가진 것을 버려야 진리를 알 수 있다고 말했네. 내가 가진 것에 눌리지 않고 그것을 상대화시키는 분은 처음이었어.

우리는 그분을 선지자라고 생각했는데, 어쩌면 그분은 우리가 생각하는 것 이상인 것 같네. 아마 우리 민족과 조상들이 기다려 온 메시아가 아닐까 싶어."

그 후 둘은 예수님을 따르는 제자, 하나님 나라를 기다리는 제자로 살았습니다. 종교 지도자들의 감시와 통제를 의식해서 자신들이 제자라는 것을 드러내지는 못했지만 말이죠. 이윽고 때가 되었습니다. 메시아로서 그들이 존경하던 예수님이 드디어 이스라엘을 해방시키는 날이 가까웠습니다. 그런데 어떻게 된 일인지 그는 이스라엘을 해방시키는 것이 아니라 십자가에 달려 무력하게 돌아가셨습니다. 그분을 따르던 사람들은 모두 도망갔습니다. 예수님 곁에 남은 사람들은 예수님의 어머니, 막달라 마리아 외에 몇몇 여인 그리고 요한 정도였습니다.

니고데모의 실망은 이만저만이 아니었습니다. '결정적 순간에 주저앉다니! 아, 그는 무력한 존재였던가! 내가 그런 자에게 그토록 많은 것을 기대했다니!' 그러나 한편 니고데모는 궁금했습니다. '정녕, 십자가의 죽음은 실패인가. 그렇다면 예수님을 만난 밤에 내 마음에 일기 시작한 파문은 무엇인가? 내 인생에서 가장 중요하게 여기고 붙들어 온 것을 그분이 내려놓으라고 하셨을 때, 나는 그분이 메시아라고 확신했다. 나의 직관은 틀렸던가?'

그때 문득 니고데모는 3년 전 그 밤 예수님과 나눈 대화, 즉 하나님 나라에 대한 비유를 니고데모가 이해하지 못하자 풀어 설명해 주신 것이 생각났습니다. "하늘에서 내려온 자 곧 인자 외에는 하늘에 올라간 자가 없느니라. 모세가 광야에서 뱀을 든 것같이 인자도 들려야 하리니 이는 저를 믿는 자마다 영생을 얻게 하려 하심이니라"(요 3:13-15). 니고데모는 "모세가 광야에서 뱀을 든 것같이 인자도 들려야 한다"는 말씀을 3년간 도무지 이해하지 못했습니다. 그런데 십자가에 매달린 예수님을 보는 순간 그 말씀이 이해되었습니다. '아, 십자가! 모세가 광야에서 뱀을 든 것과 같이 십자가에 들려야 한다는 말씀이었구나. 주님은 그때부터 이 십자가를 내다보고 계셨구나! 영생을 주시기 위해 십자가에 달려 돌아가실 것을 이미 아셨고, 그것이 바로 그분이 생각하신 메시아의 길이었구나. 그분이 실패해서 저기 매달려 있는 게 아니구나!'

모든 의문이 해소되는 순간이었습니다. 그때 니고데모 마음속에 왔던 두려움이 씻겨 나갔습니다. '내 조상의 하나님, 아브라함의 하나님, 모세의 하나님이 우리에게 약속하신 메시아를 내가 평생 사모하며 기다려 왔다. 십자가에 매달린 저분이 메시아인데 내가 무엇을 두려워하랴!'

니고데모에게는 더 이상 바리새인이나 공회원이라는 자신의 신분이 문제되지 않았습니다. 제자인 것을 숨기고 살 것이 아니라, 예수님의 제자임을 드러내야 할 때가 왔음을 알았습니다. 품격 있게 늙어 가는 것, 종교적·정치적 지위를 유지하는 것, 존경받는 지도자로 사는 것은 그저 쓰레기요 겉치레에 불과했습니다. 그리스도 안에서 새 삶을 시작하는 것이 낡은 틀에 안주한 채 사는 것보다 중요했고, 영생을 주시기 위해 뱀처럼 십자가에 매달린 주님을 믿는다고 고백하는 자리에 서는 것이 중요했습니다. 니고데모의 마음은 뜨거워졌습니다. 물과 성령으로 거듭나야 한다는 말씀도 비로소 이해되었습니다. '다시 태어난다는 말의 의미가 이거였구나! 그분을 믿음으로 내 모든 것을 버리는 것!'

니고데모는 메시아가 분투한 자리, 실패로 보이지만 승리한 자리로 가서 예수님의 시신을 모셔야겠다고 생각했습니다. 그래서 아리마대 요셉과 함께 시신을 요구했고, 예수님의 몸에 향료를 발랐습니다. 자신들이 주님의 제자임을 당당하게 드러낸 것입니다.

니고데모의 마지막

니고데모는 처음에 주님을 만나기 위해 밤에 몰래 예수님을 찾아왔습니다. 그러나 십자가의 주님을 만난 후 용기 있는 사람으로 달라져 버렸습니다. 겁쟁이는 어떤 사람입니까? 잃을 것을 두려워하는 사람인가요? 그럼 용기 있는 사람은 어떤 사람입니까? 잃을 것을 두려워하지 않는 사람인가요? 둘 다 아닙니다. 참된 용기를 가진 사람은 잃어도 되는 것은 잃을 것을 두려워하지 않지만 잃어서는 안 되는 것을 잃을까 봐 두려워하는 사람입니다. 니고데모는 하나님 나라를 잃을까 봐 자신의 지위를 포기했습니다. 아니, 하나님 나라를 얻고 나서 지위를 내던져 버렸습니다.

예수님을 만나는 사람은 이처럼 용기가 생깁니다. 주님을 만나는 사람에게는 바람처럼 삶의 변화가 불어옵니다. 오랫동안 겁에 질려 두려워한 것을 더 이상 두려워하지 않게 되고, 인생에 자유가 찾아옵니다. 이것은 설명으로 풀어낼 일이 아닙니다. 어떻게 그것을 도식처럼 설명하겠습니까? 그러나 주님을 만나 성령이 찾아오시면 인생에 빛이 임하고 변화가 시작됩니다. 이 신기한 일의 시작과 과정을 설명하기는 어렵습니다. 하지만 얻는 결과는 분명합니다. 그것은 변화입니다. 그 변화로 자기 자신도 놀라고 주변 사람도 놀랍니다.

니고데모는 그날 이후 자신의 모든 것, 특히 늙음의 영광과 이별합니다. 그리스도의 제자라고 공개한 후 더 이상 공회원으로, 이스라엘의 선생으로, 바리새인으로 살지 못했을 것입니다. 러시아정교회 전승에 따르면 니고데모는 유대인들의 박해를 받다가 순교했다고 합니다.

니고데모에게 찾아온 놀라운 변화의 역사는 니고데모가 예수님을 만나면서 시작되었습니다. 용기가 생겨 주님을 찾아간 것이 아니라, 주님을 만나서 용기를 얻었습니다. 밤에 왔다가 낮에 스스로를 드러내는 사람이 되었습니다.

오늘 교회는 니고데모의 거듭남을 개인의 삶에 단회적으로 일어나는 사건으로 적용시킵니다. 물론 그렇습니다. 우리가 예수님으로 인해 거듭난 경험은 각자의 삶의 주전(BC)과 주후(AD)를 가르는 사건입니다. 그러나 동시에 우리의 삶은 언제나 성령으로 거듭나고 거듭나야 합니다. 변화는 젊은 시절의 것이고, 나이가 든 지금은 메마른 등걸인 양 새순이나 새 줄기, 새 꽃을 피울 수 없다고 생각할 수 있습니다. 타성에 젖은 채 말이지요. 그러나 성령으로 거듭난 삶은 언제라도 변화를 가져오고 새순과 새 줄기와 새 꽃을 피우게 합니다.

부족하고 부끄러우며 두려울지라도, 그 마음 그대로 우리 삶의 밤길로 주님을 만나러 가야 하겠습니다. 우리 중 많은 사람이 예수님을 오래 믿어 왔음에도 변하지 않는 부분이 있고, 오랜 관성이라 당연한 것으로 여기고 남은 생을 살아야 한다고 체념하고 있을지도 모릅니다. 그러나 성령으로 거듭난 삶은 상식과 절망의 관성을 찢고 하늘에서부터 우리에게 찾아올 것입니다. 그때 우리는 놀라겠지요. '아, 어떻게 이런 일이 나에게 찾아왔는가!' 하고 말이지요. 그 계기나 과정은 알 수 없지만 내 속에서 시작된 변화의 바람은 분명히 존재하고, 그 바람은 내 삶의 관성이라는 가죽 부대를 찢고 터져 나와 나 자신과 이웃을 놀라게 할 것입니다. 이 은총이 우리 가운데 가득하기를 소망합니다.

1 예수께서… 3 유대를 떠나사 다시 갈릴리로 가실새 4 사마리아를 통과하여야 하겠 는지라 5 사마리아에 있는 수가라 하는 동네에 이르시니 야곱이 그 아들 요셉에게 준 땅이 가깝고 6 거기 또 야곱의 우물이 있더라 예수께서 길 가시다가 피곤하여 우물 곁에 그대로 앉으시니 때가 여섯 시쯤 되었더라 7 사마리아 여자 한 사람이 물을 길으러 왔으매 예수께서 물을 좀 달라 하시니… 9 사마리아 여자가 이르되 당신은 유대인으로서 어찌하여 사마리아 여자인 나에게 물을 달라 하나이까 하니 이는 유대인이 사마리아인과 상종하지 아니함이러라 10 예수께서 대답하여 이르시 되 네가 만일 하나님의 선물과 또 네게 물 좀 달라 하는 이가 누구인 줄 알았더라 면 네가 그에게 구하였을 것이요 그가 생수를 네게 주었으리라 11 여자가 이르되 주여 물 길을 그릇도 없고 이 우물은 깊은데 어디서 당신이 그 생수를 얻겠사옵 나이까… 13 예수께서 대답하여 이르시되 이 물을 마시는 자마다 다시 목마르려니 와 14 내가 주는 물을 마시는 자는 영원히 목마르지 아니하리니 내가 주는 물은 그 속에서 영생하도록 솟아나는 샘물이 되리라 15 여자가 이르되 주여 그런 물을 내 게 주사 목마르지도 않고 또 여기 물 길으러 오지도 않게 하옵소서 16 이르시되 가 서 네 남편을 불러 오라 17 여자가 대답하여 이르되 나는 남편이 없나이다 예수께 서 이르시되 네가 남편이 없다 하는 말이 옳도다 18 너에게 남편 다섯이 있었고 지 금 있는 자도 네 남편이 아니니 네 말이 참되도다 19 여자가 이르되 주여 내가 보 니 선지자로소이다 20 우리 조상들은 이 산에서 예배하였는데 당신들의 말은 예배 할 곳이 예루살렘에 있다 하더이다 21 예수께서 이르시되 여자여 내 말을 믿으라 이 산에서도 말고 예루살렘에서도 말고 너희가 아버지께 예배할 때가 이르리라 22 너희는 알지 못하는 것을 예배하고 우리는 아는 것을 예배하노니 이는 구원이 유대인에게서 남이라 23 아버지께 참되게 예배하는 자들은 영과 진리로 예배할 때 가 오나니 곧 이때라 아버지께서는 자기에게 이렇게 예배하는 자들을 찾으시느니 라 24 하나님은 영이시니 예배하는 자가 영과 진리로 예배할지니라 25 여자가 이르 되 메시야 곧 그리스도라 하는 이가 오실 줄을 내가 아노니 그가 오시면 모든 것 을 우리에게 알려 주시리이다 26 예수께서 이르시되 네게 말하는 내가 그라 하시 니라… 28 여자가 물동이를 버려 두고 동네로 들어가서 사람들에게 이르되 29 내가 행한 모든 일을 내게 말한 사람을 와서 보라 이는 그리스도가 아니냐 하니 30 그들 이 동네에서 나와 예수께로 오더라   • 요한복음 4:1-30

4

하나님 나라에 우연은 없다
수가성 여인

여러분 인생의 기쁨은 무엇입니까? 대개 사람들은 좋은 대학을 나와 안정적인 일자리를 얻고 돈을 많이 벌고 좋은 사람과 결혼하는 것이 인생의 행복이자 기쁨이라고 말합니다. 그래서 거기에 인생을 겁니다. 대한민국의 입시 경쟁과 과도한 사교육 부담은 이런 싸움에서 승리하기 위한 다툼이라 해도 과언이 아닙니다.

그러나 저는 행복을 이렇게 정의하지 않습니다. 돈과 안정성은 상대적입니다. 나보다 돈을 많이 버는 사람, 안정적 지위를 지닌 사람들이 나타나면 그것이 주는 행복은 깨질 수 있지요. 좋은 사람과 결혼하는 것이 행복일 수는 있습니다. 그러나 돈과 안정성을 갖춰야 좋은 사람을 만날 수 있는 것은 아닙니다. 사랑은 조건을 넘어 찾아옵니다. 아니, 사랑은 다른 이의 삶과 비교할 필요 없이 그 자체로 절대적 기쁨입니다. 인생에는 이런 절대적 기쁨, 즉 남들과 비교할 필요 없이 그 자체로 만족을 주는 기쁨이 많습니다. 사랑하는 사람과 동행하는 것은 물론이고, 월급이 얼마든 일 자체가 주는 긍지와 보람을 누릴 수도 있습니다.

누군가 저에게 절대적 기쁨 중에서도 가장 큰 기쁨이 무엇인지 물어 온다면, 저는 주저없이 그리스도와의 만남이라고 말할 것입니다. 어떤 사람이 겉으로 볼 때 행복한 삶처럼 보일지라도 주님을 만나지 못했다면 불행한 인생이라 불릴 것이고 불행한 삶처럼 보일지라도 그 속에서 주님을 만났다면 행복한 사람입니다. 그만큼 그리스도와의 만남은 중요합니다.

저는 이번 장에서 사마리아 수가성 여인에 관한 말씀을 나누고자 합니다. 그녀는 제가 언급한 후자의 행복을 누린 사람, 즉 비록 불행한 삶이었지만 주님을 만났기에 어느 누구보다 행복한 사람에 속합니다. 이 여인의 이야기를 통해 참된 기쁨과 행복을 생각해 보겠습니다.

굳이 사마리아를 지나갈 필요는 없었다

예수님은 유월절에 예루살렘을 방문하여 니고데모를 만나셨습니다. 그 후 때가 되어 사마리아를 통과해 고향 갈릴리로 돌아가려고 하셨습니다(요 4:4). 사마리아의 위치는 유대와 갈릴리 중간이지만, 사마리아를 통과해서 가려고 했다는 말의 의미는 그리 간단하지 않습니다. 왜냐하면 당시 유대인들이 갈릴리 지방을 가고자 할 때 모두가 사마리아를 거쳐 가지는 않았기 때문입니다. 유다에서 갈릴리로 가는 주요 경로는 두 가지입니다. 하나는 사마리아를 거쳐 곧바로 갈릴리로 가는 방법입니다. 또 하나는 사마리아를 돌아서 요단강을 건너 갈릴리로 가는 방법입니다. 돌아서 가는 길이니 당연히 시간이 더 오래 걸렸으나 유대인들은 일반적으로 후자를 선택해 왔습니다. 그 이유는 다음과 같습니다.

솔로몬이 죽고 나서 이스라엘은 남과 북으로 분리됩니다. 그 후 강국 앗수르가 북이스라엘을 점령한 후 이스라엘 사람들을 추방시키고, 앗수르인들을 그곳으로 이주시켰습니다(왕하 17:23이하). 앗수르인들은 북이스라엘로 이주하면서 자기 나라에서 섬기던 신상들을 가지고 왔습니다. 하나님은 그들이 우상을 섬기는 것을 보고 진노하시며 그들을 징계하셨지요. 그러자 그들은 하나님이 두려워 우상과 여호와를 함께 섬겼습니다(왕하 17:25, 28, 32 등).

시간이 흐르면서 그들의 종교는 점차 사라졌고 그들도 여호와 종교를 갖게 되었습니다. 그 후 남유다도 바벨론에 멸망당하여 포로로 끌려갔습니다. 그러나 하나님은 70년 만에 그들을 다시 본국으로 귀환시켜 주셨습니다. 본국에 돌아온 유다 백성들은 무너진 예루살렘 성전을 건축하기 시작했습니다. 이때 사마리아 사람들도 성전 건축에 참여하고 싶어 했지만, 유대인들은 사마리아인의 재안을 거절했습니다(스 4:2이하). 이 일 때문에 사마리아인들은 유대인들에 대해 적대심을 품고 성전 건축을 방해했습니다. 후에 사마리아 사람들은 주전 400년경, 예루살렘 대신 그리심산에 성전을 따로 세웠습니다. 그들은 예루살렘으로 가지 않고 이 성전에서 제사를 드렸습니다. 주전 128년, 그리심산 성전에 화재가 나면서 유대인과 사마리아인의 관계는 최악이 되고 말았지요. 사마리아인은 예루살렘을 성소로 인정하는 시가서와 선지서를 거부하고 모세오경만 성경으로 인정했습니다. 이러한 갈등은 예수님이 사마리아를 지나가실 때도 계속되었습니다.

이런 이유로 사마리아인과 유대인의 관계는 매우 적대적이었고, 유대인들은 혼합적 종교 생활을 하는 사마리아인들을 상대하는 것을 종교적으로 불결한 행위로 여겼습니다. 그 지역을 방문하지도, 말을 섞지도 않았습니다. 그러니 유대인들은 갈릴리 지방에 가야 할 일이 생기면 불편함을 무릅쓰고서라도 사마리아를 우회해서 다닌 것이죠.

이런 사연이 있는 사마리아 지역을, 예수님이 갈릴리 지방을 가야 한다는 이유로 통과하려 한 것은 참으로 이상합니다. 경건한 유대인답지 않은 행동입니다. 민족 간 적대 관계 속에서 사마리아 지역을 '통과해야 했다'는 말씀은, 예수님의 특별한 의도를 계산하지 않으면 이해할 수 없습니다. 특별한 의도란 무엇일까요? 결론부터 말씀드리면, 그것은 바로 사마리아 지역에도 하나님 나라의 복음을 전하기 위해서였습니다. 이를 위해 예수님은 한 특별한 여인을 만나기로 작정하셨습니다.

마실 것도 아니면서 왜 물을 달라 했던가?

예수님은 사마리아의 수가라는 지역을 방문하셨습니다. 이곳은 유대 접경 지역으로, 일찍이 이스라엘의 조상 야곱이 판 우물이 있는 곳으로 유명합니다(요 4:6). 예수님은 이 지역을 낮 열두 시에 들르셨습니다. 중동 지역은 일교차가 매우 커서 낮은 매우 덥고 밤은 매우 춥습니다. 그래서 낮에는 물을 긷는 경우가 흔치 않지요. 그런데 예수님이 만난 오늘의 주인공, 한 여인이 한낮에 물을 길으러 왔습니다. 이야기는 여기서 시작됩니다.

　예수님은 피곤하셔서 우물가에 앉으셨고 제자들은 먹을 것을 사러 동네에 들어간 상황이었습니다(4:6-8). 그때 한 여인이 물을 길으러 왔고 예수님은 그녀에게 말을 거셨습니다. 예수님은 여인에게 가장 먼저 "물을 좀 달라"고 요청하셨습니다(4:7). 사실 '야곱의 우물'은 깊어서 낯선 이가 물을 마시려면 두레박을 가진 여인에게 요청할 수밖에 없었을 것입니다. 이 여인은 사내의 말투가 사마리아가 아닌 갈릴리 사람의 것임을 알았고 이따금 유대인들이 이곳을 거쳐 갈릴리 지방으로 가는 것을 보았던 터라 그가 유대인이라고 짐작했습니다. 사마리아인과는 대화를 하지 않는 유대인이 자신에게 물을 달라고 청하니 여인은 의아했지요. 그래서 이렇게 대꾸했습니다. "당신은 유대인으로서 어찌하여 사마리아 여자인 나에게 물을 달라 하나이까"(4:9).

　짐작하다시피 예수님은 물을 마시고 싶어서 이런 요청을 하신 것이 아닙니다. 물이야 제자들이 음식을 사 올 때 가져올 수도 있고, 또 정말 목이 말랐다면 여인이 좀 냉소적으로 대꾸하더라도 "그래도 물 한 모금만 주시오" 하고 요청하셨을 것입니다. 그러나 이어지는 대화를 보면 예수님은 그런 모습을 전혀 보이지 않으십니다. 그럼 왜 예수님이 여인에게 물을 달라고 하셨을까요? 이 여인에게 하나님 나라 이야기를 하시고자 했고, 그러기 위해 대화의 소재가 필요했기 때문입니다. '물'을 이야기의 재료로 삼고 말을 걸어오신 것입니다.

물을 달라는 예수님의 요청에 여인이 부정적으로 대답하자, 예수님은 뜬금없이 이런 말씀을 하십니다. "네가 만일 하나님의 선물과 또 네게 물 좀 달라 하는 이가 누구인줄 알았더라면 네가 그에게 구하였을 것이요 그가 생수를 네게 주었으리라"(4:10). 이 말은 "만일 내가 유대인이 아니라 하나님의 아들 메시아임을 네가 알았더라면 오히려 나에게 '주님, 제게 생수를 주십시오'라고 요청했을 것이다"라는 의미입니다. 물론 수가성 여인이 이를 알아차릴 방법은 없습니다. 생각해 보십시오. 그분이 메시아인 줄 어떻게 알 것이며, 또 물을 달라고 한 사람이 오히려 자신에게 물을 줄 것이라는 말이 도대체 무엇이란 말입니까?

이해할 수 없는 예수님의 말을 받아, 여인은 다시 질문합니다. "선생님, 선생님에게는 두레박도 없고, 이 우물은 깊은데, 선생님은 어디에서 생수를 구하신다는 말입니까? 선생님이 우리 조상 야곱보다 더 위대하신 분이라는 말입니까? 그는 우리에게 이 우물을 주었고, 그와 그 자녀들과 그 가축까지, 다 이 우물의 물을 마셨습니다"(4:11-12, 새번역). 여인의 질문이야말로 이치에 맞게 느껴집니다.

결말을 모르는 주인공 입장에 서야 보인다

그런데 어찌 된 일일까요? 여인의 질문에 예수님은 더욱 황당한 대답을 하십니다. "이 물을 마시는 자마다 다시 목마르려니와 내가 주는 물을 마시는 자는 영원히 목마르지 아니하리니 내가 주는 물은 그 속에서 영생하도록 솟아나는 샘물이 되리라"(4:13-14). 두레박도 없는 사람이 생수를 주겠다고 해서 여인은 '그런 샘물이 어디 있냐, 당신이 야곱보다 큰 사람이냐' 하고 물었습니다. 그랬더니 예수님은 샘물이 있는 장소를 알려 주는 게 아니라, 자신이 주시고자 하는 생수에 대한 설명만 추가로 하셨습니다. 즉, 자신이 주는 물을 마시면 다시 목마르지 않을 것이며, 나아가 그 물은 그 사람 속에서 영원히 살 만큼 계속 솟는 샘물이 될 거라고 말입니다. 희한하고 황당하며 아리송하기만 한 말씀입니다.

우리는 이 말씀이 생명의 근원, 즉 예수님 자신이 생수임을 암시하는 말임을 압니다. 그러나 우리는 전지적 작가 시점 혹은 결말을 아는 영화를 보는 관객의 입장이 아니라, 결말을 모르는 영화 주인공 입장에 서 보아야 합니다. 그래야 사건의 맥락과 등장인물의 심정을 제대로 이해할 수 있습니다. 수가성 여인 입장에서 이 말씀을 이해하지 못하는 것은 당연하지요.

그런데 예수님의 이야기 중 한 말씀은 여인의 귀에 들어왔습니다. 그것은 바로 그분이 주는 물은 한 번 마시면 목마르지 않고 계속 샘 솟아서, 다시는 물을 길으러 오지 않아도 된다는 것이었습니다. 그것만큼은 반가운 일입니다. 이 물이 정확히 무엇인지는 모르지만,

물을 긷기 위해 언제나 우물에 와야 하는 자기 처지를 생각해 여인은 주님께 이렇게 요청합니다.

> 주여 그런 물을 내게 주사 목마르지도 않고 또 여기 물 길으러 오지도 않게 하옵소서. (요 4:15)

이 말은 무슨 의미일까요? 여인이 '얼씨구나, 이제 번거롭게 매번 물을 길으러 오지 않아도 되겠구나' 이렇게 생각한 것일까요? 그렇다면 예수님의 말은 노동하지 않으려는 사람의 나태함을 부추긴 것에 불과해집니다. 하지만 예수님이 그런 의도로 말을 하시진 않았을 것입니다. 여인이 이렇게 말한 데는 숨은 뜻이 있었을 것입니다. 이것은 여인이 처한 현실을 알 때만 비로소 이해할 수 있습니다.

이후 예수님과의 대화를 통해 밝혀지듯, 이 여인은 결혼을 다섯 번 했다가 이혼했고 다른 남자와 동거 중이었습니다(4:18). 다섯 명의 남편을 경험했다는 것은 무엇을 의미합니까? 어떤 신학자들은 이 여자가 음탕하고 행실이 아주 나빴다고 해석합니다. 결혼 생활 중 다른 남자를 사귀어 이혼을 하게 됐고, 또 다른 남자를 사귀어 또 이혼을 한 아주 불결한 여자라는 거지요.

정말 그럴까요? 저는 아니라고 생각합니다. 모세오경은 결혼 중에 다른 남자를 만난 경우, 이혼이 아니라 돌로 쳐 죽이라고 했습니다. 비록 사마리아인들이 유대인들과 예배도 따로 드리고 분리되어 살았지만 사마리아인들은 모세오경을 믿었습니다. 그러니 모세의 명령이라면 그들도 지켰을 것입니다. 여인이 돌에 맞아 죽지 않고 다섯 번이나 이혼을 했다면, 그것은 이 여인이 정조를 어겼기 때문은 아닐 것입니다. 그럼 이 여인은 왜 다섯 번이나 이혼을 했을까요? 이 내용을 파악하기 위해서 이혼에 대한 모세의 언급을 보지요.

> 사람이 아내를 맞이하여 데려온 후에 그에게 수치되는 일이 있음을 발견하고 그를 기뻐하지 아니하면 이혼 증서를 써서 그의 손에 주고 그를 자기 집에서 내보낼 것이요. (신 24:1)

모세는 이스라엘의 남편들이 아내가 싫어지면 이유 없이 이혼하고 내팽개치는 풍조가 확산되는 것을 보고, '수치되는 일'이 아니면 결코 이혼할 수 없다는 규정을 만들었습니다. 수치되는 일이 무엇인지는 분명치 않습니다. '성적 순결'이라고 볼 수도 있지만 그것만은 아닌 듯합니다. 예수님은 모세가 이혼을 허용한 이유는 사람들이 악해서이며, 음행한 이유 외에는 결코 이혼할 수 없다고 하시며 이혼을 더 엄격히 금지하셨습니다(마 19:7-9). 이 말은 모세 시대에 이혼 사유에 해당하는 '수치되는 일'이 성적 순결 외에도 더 많았음을 암시합니다. 또한 당시 특수 상황이 아닌 이상 여자는 이혼을 요구할 수 없었습니다.

많은 남자가 이혼을 남용해서 여자들이 피해를 입자, 모세는 이혼 사유에 대한 근거 없는 비판으로 여자들을 지켜 주기 위해서 이혼 규정을 명시합니다. 이혼하려면 반드시 '수치되는 일'이 있어야 하고, 이혼 증서를 써 주어야 하며, 이혼 증서에는 수치스러운 일이 무엇인지 명시하도록 했습니다.

　이러한 규정을 볼 때, 수가성의 여인은 다섯 차례 모두 '수치스러운 일'로 남자로부터 이혼을 당했음을 미루어 짐작할 수 있습니다. 이유는 알 수 없지만, 다섯 번씩이나 남편에게 버림받았다는 사실로 그 여인은 참 괴로웠을 것입니다. 이혼이 얼마나 괴로운 일인지 아십니까? 병원에서 건강 검진을 할 때면 설문지를 미리 작성하게 하는데, 거기에 이런 항목이 있습니다. '당신은 이혼했습니까?' '당신은 사별했습니까?' 이혼과 사별이 질병과 깊은 관계가 있다는 뜻입니다. 성인들을 대상으로 한 어느 설문조사 결과, 가장 큰 스트레스 요인이 이혼이고 다음은 사별이었다고 합니다. 그런데 이런 이혼을 한 번도 아니고 다섯 번이나 했으니 그녀의 삶은 죽다가 살아난 삶, 아니 차라리 죽는 것이 나은 삶이었을지도 모르겠습니다.

　이혼 후에 그녀는 다시 어떤 남자와 동거를 시작했습니다. 어떤 이유로 지금 사는 남자와 혼인이 아닌 동거를 하게 되었는지는 모릅니다. 그러나 그런 삶이 결코 덕스럽지는 않으니 자연히 동네에서는 구설수에 올랐겠지요. 그녀는 사람들과 말을 섞기 싫었을 테고, 다른 여인들이 물을 길으러 오는 시간도 피하고 싶었을 겁니다. 해가 가장 뜨겁게 내리쬐는 정오에 물을 길으러 온 것도 이런 배경에서 이해할 수 있습니다. 미루어 보건대 "여기 물 길으러 오지도 않게 하옵소서"라는 여인의 말은, 일하지 않고 편하게 살게 해 달라는 말이 아니라 고단한 삶이 멈추면 좋겠다는 고백으로 보아도 무방할 것입니다.

그러나 속마음이 그렇다는 것이지 여인은 예수님께 속내나 사생활을 드러내지 않았습니다. 낯선 사람, 그것도 사마리아인을 개 취급하는 유대인 남성에게 말할 일은 아니니까요. 그런데 예수님은 물 길으러 오지 않도록 해 달라는 여인의 말에 느닷없이 "가서 네 남편을 불러 오라"고 말씀하십니다(요 4:16). 이유는 나오지 않지만, 맥락을 보건대 남편에게 이를 말이 있어서는 아닌 것 같습니다. 오히려 예수님은 "여기 물 길으러 오지 않게 하옵소서"라는 여인의 고백이 어떤 의미인지 알아차리고, 여인의 삶에 본격적으로 개입하고자 '남편' 이야기를 꺼내신 듯합니다.

그리스도가 당신입니까? … 네게 말하는 내가 그라

유대인 선생이 왜 남편을 불러 오라고 하는지 모르겠으나, 그녀는 흠칫 놀랐을 것입니다. 물 길으러 오지 않게 해 달라는 고백을 할 때, 그녀 곁으로 슬픔이 스쳐 지나갔습니다. 다섯 번의 이혼, 사랑과 이별, 상처와 상실을 겪으며 그녀는 인간으로서의 존엄성을 잃어버렸고 자신의 인생이 누추하다고 여겼습니다. 반복된 이혼으로 자포자기의 심정이었을지도 모르겠습니다. 그때 생의 한 모퉁이에서 한 남자가 나타나 사랑한다고 했습니다. 여자를 사람 축에도 끼워 주지 않는 곳에서 살아남기 위해 여인은 남자의 품에 자신을 의탁할 수밖에 없었습니다. 그래서 그 남자에게 몸을 맡겼지만 속으로는 이렇게 다짐했을 겁니다. '다시는 결혼하지 않겠다. 다시는 수치스러운 일을 핑계로 남편에게 버림받지 않겠다.' 결혼이 아닌 동거를 선택한 것도 그런 이유 때문 아니었을까요?

'여기 물 길으러 오지 않게 해 달라'고 말할 때, 이렇게 고단하고 슬픈 삶이 떠올랐는데 유대인 선생이 그런 속내를 알아차리기라도 한 듯이, 남편을 데려오라고 말합니다. '도대체 이 사람은 누구인가?' 그녀의 마음에 파문이 일었습니다. '나의 슬픈 결혼 생활, 고단한 인생, 아픈 삶의 역사를 건드리다니, 이 사람은 누구지?' 하는 생각에 놀랐지요. 하지만 어떻게 낯선 사람에게 고단한 삶에 대해 이야기할 수 있단 말입니까. 그래서 이렇게 간단히만 말합니다. "나는 남편이 없나이다"(4:17). 그 말은 거짓이 아니었습니다. 다만 그 이상 이야기하고 싶지 않았을 뿐입니다.

'내게는 남편이 없습니다. 그러니 남편을 데려오라는 요구에 응할 수도 없습니다. 당신이 고단한 내 삶에 대해 아십니까? 다섯 남자를 거치며 개같이 살아온 내 삶의 고통을 당신이 아십니까? 나는 지금 한 남자와 살고 있지만, 결혼이나 미래에 대한 꿈은커녕 목숨을 부지하기 위해 그를 선택했을 뿐입니다. 유대인들은 사마리아인을 개라고 생각한다지요? 나는 사마리아인들에게조차 개 취급을 받는 사람입니다. 개들 중의 개로 사는 이 기구함을 당신은 모를 겁니다.'

마음속으로 이런 말들을 쏟아냈을 겁니다. 그런데 그때 예수님은 여인이 전혀 기대하지 않은 답변을 하십니다. "네가 남편이 없다 하는 말이 옳도다. 너에게 남편 다섯이 있었고 지금 있는 자도 네 남편이 아니니 네 말이 참되도다"(4:17-18). 예수님의 말씀은 이런 의미입니다. "네가 얼마나 고통을 받아 왔는지, 네 삶이 얼마나 고단한지 안다. 내가 너를 안다. 네가 왜 사람들의 시선을 피해, 태양이 작열하는 이 한낮에 물을 길으러 오는지 안다. 그래서 내가 목마르지 않는 영원한 생수를 주겠다는 것이란다."

여인은 자신의 귀를 의심했을 것입니다. '아니, 이 사람이 나를 어떻게 알지? 다섯 번 이혼했고 생의 의욕 없이 비루먹은 말처럼 한 남자에게 의탁해서 살아가는 내 슬픈 인생을 알다니….' 여인은 예수님이 달리 보였습니다. 맨 처음 그녀에게 예수님은 한 사람의 유대인 또는 한 사람의 유대 랍비일 뿐이었습니다. 그러나 유대의 랍비 정도라면 그녀 인생의 어둠을 정확히 짚어 내며 파문을 일으킬 수는 없습니다. '선지자인가?' 자연스럽게 이런 생각이 따라왔겠지요. '그래! 이분은 선지자 같다. 이분이 주는 물을 마시면 영원히 목마르지 않을 거라고 했는데, 이제 보니 내가 이곳에서 긷는 물이 아니라 선지자로서 나에게 주시려는 것을 빗대서 하신 말씀이구나!'

그런데 이때 여인이 생뚱맞은 질문을 합니다. "주여 내가 보니 선지자로소이다. 우리 조상들은 이 산에서 예배하였는데 당신들의 말은 예배할 곳이 예루살렘에 있다 하더이다"(4:19-20). 갑자기 화제를 돌린 것이지요. 일부 주석가들은 예수님이 여인의 부끄러운 과거를 들춰내자 상황을 피하기 위해 여인이 이렇게 말했다고 해석합니다. 그러나 제 생각은 다릅니다. 화제를 돌려서 상황을 모면하려는 사람은 그리스도를 아는 과정에 참여할 수 없습니다. 애초부터 진리에는 관심이 없는 것이니까요. 저는 이 여인이 평소에 진리에 관심이 있었고, 그래서 이런 질문을 했다고 봅니다. 말하지 않은 내면의 슬픔과 비루한 인생의 문제를 정확히 짚어 내면서 영혼을 흔들어 놓은 한 낯선 사람에게서 신적 성품을 느끼자, 영혼의 질문을 꺼내 놓은 것입니다. 그럼 도대체 여인은 왜 이런 질문을 했을까요? 아래는 저의 상상입니다.

그녀의 삶은 고단했습니다. 삶의 고단함이 켜켜이 쌓여 힘들어하는 사람들이 으레 그러하듯이, 그녀는 자신보다 큰 존재에게 위로받는 삶을 늘 갈망했습니다. 그 큰 존재는 남편들이었습니다. 그러나 다섯 번의 이혼을 거치며 더 이상 그들에게 기대할 바가 없음을 깨달았습니다. 기대를 걸 대상은 사람이 아니라 하나님으로 옮겨 갔습니다. 하나님께 위로받는 삶이 그녀의 유일한 소망이자 삶의 목적이 된 것이지요. 특별히 신앙이 성숙해서가 아니라 하나님 외에는 의지할 데가 없었기 때문입니다. 매일같이 그녀는 기도하며 부르짖었습니다. '나의 조상 야곱의 하나님이시여, 당신에게 나는 어떤 존재입니까? 나의 조상 아브라함의 하나님이시여, 당신은 나의 이 슬픔, 이 고단한 삶을 아십니까? 이토록 부끄러운 삶을 살아야 하는 이유가 무엇입니까? 이 땅에 나를 보내신 분이 당신이라면 제 삶에도 뜻이 있을 텐데 저는 그 뜻을 알지 못합니다. 알려 주십시오. 당신을 만나고 싶습니다.'

하나님께 예배드리는 삶은 그녀에게 남은 마지막 피난처였습니다. 매일 하나님을 찾아 예배를 드리고 싶어서 그리심산의 성전을 찾았습니다. 그러나 한 가지 마음에 걸리는 부분이 있었습니다. 유대인들은 사마리아인들을 버러지처럼 생각합니다. 그래서 사마리아인들이 그리심산에서 드리는 예배를 비판하고 오직 예루살렘 성전에서만 하나님을 찾을 수 있다고 합니다. '하나님만이 유일한 안식처인데 이곳 그리심산의 성전에서는 하나님을 찾을 수 없다면, 내 삶은 어떻게 되는가? 내 인생은 저주받았나?' 하는 고민이 들었습니다. 그런 와중에 자신의 처지를 정확히 알고 있는 선지자를 만난 것입니다. 그녀는 묵혀 둔 질문이 떠올랐습니다. 그래서 곧장 질문했지요. 사실 그녀는 그리심산에서 예배를 드려도 좋다는 위로의 말씀을 듣고 싶었습니다. 하지만 예수님의 대답은 의외였습니다.

> 여자여 내 말을 믿으라. 이 산에서도 말고 예루살렘에서도 말고 너희가 아버지께 예배할 때가 이르리라. … 아버지께 참되게 예배하는 자들은 영과 진리로 예배할 때가 오나니 곧 이때라. 아버지께서는 자기에게 이렇게 예배하는 자들을 찾으시느니라. 하나님은 영이시니 예배하는 자가 영과 진리로 예배할지니라. (요 4:21-24)

유대인이라면 그리심산은 하나님께 예배하는 곳이 아니라는 답을 기대할 수 있겠으나, 예루살렘 또한 아니라는 생각은 누구도 하지 않았을 것입니다. 그러니 그리심산도 아니고 예루살렘도 아니라는 예수님의 말은 충격적입니다. 예수님은 하나님께 예배드리는 적절한 길은 '장소'의 문제가 아니라고 하신 것입니다. 이어 예수님은 영과 진리로 예배하는 것이 중요하고, 하나님이 그런 자들을 찾고 계신데, 그때가 곧 온다고 하셨습니다. 영과 진리로 예배한다는 것은 무엇입니까? 참다운 예배를 드리는 것입니다. 장소는 중요하지 않습니다. 그렇다면 참다운 예배는 무엇입니까? 죄 많은 사람이 어떻게 죄가 없는 선한 하나님께 그런 예배를 드릴 수 있나요? 허물 많은 인생이 어떻게 하나님 앞에 나갈 수 있습니까? 속죄의 은혜로만 가능합니다. 하나님 편에서 구원의 은총을 베풀어 주시지 않으면 안 됩니다. 그러니 참다운 예배는 하나님이 구원의 소식을 먼저 주셔야 가능하고, 메시아를 보내 주셔야 가능합니다.

예수님의 말씀을 듣고 여인의 가슴이 방망이질을 쳤습니다. 다시 여인의 심정을 헤아려 보겠습니다. '내 인생의 고단함을 풀어내는 길은 하나님 아버지께 예배하는 것이다. 그런데 그리심산이 아니고 예루살렘도 아닌 하나님께 나아가는 길이 따로 있었구나! 이분은 하나님을 예배하는 때가 올 것이라고, 아니 그때가 지금이라고 이야기하신다. 이분이 누구이기에 이렇게 말씀하시는가? 내 삶을 위로해 주시는 하나님을 만나는 길에 대해 이렇게 말씀하시는 분을 나는 본 적이 없다. 그저 평범한 유대인이라고 생각한 이분은 사실 내 인생의 깊은 역사를 모두 알고 계신다. 목마르지 않을 생수를 주겠다고도 하신다. 내 인생의 목마름은 무엇인가? 슬픔이자 그늘이다. 나는 하나님을 만나고 싶었지만 언제 어떻게 만날 수 있는지 몰랐다. 그런데 이분이 알려 주셨다. 내가 그토록 갈구해 온 하나님을 만나는 것은 장소의 문제가 아니라 참다움의 문제라고 말이다. 참다운 예배는 내가 드릴 수 있는 게 아니라 하늘에서 선물로 주어진다는 점 또한 이분을 통해 알았다. 이분은 도대체 누구인가? 유대 선생 이상이다. 선지자라고도 생각했지만 선지자는 지적하고 고발하고 비판하는 자다. 그런데 이분과 대화하다 보니 내 속에 뜨거운 것이 차오른다. 선지자는 임박한 미래를 경고하고 양심을 부끄럽게 만드는 사람이지, 이분처럼 뜨거운 무언가를 이끌어 내는 사람은 아니다. 그럼 이분은 누구인가? 혹시 메시아인가? 어린 시절 부모님은 메시아가 오셔서 우리 조상들에게서 들어 온 모든 이야기를 설명해 주실 거라고 했다. 나는 이분에게서 한 치의 의심도 없이 시원한 설명을 들었다. 내 영혼은 병들어 가고 있었는데, 이분을 만나고 속에서부터 흥분이 차오르고 있다. 그렇다면 정말 이분이 메시아라는 말인가?'

여인은 억제할 수 없는 흥분을 안고 조심스럽게 예수님께 말을 건넸습니다. "메시야 곧 그리스도라 하는 이가 오실 줄을 내가 아노니 그가 오시면 모든 것을 우리에게 알려 주시리이다"(4:25). 메시아가 누군지 궁금해서 던지는 호기심 섞인 질문이 아니었습니다. "혹시 우리 조상들이 기다려 온 메시아, 내가 그토록 찾던 메시아, 그리스도가 당신입니까?" 사실 이 질문은 고백에 가까웠습니다. 마음속 탄성이었습니다. 예수님이 대답을 하시든 하시지 않든, 이미 그리스도를 만날 때만 얻을 수 있는 흥분과 기쁨이 여인에게 찾아왔기 때문입니다. 그때 주님이 말씀하셨습니다.

네게 말하는 내가 그라. (요 4:26)

주님의 말씀은 여인의 확신을 확인시켜 준 것에 불과했습니다. 이미 여인은 속으로 탄성을 발했습니다. 쿵쾅거리는 가슴을 주체할 수 없었지요. '아! 이 고단한 인생이 비로소 하나님을 만나서 안식을 얻을 수 있게 되었다! 수치스러운 일들로 다섯 번이나 이혼을 당하면서 버려진 삶, 부끄러운 삶을 살아왔는데, 하나님이 그런 나를 찾아오셨구나!'

음식을 구해 온 제자들은 영문을 몰랐습니다(4:27). 한쪽에 주님이 계시고 다른 한쪽에 어떤 여인이 있는데, 주님은 사랑스러운 눈빛으로 여인을 잠자코 바라보고 계시고, 여인은 울고 있습니다. 누구도 감히 어떤 상황인지 묻지 못했습니다. 흥분과 기쁨을 가눌 길 없어진 여인은 그 길로 물동이를 버려 두고 동네로 들어갔습니다. 목마르지 않게 하는 생수를 맛보았으니, 물동이는 더 이상 필요하지 않았습니다. 여인은 사람들에게 메시아가 왔다고 알렸습니다(4:28-29). 사람들의 시선을 피해 살아온 폐쇄적 삶의 커튼을 활짝 열어젖히고 그녀는 사람들을 만났습니다. 낮 열두 시에 사람들을 만나 외쳤습니다.

> 내가 행한 모든 일을 내게 말한 사람을 와서 보라. 이는 그리스도가 아니냐. (요 4:29)

사마리아에 진리의 등불을 비추기 위해 예수님은 수가성의 한 여인을 선택했습니다. 보잘것없는 인생, 부끄러운 인생을 선택해서 자신이 사람들이 기다려 온 메시아임을 알리셨습니다. 수가성의 여인은 예수님과 대화하면서 예수님을 선생 혹은 나아가 선지자로 생각하다가 이내 그리스도임을 깨달았습니다. 그리고 이 여인을 통해 수가성에 사는 모든 사람이 예수를 믿게 되는 은총을 입었습니다.

하나님 나라에 우연은 없다

예수님이 수가성의 여인을 만난 것은 우연일까요, 아니면 예수님의 계산에 포함돼 있었을까요? 예수님이 수가성에 사는 가장 가련하고 슬픈 사람을 미리 선택한 후에 우물가에서 연극을 하시지는 않았을 것입니다. 그렇다고 어쩌다 우연히 만났다고 말하기도 어렵습니다. 계획하지 않았을지라도 하나님 나라에 우연은 없습니다.

제가 교직에 몸담고 있던 1992년 4월, 주님을 만난 것이 우연일까요? 그해 8월에 선교한국대회에서 주님을 만난 것이 우연이겠습니까? 그렇지 않습니다. 2008년 사교육걱정없는세상을 시작한 것은 어떨까요? 하나님의 섭리에 우연은 없습니다. 예수님은 개와 같은 삶, 도무지 소망이 없다고 생각하고 살아가는 우리 한 사람 한 사람에게 찾아오십니다. 이유와 맥락을 모르기에 우리는 '우연'이라고 말하지만, 주님은 필연적으로 우리에게 오십니다. 우리를 사랑하시기 때문입니다. 그래서 그분은 "내가 너를 안다"고 말씀하시며 그분을 향한 내 마음의 창문을 닦아 주시고 주님을 드러내 보이십니다.

그러므로 매일 죽지 못해서 산다고 절망하며 살 때, 사람들의 시선을 피하려고 한낮에 우물을 찾는 고단한 삶을 살 때, 바로 그때 우리는 주님을 만날 수 있을 거라고 기대해야 합니다. 주님을 만나기로 작정하고, 진실한 마음으로 매일 말씀을 보며 주님께 기도하기를 멈추지 말아야 합니다. 언젠가 그분은 자신이 유대인이 아니라 선지자요, 선지자가 아니라 그리스도임을 알려 주시고, 우리에게도 영생에 이르는 생수와 가슴 벅찬 기쁨을 주시며, 고통 속에서도 기쁨을 누릴 수 있는 은총을 주실 것입니다.

대학 시절 학과 사무실에서 「어부들」이라는 소식지를 본 적이 있습니다. 편집자의 손 글씨가 참으로 곱고 정갈했지요. 그 소식지는 내수동교회 청년부 주보였습니다. 어느 날 그 주보에서 읽은 "목련이 핀 날에"라는 시가 지금까지도 제 마음에 남아 있습니다. 그 시는 예수님을 만난 사마리아 수가성 여인의 심정을 노래하는 동시에 그녀처럼 예수님을 만난 우리 인생을 노래하고 있습니다. 그 시를 소개하면서 말씀을 맺고자 합니다.

목련이 핀 날에

지경희

당신의 은총 속에 따스한 햇살을
안은 고운 모습이
하늘을 향한 부푼 가슴으로 터져납니다.

그분이 왔노라고
수치심도 잊고 외쳐대던 수가성의
여인처럼
어둡던 시절의 차가움도 외로움도
씻어 버린 꽃망울로
당신의 세상을 밝힙니다.

나를 감춘 보이지 않는 의지만큼이나
당신의 빛 부신 모습 앞에 전라(全裸)로
드러나길 원합니다.

당신의 용서 속에 살지 않은
그 무엇이 없는 세상
그러나 그 속에 당신에 대한 기억이
사람들부터 잊혀져 있음을
당신은 깨우라 하셨습니다.

목련처럼
사랑의 눈을 뜨게 하여
생명의 당신을 느끼게 할
도구의 내가 되게 하소서.

43 이틀이 지나매 예수께서 거기를 떠나 갈릴리로 가시며 44 친히 증언하시기를 선지자가 고향에서는 높임을 받지 못한다 하시고 45 갈릴리에 이르시매 갈릴리인들이 그를 영접하니 이는 자기들도 명절에 갔다가 예수께서 명절 중 예루살렘에서 하신 모든 일을 보았음이더라 46 예수께서 다시 갈릴리 가나에 이르시니 전에 물로 포도주를 만드신 곳이라 왕의 신하가 있어 그의 아들이 가버나움에서 병들었더니 47 그가 예수께서 유대로부터 갈릴리로 오셨다는 것을 듣고 가서 청하되 내려오셔서 내 아들의 병을 고쳐 주소서 하니 그가 거의 죽게 되었음이라 48 예수께서 이르시되 너희는 표적과 기사를 보지 못하면 도무지 믿지 아니하리라 49 신하가 이르되 주여 내 아이가 죽기 전에 내려오소서 50 예수께서 이르시되 가라 네 아들이 살아 있다 하시니 그 사람이 예수께서 하신 말씀을 믿고 가더니 51 내려가는 길에서 그 종들이 오다가 만나서 아이가 살아 있다 하거늘 52 그 낫기 시작한 때를 물은즉 어제 일곱 시에 열기가 떨어졌나이다 하는지라 53 그의 아버지가 예수께서 네 아들이 살아 있다 말씀하신 그때인 줄 알고 자기와 그 온 집안이 다 믿으니라 54 이것은 예수께서 유대에서 갈릴리로 오신 후에 행하신 두 번째 표적이니라   • 요한복음 4:43-54

5

낫기 시작한 때를 물은즉
헤롯의 신하

성경은 예수님을 만난 사람들의 이야기로 가득합니다. 병자, 가난한 자, 간음한 자, 자기 민족에게서 따돌림을 받은 자, 혁명가 등 이루 말할 수 없이 많은 사람이 예수님을 만났습니다. 저는 그중에서도 부모 된 사람들과 예수님의 만남이 가장 독특하다고 봅니다. 대표적 만남은 수로보니게 여인과 예수님의 만남(막 7:24-30), 귀신 들린 아들을 데려온 아버지와 예수님의 만남(막 9:14-29) 그리고 이번 장에서 다룰 만남입니다.

부모가 예수님을 만나고자 하는 이유는 대체로 한 가지입니다. 자식에게 큰 문제가 있는데 도무지 해결할 수 없어서지요. 대부분의 부모는 자식의 고통이 너무 클 때 그 고통을 덜어 주고 싶어 합니다. 포기하는 법이 없지요. 아이가 가출을 하면 부모는 10년, 20년이 지나도 아이를 찾아다닙니다. 아이가 병에 걸리면 어떻게든 살릴 방법을 찾습니다. 캄캄한 바다에 아이들이 빠져 실종된 채 시간이 오래 지나 모두가 "이제 그만하면 됐다"고 포기할 때조차 부모는 자식 찾는 일을 포기하지 않습니다.

부모는 이런 존재입니다. 자식의 안녕과 생명을 지키기 위해 지치는 법이 없지요. '부모'를 한마디로 어떻게 정의하면 좋을까요? 저는 '자식을 걱정하는 존재'라고 생각합니다. 부모와 걱정은 분리될 수 없습니다. 부모는 무덤에 묻힐 때까지 자식을 걱정합니다. 자식을 살리기 위해서라면 신분이나 체면에 아랑곳하지 않습니다. 자식이 나이가 들어도 부모의 걱정은 그치지 않습니다. 우리는 이러한 부모의 사랑을 통해 하나님 아버지의 사랑을 짐작해 볼 수 있습니다. 그래서 부모와 예수님의 만남은 각별합니다.

요한복음 4장에 아버지 한 명이 등장합니다. 자식 문제로 예수님을 만나러 온, 걱정하는 부모의 대표적 예입니다. 그런데 자식 문제로 예수님을 만나러 왔다가 부모가 예수님께 눈을 뜨는 사건이 일어납니다. 이 이야기 속으로 함께 들어가 봅시다.

왕의 신하, 그도 자식이 걱정되었다

예수님은 유월절에 예루살렘을 방문하고 돌아오시는 길에 사마리아 지방을 지나다가 한 여인을 만나서 구원의 도를 전하고 고향 갈릴리로 돌아오십니다. 그런데 갈릴리로 들어가실 때 예수님이 아주 이상한 이야기를 하십니다. "선지자가 고향에서는 높임을 받지 못한다"(요 4:44). 왜 이런 말을 하셨을까요? 더욱 이상한 것은 막상 고향에 가니 사람들이 예수님을 냉대하기는커녕 오히려 환영했다는 점입니다. 그럼 예수님의 예상이 틀린 것일까요? 아닙니다. 성경은 동네 사람들이 예수님을 선지자로서 환영한 것이 아니라, 예루살렘에서 행한 기적과 표적 때문에 환영했다고 전합니다. 이것은 올바른 환영이 아닙니다.

누가복음을 보면 예수님의 예언이 옳았음을 확인할 수 있습니다. 예수님은 고향 갈릴리로 가셔서 안식일에 성경을 읽습니다(눅 4:16). 예수님이 은혜와 지혜를 겸비해 말씀을 전하시자 마을 사람들은 깜짝 놀라 이렇게 말하지요. "이 사람이 요셉의 아들이 아니냐"(4:22). 무식할 거라고 생각했던 예수님이 의외의 모습을 보이자 빈정댄 것입니다. 이에 예수님이 응답합니다. "아무 예언자도 자기 고향에서는 환영을 받지 못한다. 내가 진정으로 너희에게 말한다. 엘리야 시대에 삼 년 육 개월 동안 하늘이 닫혀서 온 땅에 기근이 심했을 때에, 이스라엘에 과부들이 많이 있었지만, 하나님이 엘리야를 그 많은 과부 가운데서 다른 아무에게도 보내지 않으시고, 오직 시돈에 있는 사렙다 마을의 한 과부에게만 보내셨다. 또 예언자 엘리사 시대에 이스라엘에 나병환자가 많이 있었지만, 그들 가운데서 아무도 고침을 받지 못하고, 오직 시리아 사람 나아만만이 고침을 받았다"(4:24-27, 새번역). 이스라엘 사람들을 모독하는 것에 가까운 비판을 듣고 화가 난 사람들은 예수님을 동네 끝자락 산 낭떠러지까지 밀고 가서, 예수님을 밀쳐 떨어뜨리려고 합니다. 선지자가 고향에서는 환대받지 못한다는 말이 틀린 이야기가 아닌 셈이지요.

그날 예수님은 고향에 가서 마음이 아프셨습니다. 하나님의 아들로서가 아니라 기적과 표적을 일으킨 사람으로서 환대받을 것임을 미리 아셨지만, 동네 사람들이 자신을 죽이고 싶을 만큼 격앙해서 공격해 오자 예수님은 깊이 실망하셨습니다.

아무튼 주님은 고향을 벗어나 근처 가나 지방으로 가셨습니다. 이곳은 혼인 잔치 중에 포도주가 떨어지자 예수님이 사람들 몰래 물로 포도주를 만든 기적을 일으키신 동네입니다. 그곳에 오랜만에 가 보니 손님이 기다리고 있었습니다. 그런데 그 손님은 그동안 예수님이 만나 온 사람들, 곧 고아, 과부, 어부, 창녀, 병자가 아니었습니다. 그는 갈릴리 지방을 통치하던 유대의 분봉 왕 헤롯의 신하였습니다. 지금으로 치면 청와대 비서실에 근무하는 공무원쯤 되겠습니다. 아시다시피 그가 예수님을 찾아온 이유는 간단합니다. 자기 아들이 죽게 되었으니 가버나움에 있는 자신의 집으로 함께 가서 아들의 병을 고쳐 달라는 것입니다.

가나와 가버나움은 약 32킬로미터 떨어져 있습니다. 요즘 같아서는 차로 30분 내지 한 시간 정도 걸리는 거리인데, 낙타로는 두세 시간, 걸어서는 여덟 시간 이상 걸리겠네요. 가깝다고 말할 수는 없지만 그렇다고 아주 먼 거리도 아닙니다. 아들의 병명은 모르지만 죽을 병임은 틀림없습니다. 그런데 병을 고쳐 달라는 그의 이야기에 예수님은 까칠하게 대답하십니다. "너희는 표적과 기사를 보지 못하면 도무지 믿지 아니하리라"(요 4:48). 다소 뜬금없는 말인데요. "내가 표적과 기사를 일으킨다고 하니까 나를 만나러 왔구나. 하지만 내가 표적과 기사를 일으킨다고 해도 내가 너희에게 말하고자 하는 바를 믿는 사람은 찾아볼 수가 없구나!" 이런 이야기지요. 예상하겠지만 이 말씀은 예루살렘과 고향 갈릴리에서 느낀 실망을 표현한 것입니다.

물론 예수님은 고통받는 사람들을 향한 사랑 때문에 기적과 표적을 일으키셨습니다. 죽어 가는 사람을 불쌍히 여겨 살려 주셨고, 눈먼 자를 고치셨고, 아픈 사람을 회복시키셨습니다. 하지만 이런 기적을 통해 예수님은 늘 자신이 어떤 존재인지 사람들이 깨닫기를 바라셨습니다. "나는 단순히 몸의 병을 고쳐 주는 존재가 아니라, 너희 영혼의 병을 치료하러 온 존재야. 내가 너희 5천 명에게 이렇게 빵을 주는 이유는, 내가 생명의 빵이 되어 너희 영혼을 배부르게 해 주기 위해서란다." 이것을 끊임없이 깨우쳐 주려 하신 것입니다. 하지만 사람들은 기적과 표적에만 심취해서 주님의 의도를 읽어 내지 못했습니다. 하도 답답해서 주님이 기적과 표적의 의미를 알려 주려 할 때조차 사람들은 말씀을 이해하지 못하고 오히려 예수님을 떠나고 공격하고 때로 죽이려 했습니다. 사람들은 무지했고 예수님을 오해했습니다. 바로 이 부분을 예수님이 헤롯의 신하에게 말씀하신 것입니다. 예수님이 넌지시 그를 떠본 것인지도 모릅니다. "너도 표적과 기사 때문에 나를 만나러 왔느냐?"고 물어보시는 거죠.

까칠한 대답에도 아랑곳하지 않고 신하가 말합니다. "주여, 내 아이가 죽기 전에 내려오소서"(4:49). 그러자 예수님은 이상한 말씀을 하십니다. "가라. 네 아들이 살아 있다!"(4:50). 이 말의 의미는 무엇입니까? 둘 중 하나일 겁니다. 하나는 "네가 착각하고 여기 온 거야. 네 아들은 죽게 된 것이 아니라 살아 있어. 가 봐, 내 말이 맞지!" 혹 이런 의미일 수 있습니다. "네 요청을 듣고 내가 지금 네 아들을 고쳤어. 그러니 걱정 말고 돌아가 봐!" 첫 번째 의미라면 신하는 이렇게 이야기했어야 합니다. "주님, 아이가 죽어 가는 것을 보고 왔습니다. 착각이라니 무슨 소리입니까? 가기 싫으면 가기 싫다고 말하세요. 동네 사람들에게 실망한 것을 가지고 왜 저한테 화풀이를 합니까?" 혹 두 번째 의미라면 이렇게 말했어야 합니다. "주님, 무슨 말씀입니까? 주님이 직접 가서 눈에 손을 얹고 진흙으로 비비든지, 손을 잡고 일으켜 세우든지, 아이를 보면서 '달리다굼' 이렇게 말해야 하지 않습니까? 가 보지도 않고 원격으로 환자를 치료하신 적이 없잖아요? 저와 같이 가고 싶지 않다는 말인가요?"

놀랍게도 그 신하는 아무런 대꾸도 하지 않고 예수님이 하신 말씀을 믿고 돌아갑니다. 이는 예수님의 입장에서 실로 놀라운 일입니다. 예수님은 여태 기적과 표적을 일으키실 때, 눈앞에 펼쳐지는 기적과 표적을 보고서야 자신을 믿는 사람들만 봐 오셨습니다. 기적을 보고도 오히려 예수님을 경계하며 시비를 거는 사람들도 있었습니다. 그런데 이 사람은 기적과 표적을 자기 눈으로 확인하지도 않고, 예수님이 하신 말씀만 믿고 돌아간 것입니다.

집에 돌아가기 전, 그는 무엇을 했을까?

신하의 모습에 예수님이 어떤 반응을 보이셨는지 성경은 말하지 않습니다. 다만 예수님의 반응을 추측할 수 있는 단서가 다른 성경에 있습니다. 누가복음 7장이 이와 비슷한 일을 기록하고 있거든요. 로마 황제에 속한 군대 장교가 있었는데, 그의 사랑하는 종이 죽게 되었습니다. 그러자 그를 좋아하는 갈릴리 지방 장로들이 예수님께 장교의 종을 구해 달라고 청해, 예수님이 장교의 집으로 가십니다. 그런데 소식을 들은 장교가 황급히 다른 종을 보내서 이렇게 말합니다. "주님 더 수고하실 것 없습니다. 저는 주님을 내 집에 모셔들일 만한 자격이 없습니다. 그래서 내가 주님께로 나아올 엄두도 못 냈습니다. 그저 말씀만 하셔서, 내 종을 낫게 해주십시오. 나도 상관을 모시는 사람이고, 내 밑에도 병사들이 있어서, 내가 이 사람더러 가라고 하면 가고, 저 사람더러 오라고 하면 옵니다. 또 내 종더러 이것을 하라고 하면 합니다"(눅 7:6-8, 새번역). 이 장교의 태도는 헤롯의 신하와 비슷합니다. 예수님은 이 장교의 말을 듣고 뭐라고 하셨을까요? "이스라엘 중에서도 이만한 믿음은 만나 보지 못하였노라"(7:9). 아주 드문 믿음이라는 말이지요. 아마 이와 비슷한 행동을 한 헤롯의 신하를 보고 예수님은 너무 놀랍고 기특하고 반가웠을 것입니다.

예수님의 말씀을 믿고 신하는 집으로 돌아갑니다. 그런데 여기서 유의할 점은, 그가 집으로 곧바로 가지 않았다는 사실입니다. 성경의 전후 맥락을 샅샅이 살펴봐도 그렇습니다. 나중에 그가 집으로 가던 중 아들이 나았다는 이야기를 종에게 듣고 아들이 나은 시간을 물어봅니다. 종은 어제 오후 한 시였다고 말합니다. 신하는 그 시간이 바로 예수님이 "네 아들이 살아 있다"고 말한 그 시간임을 알아차렸습니다.

만약 예수님의 말을 듣고 곧바로 아들에게 갔더라면 가버나움까지 걸어서 여덟 시간 정도 걸리므로, 저녁 아홉 시에는 집에 도착했을 것입니다. 낙타를 타고 갔다면 그보다 훨씬 빨리 도착할 수 있었습니다. 하지만 '어제 오후 한 시'라는 말에서 알 수 있듯이, 헤롯의 신하는 다음 날이 되어서야 집에 돌아갔습니다. 그럼 그 전에는 무엇을 한 걸까요? 만약 예수님을 만난 때가 저녁이라면, 팔레스타인의 밤은 춥고 가로등도 없으며 도적 떼도 출몰하니 여관에서 하룻밤 묵을 수밖에 없었겠지요. 하지만 예수님을 오후 한 시에 만났는데, 아들이 나았다는 말을 들었으면 곧장 아들에게 가 보아야 하는 게 아닐까요? 예수님의 말을 듣고 기뻐서 가나 지방에서 놀면서 쉬었을까요? 아니면 아들이 나았다니 안심이 되어 친구들을 만나러 갔을까요? 이는 상상하기 힘듭니다. 어느 부모라도 아들이 살아났다는 말을 들었다면 곧장 집으로 달려갔을 것입니다. 한시라도 빨리 정말 아들이 살아났는지 두 눈으로 똑똑히 봐야 하니까요. 놀 여유, 친구를 만날 틈이 없습니다.

정리해 보면 예수님을 만난 신하는 바로 집에 가지 않고 가나에 하룻밤 머물렀습니다. 그러나 성경이 그 이유를 말해 주지는 않습니다. 만일 어두워지기 전 가버나움에 도착할 수 있었는데 가나에 머물기로 했다면, 그가 가나에 머물기로 한 데는 다른 이유가 있었을 것입니다.

성경의 전후 맥락을 살펴보면, 헤롯의 신하는 단지 아들의 병이 걱정되어 주님을 찾아온 것만은 아닙니다. 주님에 대한 관심이나 이해 없이 아들의 병이 나을 것만 기대하고 찾아왔다면, 예수님의 한마디만 듣고 곧바로 돌아가기는 힘듭니다. 이렇게 말하는 게 정상이겠지요. "무슨 소리입니까? 당신이 여기서 말씀만 하셨는데 제 아들이 살아났다고요? 그건 받아들이기 힘듭니다. 제발 함께 가시지요!" 그러나 신하는 그렇게 강청하지 않았고 그 말씀을 그대로 받아들였습니다. 받아들였다는 것은 그가 예수님께 관심이 있고 예수님이 어떤 분이신지 안다는 의미입니다. 그래서 저는 그가 예수님 곁에 머물면서 예수님을 좀더 알아보기로 한 것이 아닐까 추측합니다.

예수님 곁에 머물다 보니 어느새 해가 저물어 신하는 여관에서 하룻밤을 보내고 다음 날 일찍 가버나움으로 내려갔을 것입니다. 종들은 주인이 온다는 말을 듣고 뛰어나가다가 길에서 주인을 만나 이렇게 말합니다. "주인님, 아드님이 살았습니다! 병이 나았어요!" 평범한 사람이라면 놀라 펄쩍 뛰면서 아들에게 달려가야 옳습니다. 병이 나은 아이를 안고 기뻐하는 게 우선이지요. 그런데 이 신하는 이상합니다. 그렇게 하는 대신 한 가지 질문을 합니다. "언제 병이 회복되었느냐?" 이 질문은 아무나 할 수 있는 질문이 아닙니다. 아들의 병만 걱정하는 부모라면 궁금해할 필요가 없는 질문이니까요.

그렇다면 이 질문의 의미는 무엇입니까? 뒤에 설명하겠지만 이 질문은 달리 말하면 그의 관심이 '예수님은 누구인가'에 있었다는 뜻입니다. 헤롯의 신하에게는 아들의 병이 자연스럽게 나았는지 아니면 예수님의 말씀 때문에 나았는지가 중요했습니다. 자연스럽게 나았다면 예수님은 평범한 사람입니다. 그러나 말씀 때문에 나았다면 예수님은 예사로운 분이 아닙니다. 예사롭지 않은 분과의 만남이라는 심각한 문제가 생기게 되는 것이죠.

종들은 병이 떠난 시간이 전날 오후 한 시라고 말합니다. 이에 신하는 깜짝 놀랍니다. 예수님이 말씀하신 시간이 바로 그때였기 때문입니다. 병이 나았다는 말씀을 믿고 돌아오긴 했지만, 막상 예수님이 말씀하신 시간에 아이가 나았다는 사실을 확인하자 마음에 큰 불이 일어났습니다. 큰 깨달음이 왔습니다. 예수님이 병을 고쳐 주기 위해 표적과 기사를 일으키시는 분이 아니라는 것, 단순히 아들의 병을 고쳐 줄 수 있는 힘께나 있으신 분이 아니라는 사실을 알게 된 것입니다.

헤롯의 신하는 원래 예수님이 말씀만으로도 병을 고쳐 주실 수 있다는 '믿음'을 가졌습니다. 그러니까 불만 없이 그냥 돌아왔겠지요. 그러나 성경은 신하가 아들이 나은 시간을 확인한 후, 신하는 물론 온 집안이 예수님을 '믿었다'고 말합니다. 표적과 기사를 보고 온 집안이 믿는 것은 이해합니다. 그러나 문제는 신하입니다. 요한복음은 신하에 대해 '아들이 살아난 것이 그때인 줄 알고 자기가 믿었다'고 설명합니다. 말씀만으로 고쳐 주실 수 있음을 믿었는데(4:50), 아들이 살아난 시간을 확인하고 믿었다(4:53)는 것은 무슨 의미입니까? 두 믿음 사이에 무슨 차이라도 있는 걸까요? 신하의 마음속으로 들어가 좀더 자세히 살펴보겠습니다. 다음은 제가 성경의 맥락을 염두에 두고 상상한 것을 바탕으로 재구성한 내용입니다.

신하의 행적을 재구성하다

헤롯의 신하는 궁정에서 일했습니다. 예수님에 대한 소문도 알고 있었지요. 예루살렘을 들썩거리게 만든 기적의 사건 또한 접했습니다. 정치 지도자들과 종교 지도자들은 예수님을 경계했습니다. 그러니 신하들에게 민중의 동향을 파악하고 동요가 일지 않도록 감시하라는 지시도 내렸을 테지요. 하지만 왠지 신하는 그렇게 하고 싶지 않았습니다. 예수님이 고아와 과부, 병자와 창녀들을 만나고 그들을 고쳐 주었다는 소문을 듣고 한번 만나 보고 싶었습니다. 그의 생각에 예수님은 헤롯왕이나 로마 황제 혹은 유대 종교 지도자들과 다르게 느껴졌습니다. 놀라운 능력을 지녔으나 그것을 사적 이익을 위해 남용하지 않는 것 같았습니다. 가나의 혼인 잔치에서 물로 포도주를 만들었을 때도 남들 모르게 조용히 하신 것으로 보아 겸손한 분이라고 느꼈습니다. 게다가 유월절에 예루살렘에서 보이신 기사와 표적도 보통이 아니었습니다. 성전에 들어가서 노끈으로 채찍을 만들어 양이나 소를 파는 사람들의 돈을 쏟으시고 상을 엎고 장사꾼들을 쫓아내셨다고도 하니 예사롭지가 않았습니다. 그분을 사모하는 마음이 갈수록 커졌습니다. 그때 예수님이 자신이 사는 옆 마을 가나에 오셨다는 소식이 들려왔습니다.

그런데 공교롭게도 그의 아들이 갑자기 죽을 병에 걸렸습니다. 왕궁 의사도 가버나움의 용한 의사도 해결하지 못하는 중병이었습니다. 그전까지 이 신하는 예수님을 겸손하고 능력이 많은 분 정도로 생각해 왔습니다. 자신과는 거리가 먼 분이라고 생각했지요. 하지만 아들이 죽을 병에 걸리자 예수님이 생각났습니다. 그리고 옆 마을 가나에 그분이 오셨다는 소식을 듣고, 예수님을 만나야겠다고 결심했습니다.

신하는 그분을 만날 채비를 서둘렀습니다. 하인에게 낙타를 준비하라고 일렀습니다. 그를 말리는 사람도 있었습니다. 왕궁 관료가 어떻게 사이비 종교 지도자를 만나느냐고 말입니다. 그러나 예수님을 만나고자 하는 그의 마음을 꺾을 수는 없었습니다. 사랑하는 아들이 죽게 된 마당에 무엇이라도 해야 했으니까요. 주님을 만나서 "주님, 우리 아들이 죽게 되었으니 우리 고향으로 좀 내려가 주세요" 하고 말할 생각이었습니다. 그리고 여러 시간이 걸려 주님을 만나 용건을 전했습니다.

그런데 예수님의 말씀이 조금 냉정했습니다. "표적과 기사를 보지 못하면 도무지 믿지 않는구나." 신하는 선뜻 동의가 되지 않았습니다. 그래서 이렇게 말했습니다. "주님 그게 아닙니다. 당신을 믿기 위해 표적을 구하는 것이 아닙니다. 저는 당신이 연약한 사람들을 불쌍히 여기시고, 그 사랑의 힘으로 사람들을 고쳐 주신다는 것을 믿습니다. 지금 제 아들은 무척 아픕니다. 그것은 제가 아픈 것과 마찬가지입니다. 주님, 제발 와 주십시오."

이 말은 고위 관료의 고백이 아니라 병든 자식을 둔 부모의 고백이었습니다. 사랑 때문에 자신의 신분에 아랑곳하지 않고 애통해하며 무릎을 꿇은 아버지의 부탁이었습니다. 그 순간 예수님의 마음이 움직였습니다. 이 아버지의 마음이 바로 예수님의 마음과 같았기 때문입니다. 하나님을 알지 못해 죄로 죽어 가는 자녀들을 사랑하셔서, 하나님이라는 신분에 아랑곳하지 않고 사람의 몸을 입고 이 땅에 오신 예수님 자신의 심정 말입니다.

예수님은 여태껏 한 번도 하지 않은 놀라운 말씀을 하십니다. "가라. 네 아들이 살아 있다!" '지금 죽어 가는 모습을 보고 왔는데 살아 있다고? 아니, 지금 막 말씀으로 병을 고쳤으니 안심하고 내려가라는 뜻인가?' 신하는 예수님을 쳐다보았습니다. 상대의 영혼을 조롱하는 표정이 아니었습니다. "가라!" 하고 말씀하시는 예수님의 시선은 따뜻했습니다. 신하의 가장 절박한 문제가 무엇인지 알고 있으니 걱정 말고 돌아가라는, 상대를 안심시키는 표정이었습니다. "그렇게 말씀하시지 말고 저희 집에 같이 가 주시면 좋겠다니까요." 이런 말을 할 마음이 사라졌습니다. 물러가야겠다 싶었습니다.

집으로 돌아가려면 시간이 꽤 걸릴 터였습니다. 하지만 신하는 곧장 집에 가지 않고 예수님 곁에 좀더 있기로 했습니다. 아들이 나았는지 확인하려면 서둘러 돌아가야 했지만 그에게는 다른 관심사가 생기기 시작했기 때문입니다. 즉, 예수님에 대해 좀더 알아보는 것이었습니다.

그는 오후 내내 예수님을 따르는 많은 사람 틈에서 예수님이 제자들과 나누는 말씀을 들었습니다. 조용하지만 힘이 느껴지는 예수님의 말씀, 깊은 지혜와 진리를 끌어내되 쉽게 설명하는 예수님의 어법, 사람들을 바라보는 사랑스럽고도 부드러운 예수님의 눈매와 표정을 하나하나 유심히 보았습니다. 그리고 평소 생각해 온 예수님의 이미지가 틀리지 않았음을, 나아가 그분의 말씀 한 마디 한 마디에 영혼을 흔드는 힘이 있음을 알았습니다. 그렇게 오후 내내 그분의 시선과 말씀에 주목하느라 시간이 너무 지나 버렸습니다. 팔레스타인의 밤은 춥습니다. 가로등도 없고 강도들도 제법 있는 터라 안전을 생각해서 가나에서 하룻밤 머물기로 했습니다.

그러나 밤이 되어 잠을 청하는 그의 마음은 흔들렸습니다. '아들이 살아 있다고? 주님이 말씀하셔서 정말 나았을까? 아니면 내가 주님을 만나기 전에 저절로 회복된 건 아닐까? 아니지. 말 한마디로 어떻게 사람을 살릴 수 있지? 어쩌면 죽었을지도 몰라. 내가 이러고 있을 때가 아닌데…. 아니야, 주님이 아들이 살아 있다고 말씀하셨잖아. 그 순간 주님 태도는 확고했고 눈길은 진실했어. 아니야, 아무래도 다시 예수님께 같이 집에 가 달라고 해야겠어. 직접 모셔 가면 아들의 병은 확실히 나을 테니까. 환자를 보지도 않고 말씀만으로 고친 경우는 없잖아. 아니지, 그분은 거짓이 없는 분이야. 그러니 내일 아침 일찍 집으로 돌아가자.'

밤새 뒤척이며 머문 하룻밤은, 끝내 믿음이 이긴 밤이었습니다. 그는 새벽같이 일어나 집으로 달려갔습니다. 주인이 온다는 이야기를 듣고 종들이 먼 곳에서 기쁜 마음으로 달려왔습니다. 그리고 말했습니다. "주인님, 아드님이 나았어요." 너무도 기쁜 일이었습니다. 그때 질문 하나가 스쳐 지나갔습니다. '아이가 언제 나았을까?' 그에게는 이 질문이 중요했습니다. 예수님이 어떤 분이신지 알 수 있는 열쇠와 같은 질문이었으니까요. 종에게 물었습니다. "언제 병이 나았던가?" "어제 오후 한 시입니다." 앞에서 보았듯이 그 시간은 주님이 아들이 살아 있다고 말씀하신 바로 그 시간이었습니다. '아, 그 시간이었구나!' 밤잠을 설치며 씨름한 문제가 해결되는 순간이었습니다.

사실 전날 밤, 의심과 걱정이 들었지만 그럼에도 주님의 말씀을 믿어야겠다고 결단했습니다. 해결되었는지 확인은 못했지만 믿기로 한 것이지요. 하지만 종의 말을 듣는 순간, 신하의 마음속에 믿음이 찾아왔습니다. 그것은 '믿기로 한 믿음'이 아니라 '찾아오는 믿음, 믿어지는 믿음'이었습니다. 예수님을 만나러 갈 때는 예수님이 아들의 병을 고쳐 주시리라는 믿음이 있었는데, 종의 말을 듣는 순간에 찾아온 믿음은 달랐습니다. 그것은 예수님이 병을 고쳐 주는 분 이상의 분이라는 믿음이었습니다.

하나님께 속한 사람들은 한 번의 기적으로 예수님이 범상치 않은 분임을 경험했습니다. 베드로를 봅시다. 그는 예수님을 믿기 전에 밤이 새도록 고기를 못 잡고 그물을 씻다가 예수님의 말씀에 따라 깊은 곳에 그물을 던져 많은 물고기를 잡았습니다. 그때 베드로는 고기를 많이 잡아서 좋아하는 대신 주님을 바라보았습니다. 그래서 "주님, 저는 죄인입니다. 저를 떠나세요"라고 말했지요. 또 예수님이 부활하신 후에 갈릴리 바다에 나타나셔서 153마리의 고기를 잡게 되자, "주님이시다" 하고서는 바닷물을 헤치고 주님을 만나러 왔습니다. 그렇습니다. 하나님을 아는 사람, 그리스도께 속한 사람은 기적을 보고 그 기적에 빠지는 게 아니라 예수님을 바라봅니다. 끈기를 가지고 기도를 해서 기도 응답을 받은 사람들은 그 자체로 기뻐하는 것을 넘어서서 응답해 주신 분을 바라봅니다. '나 같은 비천한 사람의 기도를 들어주시는 당신은 어떤 분입니까?'라고 묻기 시작합니다.

헤롯의 신하는 예수님을 지식으로 만나지 않았습니다. 물론 지식은 중요합니다. 주변에서 예수님에 대해 말한 지식이 없었다면 그를 만날 생각도 못했겠지요. 우리로 치자면 매일 말씀 묵상을 하는 것 그리고 예배에서의 말씀이 중요하다는 의미입니다. 그러나 그 신하가 그런 지식에만 머물러 있었다면 그와 온 가족은 예수님을 믿지 못했을 것입니다. 그는 지식에 머물러 있지 않고 그 지식을 바탕으로 자신의 문제를 들고 예수님을 찾아갔습니다. 가장 절박한 문제를 주님께 가져갔습니다. 그리고 절망이 희망으로 바뀌는 것을 본 순간 주님이 어떤 분인지 알게 되었습니다. 믿기로 한 것이 아니라 믿어지는 믿음이 찾아온 것입니다.

결심하는 믿음과 찾아오는 믿음

저는 우리 모두가 헤롯의 신하와 같이 예수님을 만나기 원합니다. 살아 계신 주님, 우리의 아픔과 절망 그리고 우리의 미래에 관심이 많으신 주님을 알게 되기를 바랍니다. '내가 생각한 것보다 주님은 크신 분이구나. 예수님과 함께 생활하는 것이 참 기쁜 일이구나.' 이런 경험을 하기 원합니다. 이런 기쁨을 경험하기 위해 우리는 우리 문제를 안고 고향 가버나움을 떠나 예수님이 계신 가나로 와야 합니다. 익숙한 사람들과 익숙한 일상에만 머물지 않고, 아프고 불안하고 힘든 문제를 끌어안고 '예수님을 만나 봐야겠다'는 결심을 하고 주님을 찾아야 합니다. 주님을 어떻게 찾을 수 있습니까? 어떻게 주님의 한 말씀을 들을 수 있습니까? 아침마다 밤마다 말씀을 읽는 것입니다. 말씀이 내게 주시는 한 가지 뜻을 열심히 찾는 것입니다. 그리고 기도하는 것입니다.

제가 대학원 다니던 시절의 이야기입니다. 1986년이었는데요. 그때 저는 참 가난했습니다. 학비가 없어 어머니가 가사도우미로 일하던 집에서 50만 원을 빌린 적도 있습니다. 학교 식당에서 라면 한 그릇에 150원, 계란 푼 라면은 200원에 팔았는데, 어느 때는 그 라면을 사 먹을 돈조차 없었습니다. 돈을 빌리려고 기숙사를 돌아다니며 방마다 노크를 했는데 아무도 문을 열어 주지 않더군요. 비참했습니다. 다행히 한 친구에게 돈을 빌려 라면을 사 먹었습니다. 그날 밤, 라면 하나 사 먹을 돈이 없는 내가 어떻게 학비를 감당하며 공부를 할 수 있을까 하는 절망이 엄습했습니다. 모든 것을 정리하고 취업을 할 수밖에 없겠다고 생각했지요.

다음 날 아침, 저는 습관처럼 성경을 펼쳤습니다. 당시 창세기를 묵상하고 있었는데 그날 본문은 야곱 이야기였습니다. 가나안에 기근이 들어 애굽으로 가야 할 상황에 하나님이 야곱에게 찾아오십니다. "내가 너와 함께 애굽으로 내려가겠고 반드시 너를 인도하여 다시 올라올 것이며"(창 46:4). 야곱에게 하시는 위로의 말씀을 읽는 순간 제 마음이 뜨거워졌습니다. 야곱의 상황이 곧 제 상황처럼 느껴졌습니다. 하나님의 위로 또한 저를 향한 위로로 느껴졌습니다. 맹숭맹숭한 말씀이 아니라 마음 전체를 휘젓는 생명의 말씀이었습니다.

그날 밤 대학원 조교가 저를 찾아왔습니다. 그분 이름을 아직도 기억합니다. 임병덕 조교 선생님이 제게 말했습니다. "송인수 선생, 우리 학과에서 당신에게 다음 학기 전액 장학금을 주기로 했습니다!" 공부를 계속할 수 있게 되어 너무 기뻤습니다. 하지만 제 기쁨이 그것에만 머물렀을까요? 아닙니다. 저는 그날 아침 성경을 읽다가 받은 위로의 말씀이 이루어진 경험을 한 것입니다. 그러니 제 관심은 하나님을 향했습니다. '하나님, 당신은 누구십니까? 내 인생에 이토록 관심을 보이시는 당신은 누구십니까?'

말씀을 통해 하나님의 임재를 경험한 사람들은 하나님에 대해 묻기 시작합니다. 그 사람은 기적을 경험했다고 해서 그 기쁨에 머무는 것이 아니라, 그보다 크고 놀라운 세계로 들어가는 첫걸음을 떼게 됩니다. 저는 그렇게 첫걸음을 떼어 오늘 제 삶의 자리까지 오게 되었습니다.

우리는 수없이 많은 은총을 받고 누리며 살아갑니다. 저도 지난 한 해를 돌아볼 때 숱한 풍랑을 겪었지만 감사한 일 또한 얼마나 많았는지 모릅니다. 앞으로도 주님의 은총은 평생 우리 곁에 머물 것입니다. 그러나 주님께 묻고 씨름하여 얻은 은총과, 아무런 질문이나 씨름 없이 받은 은총은 다릅니다. 묻고 씨름한 끝에 얻은 은총은 우리를 그리스도께로 이끄는 계단입니다. 묻거나 씨름하지 않고 얻은 복은 복 자체일 따름이며 자칫 그 복에 취해 하나님을 놓쳐 버릴 수도 있습니다.

 우리 인생의 가장 큰 복은 무엇입니까? 그것은 바로 하나님을 아는 것입니다. 그분과 내가 만나는 것, 그분이 나를 아시는 것입니다. 그것이 없는 삶은 공허합니다. 주님을 믿는 것, 믿기로 결심하는 것에서 출발해서 믿어지는 믿음을 경험하는 데로 우리 모두가 나아가기를 바랍니다.

1 그 후에 예수께서 디베랴의 갈릴리 바다 건너편으로 가시매 2 큰 무리가 따르니 이는 병자들에게 행하시는 표적을 보았음이러라 3 예수께서 산에 오르사 제자들과 함께 거기 앉으시니 4 마침 유대인의 명절인 유월절이 가까운지라 5 예수께서 눈을 들어 큰 무리가 자기에게로 오는 것을 보시고 빌립에게 이르시되 우리가 어디서 떡을 사서 이 사람들을 먹이겠느냐 하시니 6 이렇게 말씀하심은 친히 어떻게 하실 지를 아시고 빌립을 시험하고자 하심이라 7 빌립이 대답하되 각 사람으로 조금씩 받게 할지라도 이백 데나리온의 떡이 부족하리이다 8 제자 중 하나 곧 시몬 베드로의 형제 안드레가 예수께 여짜오되 9 여기 한 아이가 있어 보리떡 다섯 개와 물고기 두 마리를 가지고 있나이다 그러나 그것이 이 많은 사람에게 얼마나 되겠사옵나이까 10 예수께서 이르시되 이 사람들로 앉게 하라 하시니 그곳에 잔디가 많은지라 사람들이 앉으니 수가 오천 명쯤 되더라 11 예수께서 떡을 가져 축사하신 후에 앉아 있는 자들에게 나눠 주시고 물고기도 그렇게 그들의 원대로 주시니라 12 그들이 배부른 후에 예수께서 제자들에게 이르시되 남은 조각을 거두고 버리는 것이 없게 하라 하시므로　• 요한복음 6:1-12

6

제 도시락을 드리고 싶어요!
한 소년

2000년 8월은 제게 특별한 의미를 갖습니다. 그때 저는 기독 교사 단체 연합의 책임자로서 기독교사대회를 열어 '좋은교사운동'이라는 새 운동을 준비하고 있었습니다. 지금이야 유명한 운동이지만, 당시만 해도 이 운동이 시작될 때라 성공할지 자신할 수 없었습니다. 1,200명의 교사들이 3박 4일 일정의 기독교사대회에 참석했고, 저는 대회 마지막 날 강의에서 그분들에게 이 운동에 동참해 주기를 권하고 설득하는 역할을 맡았는데, 도무지 자신이 없었습니다.

강의 경험이 있는 분들은 아시겠지만, 강의의 성공 여부는 강의 후가 아니라 강의 전에 결정됩니다. 강연자가 풀리지 않는 문제 때문에 자신감 없이 청중 앞에 서면 사람들이 바로 간파하고 답답해하니까요. 강의 준비를 거의 다 해 놓고도 마무리를 어떻게 하면 좋을지 몰라 저는 당일 새벽까지 골머리를 앓았습니다.

쪽잠을 자고 새벽 큐티 시간이 되어 저는 습관적으로 성경을 폈습니다. 본문 내용은 이번 장에서 함께 나눌 오병이어의 기적과 유사한 마가복음 8장의 떡 일곱 개와 물고기 두어 마리로 예수님이 4천 명을 먹이신 사건이었습니다. 이 말씀을 붙들고 기도하다가 가슴에 불이 붙었습니다. "내가 무리를 불쌍히 여기노라. 그들이 나와 함께 있은 지 이미 사흘이 지났으나 먹을 것이 없도다"라는 말씀이 큰 울림을 주었지요(막 8:2). 대회 3일간 말씀에 굶주린 저와 동료 교사들의 상황과 딱 맞았기 때문입니다. '아, 주님이 오늘 강의를 책임지신다는 뜻이구나!' 이런 확신이 들어 바로 강연장으로 달려가 강연 준비를 마무리했고 두려움 없이 단상 위에 설 수 있었습니다.

말씀은 참으로 신기합니다. 여느 인문학 책과 다를 바 없어 보이지만, 말씀은 인문학 책 100권을 읽어도 얻을 수 없는 자신감과 용기를 주고, 자발적 희생을 가능하게 하며, 부패한 인간을 깨끗하게 하는 변화를 줍니다. 이번 장에서 나눌 오병이어의 말씀은 2000년 8월에 그랬듯이 지금의 제 삶에 또 다른 파문을 일으켰습니다. '그래, 이렇게 살아야지!' 하는 새로운 다짐을 하게 해 주더군요. 지금부터 그 말씀을 나누어 보겠습니다.

2만 명을 먹이신 주님

우리는 오병이어의 기적을 잘 압니다. 한 아이가 갖고 있던 물고기 두 마리와 보리떡 다섯 개로 예수님이 5천 명의 군중을 먹이신 사건이지요. 사건의 발단은 이렇습니다. 예수님이 유대인의 명절에 예루살렘에서 38년 된 앉은뱅이를 고쳐 주시고 고향으로 와서 하나님 나라를 전파하십니다. 그 후 많은 사람이 예수님을 따릅니다. 요한복음은 예수님이 병자들을 고쳐 주시는 표적을 보고 사람들이 그분을 따랐다고 합니다(요 6:1-2). 그러나 마가복음은 예수님이 직접 고쳐 주신 것뿐 아니라 제자들에게 권능을 주시고 갈릴리 여기저기로 보내 귀신 들린 자들과 병자들을 고치는 기적을 행했다고 전합니다(막 6:7-13).

이 일로 제자들은 깜짝 놀랍니다. 지금까지 예수님이 직접 기적을 일으키셨는데, 이제는 그 권능을 받아 자신들도 동일한 기적을 직접 일으키게 되니 놀라지 않을 수 없었지요. 제자들은 마을에서 경험한 기적과 가르친 바를 예수님께 보고합니다. 그때 수많은 사람이 주변으로 몰려들었습니다. 그러자 예수님은 제자들에게 한적한 곳에 가서 쉬라고 말씀하십니다. 그리고 함께 배를 타고 이동합니다(6:30-32).

예수님은 걷거나 뛰어가면 무리를 떼어 낼 수 없다고 생각해서 배를 타기로 하신 듯합니다. 그러나 예수님 일행의 형편은 나아지지 않았습니다. 모든 고을 사람들이 뛰쳐나와 배의 행선지를 짐작해서 배가 도착하기도 전에 먼저 그곳에 가서 예수님을 기다리고 있었기 때문입니다(6:33). 이들의 수는 성인 남자만 5천 명, 아이와 여자를 포함하면 아마 2만 명은 되었을 것입니다. 이는 대략 10개 중학교 학생들을 모아 놓은 것이나 서울월드컵경기장 관람석 3분의 1을 채운 것과 비슷합니다.

예수님은 그들이 목자 없이 헤매는 양 같다고 느끼셔서(막 6:34), 피곤함을 뒤로 물리고 그들의 목마름에 답하기 위해 여러 말씀을 가르치시기 시작했습니다. 그런데 예수님의 설교가 길어졌습니다. 아마 서너 시간을 넘기지 않았나 싶고 저녁때가 가까워졌겠지요. 이들을 집으로 돌려보내야 할 때가 되었습니다. 이들과 하룻밤을 지낼 수도 없고 식사를 할 수도 없으니까요.

그런데 이때 제자들이 예수님께 요청합니다. "이곳은 빈 들이요 날도 저물어 가니 무리를 보내어 두루 촌과 마을로 가서 무엇을 사 먹게 하옵소서"(6:35-36). 그러자 주님이 황당한 말씀을 하십니다. "너희가 먹을 것을 주라"(6:37). 요한복음을 보면 예수님이 빌립에게 "우리가 어디서 떡을 사서 이 사람들을 먹이겠느냐"고 말씀하시지만(요 6:5), 마가복음을 보면 제자들 전부가 예수님의 말씀을 들은 것 같습니다. 그들 모두 참으로 황당했을 듯합니다. 요한복음은 예수님이 제자들에게 이렇게 요구하신 이유를 설명합니다. 제자들이 실제로 식사 문제를 해결할 수 있다고 기대하신 게 아니라 "친히 어떻게 하실지를 아시고 빌립을 시험하고자 하심"이라고 말이지요(6:6). 주님은 저녁 식사 문제를 직접 해결하기로 결정하신 것입니다. 사실 이것은 예수님의 삶 전체를 볼 때 아주 이례적 결정입니다. 왜냐하면 이후에 딱 한 번을 제외하고(막 8:1-9), 수천 명을 먹이시는 일을 이번처럼 반복하지는 않기 때문입니다.

예수님은 왜 이례적으로 이런 역사를 일으키셨을까요? 예수님이 가난한 민중을 불쌍히 여기셨기 때문이라고 추측할 수는 있습니다. 그렇다면 이후에도 가난한 사람을 수없이 만나셨으므로 이 기적을 반복하셔야 했습니다. 하지만 예수님은 이후에도 사람들이 목자 없는 양 같다고 여기셔서 하나님 나라에 대한 말씀을 전하셨지, 먹이는 일을 하시지는 않았습니다. 그런데 왜 이날 저녁만큼은 사람들에게 식사 대접을 하신 걸까요? 궁금증을 그대로 품고, 다시 그때의 풍경을 살펴보겠습니다.

조지 뮬러에겐 식탁에 앉히는 것이 믿음이었다

예수님이 제자들에게 이야기하십니다. "너희가 먹을 것을 주라." 제자들은 실로 황당해하며 계산해 보았을 것입니다. 어림잡아 2만 명의 사람들이 모여 있습니다. 그들 모두를 먹이려면 200데나리온이 필요합니다. 이는 노동자의 7개월치 월급, 우리 돈으로 치면 1,500만 원 정도에 해당합니다. 유감스럽게도 그들에게는 이만한 돈이 없었습니다. 예수님을 따르기로 결심하고서 이들은 가족과 직업을 버렸습니다. 그러니 모아 놓은 돈이 있을 리 만무하지요. 제자들은 안식일에 밀 이삭을 잘라 먹다가 바리새인들의 책망을 받을 정도로 가난했습니다(막 2:23-24). 주님 또한 "인자는 머리 둘 곳이 없다"고 하신 말씀처럼 잘 곳도 변변히 없는 상황이었습니다(마 8:20). 이처럼 제 입에 풀칠도 못하는 사람들에게 어떻게 2만 명을 먹이라는 말입니까?

그때 제자 안드레가 군중 사이에서 물고기 두 마리와 보리떡 다섯 개를 가져왔습니다(요 6:8-9). 그러나 이는 '이것밖에 없는데 뭘 어떻게 하라는 말입니까?'라는 항의에 해당했습니다.

> 제자 중 하나 곧 시몬 베드로의 형제 안드레가 예수께 여짜오되 여기 한 아이가 있어 보리떡 다섯 개와 물고기 두 마리를 가지고 있나이다. 그러나 그것이 이 많은 사람에게 얼마나 되겠사옵나이까. (요 6:8-9)

그러나 예수님은 당황하는 기색도 없이 더 이해할 수 없는 말을 하십니다. 군중을 50명씩 모두 400무더기로 떼 지어 앉히라는 것입니다(막 6:40). 이는 식사 대형으로 앉히라는 의미였습니다. 예수님의 태도는 마치 식사를 곧 내올 주방장의 태도, 주방에서 요리를 끝낸 부모가 "얘들아, 식탁에 와 앉아라" 하고 아이들을 부르는 태도와 같았습니다. 말하자면 마치 곧 어떤 장면이 눈앞에 펼쳐질 거라고 확신하면서 믿음의 결정을 내리는 모습이었죠.

이 대목에서 저는 존경하는 조지 뮬러(George Muller) 목사님이 생각났습니다. 뮬러 목사님은 1만 명의 고아를 보살핀 분으로 '고아의 아버지'로 불립니다. 하지만 이분은 부자가 아니었습니다. 오직 기도로 아이들을 보살폈고, 죽기 전까지 기도 응답을 2만 번이나 받았다고 합니다. 가진 돈은 없지만 하나님이 기뻐하시는 일이라면 반드시 도와주신다는 확신 가운데 기도했고 실제로 수없이 많은 기도 응답을 받은 것이지요.

그분의 일생을 다룬 어느 책에서 본 장면을 지금도 기억합니다. 어느 날 아이들에게 먹일 음식이 다 떨어지자 고아원 총무가 뮬러 목사님께 묻습니다. "목사님, 먹을 것이 다 떨어져서 내일 아침 식사를 할 수가 없습니다. 돈도 없습니다." 목사님은 대답합니다. "걱정하지 마십시오." 다음 날 아침 총무가 재차 이야기합니다. "목사님, 어떻게 할까요?" 목사님은 화를 내며 말합니다. "아이들을 식탁에 앉게 하시오. 그리고 포크를 내놓으시오." 총무는 황당했지만 지시대로 따를 수밖에 없었습니다. 식사 시간이 다 되었을 때 갑자기 고아원 초인종이 울렸습니다. 나가 보니 동네 빵집 주인이 마차를 끌고 와서 이렇게 말했습니다. "목사님, 오늘 아침에 구운 빵이 조금 타서 시장에 팔 수 없는 상태가 되어 고민하는데, 갑자기 마음속에 '뮬러 목사님 고아원에 갖다 주라'는 소리가 들려서 빵을 가지고 왔습니다."

믿음으로 산다는 것, 기도로 산다는 것은 이런 것입니다. 눈앞에 아무것도 없을지라도 정말로 없다고 생각하지 않는 것입니다. 하나님의 뜻이 있다면 반드시 이루어진다고 확신하는 것입니다. 아직 아무 일도 시작되지 않았지만 마치 이루어진 것처럼 혹은 이루어질 것처럼 생각하고 행동하는 것입니다. 빵이 없으나 빵이 생길 것이라고 확신하고 아이들을 식탁에 앉히는 것이며, 먹을 것이 없으나 곧 생길 것이라고 확신하고 2만 명을 앉히라고 하는 것입니다. 이것이 자기 확신이나 미친 행동이 아닌 까닭은, 이 확신 속에 하나님의 뜻과 하나님의 약속이 있기 때문입니다. 그리고 이 일은 믿음대로 이루어집니다.

뮬러 목사님의 고아원에서는 빵집 마차가 빵을 싣고 와서 굶주림을 해결해 주었습니다. 하지만 2만 명이 모여 있는 빈 들판, 아니 산 위에서는 어떻게 이런 기적이 일어날 수 있을까요? 가나의 혼인 잔치에서 예수님은 포도주로 변할 만큼의 물이 있어서 그 물로 포도주를 만드는 기적을 보이셨습니다. 하지만 지금 아이가 가져온 떡과 물고기는 양이 너무 적습니다. 그럼에도 예수님은 당황하지 않고 아이가 가져온 떡을 붙들고 하나님 아버지께 감사 기도를 하셨습니다. 그리고 그 떡과 물고기를 떼어 나누어 주셨습니다. 그런데 바로 그 순간 기적이 일어났습니다.

> 예수께서 이르시되 이 사람들로 앉게 하라 하시니 그곳에 잔디가 많은지라. 사람들이 앉으니 수가 오천 명쯤 되더라. 예수께서 떡을 가져 축사하신 후에 앉아 있는 자들에게 나눠 주시고 물고기도 그렇게 그들의 원대로 주시니라. (요 6:10-11)

실로 기적과 같은 일이었습니다. 모든 사람이 배부르게 먹고 남은 것을 모으니 "열두 바구니에 찼"습니다(요 6:13). 도대체 어떤 기적이 일어난 걸까요? 성경이 자세히 설명하지 않으니 알 길이 없습니다만 일반적으로 두 해석이 있습니다. 첫 번째는 예수님은 무에서 유를 만들어 내고 물 위를 걸으며 죽은 자를 살리는 분이시니, 빵을 떼어 모든 사람을 배불리 먹인다는 것은 충분히 가능하다는 해석입니다. 마치 도마뱀의 꼬리가 잘려도 다시 자라듯이, 빵을 떼는 순간 빵이 다시 불어나는 일이 반복되었든지 축사하신 순간 갑자기 트럭 두 대 정도의 빵이 눈앞에 나타났을 수도 있습니다.

두 번째 해석은 좀더 현실적입니다. 그것은 사람들이 다들 도시락을 싸 왔다는 해석입니다. 소년이 도시락을 싸 왔을 정도면, 2만 명 중 적지 않은 사람들이 소년과 같이 도시락을 싸 왔을 텐데 다만 그것을 내놓지 않았다는 것이죠. 예수님의 말씀을 듣다가 저녁 먹을 시간이 되어 제자들이 말합니다. "혹시 음식 싸 온 사람 없나요? 예수님이 저녁을 여기서 해결하라고 하시는데 가진 것이 없어서요." 사람들은 도시락을 움켜쥐고 생각합니다. '나 혼자 먹기에도 적은데 누구한테 나누어 준담. 안 돼!' 그러던 차에 한 소년이 "여기 있어요. 제 도시락을 드릴게요" 하고 말하지요. 예수님이 그 도시락을 받아 들고 축복 기도를 하시자, 부끄러움과 동시에 감동을 받은 사람들 모두가 도시락을 꺼내 놓고 나누어 먹습니다. 나누어 먹다 보니 오히려 차고 넘칠 만큼 남았다는 것이죠. 이 또한 일리 있는 해석입니다.

어느 해석이 옳은지는 알 수 없습니다. 그러나 어찌 되었든 2만 명의 사람들은 이 사건을 기적으로 인식했습니다. 사람들이 얼마나 놀랐는지, 요한복음은 이렇게 기록했습니다. "그 사람들이 예수께서 행하신 이 표적을 보고 말하되 이는 참으로 세상에 오실 그 선지자라 하더라"(6:14). 그들은 예수님을 억지로 붙들어 임금으로 삼으려고도 했습니다(6:15). 없는 것을 있게 하든, 사람들의 마음에 감동을 불러일으켜 그들이 가진 것을 자발적으로 내놓게 하든 이 사건은 놀랄 만한 기적이었고 사람들이 그렇게 반응하는 것도 당연했습니다.

오늘이 내일을 결정한다

이제 앞에서 미루어 둔 질문, 즉 예수님이 이 사건을 왜 일으키셨을지 생각해 봅시다. 단순히 군중의 주린 배를 채워 주는 게 목적이 아니었다면, 예수님은 왜 2만 명의 저녁 식사를 해결하려고 하셨을까요? 요한복음 6장 32-35절에 그 이유가 나옵니다. 바로 예수님이 생명의 떡이라는 사실을 알려 주시기 위해서였습니다. 생명의 떡을 먹으면, 아니 예수님을 믿으면 우리 모두가 영생을 얻게 됩니다. 바로 이를 위해 예수님이 이 땅에 오셨음을 알려 주기 위해 기적이 필요했던 것입니다. 오병이어의 기적은 예수님 자신이 영생을 위한 떡임을 사람들에게 살아 있는 그림으로 보여 주기 위해 작정하고 펼쳐 보이신 기적이었습니다. 이 사건은 처음부터 계획된 '특별 활동 수업'이자 '그림 언어'였던 셈이지요.

그러나 제가 주목하는 부분은 다른 데 있습니다. 바로 예수님이 이 사건을 풀어내신 방식입니다. 예수님 자신이 참된 구원자이심을 보여 주기 위해 2만 명의 저녁 식사를 직접 해결하는 특별 활동 수업을 계획했고 이 일을 위해 떡과 고기가 조금 필요했는데, 주님이 이 준비물을 '어떻게 얻으셨는가'에 주목해 보자는 것입니다.

누가 예수님께 보리떡 다섯 개와 물고기 두 마리를 주었습니까? 우리말 성경은 "한 아이"(6:9)라고 번역했는데, 짐작하듯이 대여섯 살 코흘리개는 아닙니다. 영어 성경은 이를 "a boy"라고 썼습니다. 즉, 아이(kid)가 아니라 소년입니다. 게다가 보리떡 다섯 개와 물고기 두 마리는 아이의 한 끼 식사치고는 양이 너무 많습니다. 따라서 영어 성경이 표현한 대로 십 대 소년에 해당할 가능성이 높습니다. 이 소년이 자신의 도시락을 주님께 드린 것입니다. 제자들이 강제로 뺏은 것처럼 보이지는 않습니다. 본문을 볼 때 소년이 가족과 함께 왔는지 여부는 알 수 없지만 혼자 왔을 가능성이 높습니다. 만약 부모님과 함께 왔다면, 부모님이 그들의 도시락은 두고 자녀의 도시락만 내놓게 하지는 않았을 테니까요. 혼자 왔다면 당연히 자발적으로 도시락을 내놓았을 것입니다. 결국 가족이 동행했든 동행하지 않았든 소년이 직접 판단해서 도시락을 주님께 드린 것이 분명해 보입니다.

예수님은 소년이 내놓은 도시락을 제자들에게서 받으신 후, 2만 명을 떼 지어 앉게 하시고서는 하늘을 향해 기도하고 모두를 배부르게 먹이셨습니다. 주님이 소년의 작은 행동을 통해 모두를 배부르게 하는 엄청난 기적을 베푸신 것입니다.

제가 강조하려는 바는 이것입니다. 하나님의 구원 역사를 위해 예수님이 성인의 수고가 아닌, 연약하고 보잘것없는 존재인 '소년'을 사용하셨다는 점입니다. 아니, 구원 역사를 위해 한 소년이 예수님께 자신을 내드렸다는 점입니다.

십 대의 시기를 대부분 '준비하는 시기'라고들 생각합니다. 당사자인 청소년들이나 그들의 부모인 어른들 모두 그렇게 봅니다. 평범한 청소년들은 이렇게 말합니다. 자신이 공부하는 이유는 성인이 되어 하고 싶은 것을 하면서 경제적으로 잘살 수 있는 힘을 키우기 위해서라고요. 교회를 다니는 청소년들은 좀 다르게 말합니다. 하나님께 영광을 돌리는 삶을 살기 위해서 산다고, 지금은 그 목표를 이루기 위해 준비해야 할 때라고요. 어른들도 마찬가지입니다. 아이들은 미래를 준비하는 존재들이고 따라서 지금 그들이 세상을 위해 할 일은 없다고, 미래를 위해 열심히 공부해야 한다고요.

맞습니다. 지금 공부하는 목적은 미래를 준비하기 위해서입니다. 미래에 대한 생각이나 계획 없이 언제까지 부모에게 기대 살 수는 없습니다. 언젠가 제 발로 서야 할 때가 올 텐데 그때를 위해 지금 무언가를 준비하는 것이 필요합니다. 그러나 그들은 미래를 위해 준비하는 존재만은 아닙니다. 그들에게도 울고 웃는 오늘의 삶이 있습니다. 오늘의 삶에서 예수님을 만나 삶이 변화되고 제자가 될 자격이 충분히 있습니다. 소년의 도시락은 바로 그가 변화된 삶을 위해 예수님을 만날 통로요 도구인 것입니다.

남에게 의존하지 않고 독립해서 살아갈 결심을 하고 미래를 준비하는 삶도 중요합니다. 하지만 지금 주님이 찾아오셔서 이렇게 묻는다고 생각해 봅시다. "내가 영생하는 빵을 사람들에게 나누어 주기 위해, 지금 손에 들고 축사해야 할 작은 빵덩이가 필요하단다. 혹시 네 도시락을 나에게 줄 수 있겠니?" 그때 대부분의 소년들은 이렇게 답할 것입니다. "주님, 저는 지금 어려요. 수많은 어른이 있고 또 저보다 더 많이 가진 사람들도 있는데 왜 저에게 요구를 하세요?" 주님은 바로 그때 이렇게 대답할 한 사람, 한 소년을 찾으십니다. "주님, 저는 평생 주님을 위해 살고자 합니다. 제가 대학을 가려는 이유나 취업을 하려는 이유 혹은 지금 공부를 열심히 하는 이유는 넓은 평수의 아파트에 살기 위해서나 좋은 차를 굴리면서 남들에게 꿀리지 않게 살기 위해서가 아닙니다. 저는 주님의 영광을 위해 살고 싶습니다. 그때를 위해 지금 제 시간을 사용하고 있습니다. 그러나 그때도 중요하지만 주님이 지금 저에게 뭔가를 요구하신다면 제가 가진 것이 비록 보잘것없는 도시락일지라도 기꺼이 주님께 드리겠습니다."

먼 훗날 주님의 제자로 살고자 한다면 지금 여기서 제자로 살아야 합니다. 아니, 어린 시절에 주님께 헌신하는 사람들이 나중에 자신의 모든 것을 다 드리는 용감한 어른이 될 수 있습니다. 어른이 되어 돈을 벌어서 이웃에게 베풀며 살고 싶다면, 중학교, 고등학교에 다니는 지금 가진 적은 돈으로도 고통받는 이웃을 위해 쓸 수 있어야 합니다. 부당한 권력에 눌려 고통받는 사람들을 돕는 데 관심을 갖고 살고 싶다면, 지금 학급에서 친구들에게 부당한 폭력을 당해 고통받는 친구 편에 서야 하는 것입니다.

부모나 교사들은 아이들을 어떻게 길러야 하겠습니까? "너희는 내일을 준비하는 사람들이자 오늘 제자로 살아가는 사람들이다. 오늘을 잘 살아야 내일을 준비할 수 있단다." 이렇게 가르쳐야 합니다. 내일의 가치만을 좇으며 오늘을 사는 삶을 일체 거절하고 오직 공부에만 매진하는 이들은 '똑똑한 탐욕덩이'로 망가질 가능성이 큽니다. 왜냐고요? 공부가 우상이 되기 때문입니다. 아이들이 20년간 공부만 강조하는 부모, 기성세대 아래서 살면 어떻게 될까요? 인류, 도덕, 배려, 약자에 대한 관심 등을 학습할 기회를 놓치게 됩니다. 그 결과는 아이 자신과 부모에게 반드시 부메랑이 되어 돌아올 것입니다.

오래전 제가 존경하는 홍정길 목사님이 이런 설교를 하셨습니다. "여러분이 미래에 어떤 모습으로 살지 궁금하십니까? 간단합니다. 바로 지금 당신이 매일 생각하는 바로 그것이 여러분의 미래입니다. 지금 이 생각을 하는데 미래에 저 모습이 될 수는 없습니다. 지금 생각하고 지금 몰두하는 것, 지금 고민하고 지금 붙드는 것, 그것이 여러분의 미래입니다." 상상하는 자녀의 미래가 있나요? 그렇다면 지금 자녀들의 생각을 바꾸고, 미래에 이루어질 모습을 오늘 행동으로 옮기도록 촉구하십시오.

소년의 경험을 재구성하다

이제 소년의 관점에서 이 사건을 재구성해 보겠습니다. 소년은 갈릴리에 살면서 예수님에 대한 소문을 어른들에게 들었습니다. 그분은 고아와 과부, 창녀와 세리의 친구이고, 병자를 고쳐 주시고 하나님 나라의 말씀을 권세 있게 전하는 분이라고 했습니다. 어린아이는 사람으로 셈하지도 않는 사회에서 아이들이 오는 것을 허락하시는 분이라고 했습니다. 이전에 만난 유대의 랍비나 회당의 선생과는 들리는 얘기부터 달랐습니다. 그분을 꼭 만나 보고 싶었습니다.

그런데 그분이 우리 동네 근처를 지나가신다는 이야기가 들렸습니다. 예수님이 제자들과 함께 배를 타고 갈릴리 호수를 가로질러 어디론가 간다는 말에 어른들도 모두 그리로 간다고 했습니다. 소년의 마음이 뛰기 시작했습니다. "엄마, 나도 그분을 만나러 가고 싶어요. 도시락을 싸 주세요." 소년은 도시락을 들고 주님을 만나기 위해 황급히 집을 나섰습니다.

그분의 말씀은 과연 소문대로였습니다. 그분이 가르쳐 주는 하나님 나라 말씀은 어렵지 않았습니다. 마음이 뜨거워지면서 삶을 드리고 싶은 욕구가 솟구쳤습니다. 주님이 말씀을 끝내고 저녁 시간이 되자, 주님의 제자 중 안드레가 사람들에게 물었습니다. "사람들에게 나누어 줄 음식을 가져온 분들이 있습니까? 우리 주님이 찾으십니다." 아무도 응답하지 않았습니다. 안드레가 외치는 소리를 듣고 소년은 '내 것을 드릴까?' 잠시 생각했지만 부끄러웠습니다. '이까짓 물고기 두 마리와 보리떡 다섯 개를 주님께 드리다니! 귀한 어른들이 가져온 좋은 도시락도 많을 텐데….' 응답하는 사람이 없자 제자들이 다시 물었습니다. "아무도 없나요?" 다시 침묵이 흘렀습니다. 도시락을 내놓고 싶은 소년의 마음이 격렬하게 방망이질했습니다. '내 것을 드리고 싶다.'

"도시락을 나눠 주실 분이 없나요?" 안드레가 마지막으로 외쳤지만 누구도 대답하지 않았습니다. 안드레는 물어보기를 멈추고 돌아가려 했습니다. 그 순간 소년은 부끄러움도 잊고 이렇게 외쳤습니다. "저기요, 예수님께 제 도시락을 드리고 싶어요!" 소년은 도시락을 안드레에게 내놓았습니다. 어떻게 그렇게 외칠 수 있었는지 잘 몰랐습니다. 그냥 드리고 싶었습니다. 부끄럽기로 따지자면 한도 끝도 없지만, 드리고 싶은 마음도 그만큼 깊었습니다.

소년은 주님이 도시락으로 무엇을 할지 몰랐습니다. 그런데 안드레가 소년의 도시락을 예수님께 드리자 예수님은 도시락을 들고 하늘을 우러러 축복하고 기도하시더니, 이윽고 2만 명의 사람들에게 그 도시락을 나누어 주고 그로 인해 모든 사람이 배불리 먹었습니다. 놀라움과 충격이었습니다. 그 순간 소년은 주님에 대해 눈을 떴습니다. 이 사건은 소년의 일생을 바꾸어 놓았습니다. 소년은 작고 볼품없는 것을 드렸는데, 주님은 하찮은 것을 붙들어 하늘을 향해 축사하시더니 수천 배 수만 배로 늘려 2만 명의 사람들을 행복하게 만드셨습니다. 그 순간 예수님은 단지 귀한 말씀을 전하는 선생이 아니라, 실로 엄청난 분으로서 소년에게 찾아오셨습니다.

사람은 이런 존재입니다. 예수님이 수많은 기적을 일으키셔도 그것이 나와 무관하다면 사람들은 놀라기만 할 뿐입니다. 그러나 변화의 역사가 내 인생을 통과할 때, 내가 구경꾼이 아니라 참여자로서 직접 경험할 때, 예수님을 제대로 알아보게 됩니다. 놀라운 기적을 일으키신 예수님을 임금으로 삼고 싶어 한 군중의 마음과 달리, 소년은 눈이 밝아졌을 것입니다. '예수님이 나의 하찮은 것으로 기적을 일으키셨어! 아, 저분은 메시아다. 내 생의 구주시다!'

깨달음을 얻은 소년의 이야기는 요한복음에 나오는, 주님을 만나 깨달음을 얻은 여러 어른의 이야기와 같습니다. 니고데모가 그랬고, 빌립과 나다나엘이 그랬고, 사마리아 수가성의 이혼을 다섯 번이나 한 여인이 그랬고, 베드로와 안드레와 마르다와 나사로가 그랬고, 예루살렘 성전에서 돌에 맞아 죽을 뻔한 간음한 여인이 그랬습니다. 주님이 하신 말과 행동으로 그들의 인생이 바뀌었듯이 소년도 주님을 만나 변하게 되었습니다. 이후 소년은 도시락뿐 아니라 자신의 육체, 시간, 공부, 용돈, 아니 인생 전부를 주님께 드릴 방법을 고민하기 시작했을 것입니다. 또한 성인이 되어서도 주님을 따르는 용감한 제자가 되었으리라 확신합니다.

우리 모두가 사실은 '소년'이다

앞에서 말했듯이, 소년에게만 이런 변화가 찾아오는 것이 아닙니다. 스스로 보잘것없다고 생각하고 가진 것이 적다고 부끄러워하는 사람들이 예수님을 만나면서 이런 기적을 숱하게 경험해 오지 않았습니까. 저 역시 그런 사람들 가운데 하나입니다. 교사 생활을 시작한 지 3년 만에 저는 스스로 무능한 존재임을 깨닫고 절망했습니다. 촌지와 불법 찬조금을 받는 것은 기독 교사의 양심에 어긋나는 일이라고 생각해 버티고 저항했지만 대가는 적지 않았습니다. 상사에게 부당한 대우를 받고 동료들로부터 고립당하기도 했습니다. 이런 일을 겪으며 세상과 교육을 바꾸기는커녕 개인의 양심을 지키는 것조차 힘겹다고 느꼈습니다. 제 삶이 참 보잘것없어 보였지요.

그러다 1992년 주님 앞에 나갔습니다. 주님이 도시락을 찾고 계신 듯했습니다. 그래서 저는 제 인생을 도시락 삼아 주님께 드렸습니다. 제 삶을 돌아볼 때, 저는 주님이 제 삶이라는 도시락을 들어 축사하시고 지금까지 수많은 사람을 배부르게 하셨다고 고백합니다. 비록 물고기 두 마리에 작은 빵 다섯 개밖에 안 되는 인생이지만, 주님이 들고 축사하시면 상상할 수 없는 변화가 일어난다는 사실을 수없이 경험했습니다.

주님께 제 인생을 드린 후 달려온 삶은 거칠고 고단할 때가 많았습니다. 더러 넘어지기도 했고 드러내 말하기 부끄러운 모습도 여럿 됩니다. 감당할 과제의 크기나 난이도에 비해 제 삶 자체는 참으로 왜소했습니다. 그러나 그 공백을 주님이 메꾸시는 것을 여러 번 경험했습니다. 집채만 한 과제가 쓰나미처럼 저를 압도할 때가 수없이 많았지만 주님은 저의 부족한 시간과 부끄러운 지혜를 들어 많은 사람의 배를 채워 주셨습니다. 저는 그것이 기뻤습니다. 세상 어느 것과도 비교할 수 없는 영광이었습니다.

무엇이 삶의 기쁨입니까? 변화를 위해 쓰임받는 것입니다. 무엇이 삶의 보람입니까? 우리를 통해 아이들과 약자들의 눈물이 그치는 것이요, 가슴을 치는 부모들이 위로를 얻는 것입니다. 어떻게 그들을 위로할 수 있나요? 보잘것없는 소년의 도시락 같은 내 삶을 예수님께 드리면 됩니다. 나를 그분께 던지면 그분은 나를 통해 내가 상상할 수 없는 변화를 만들어 가십니다. 그때 우리는 소년처럼 예수님을 새로운 관점으로 보게 되고 새롭게 이해하게 됩니다. 사람들이 예수님을 임금으로 삼겠다고 말할 때, 우리의 인생을 주님께 드리게 됩니다. 그리고 우리는 이렇게 말할 것입니다. "이분이 나의 주, 나의 메시아시다!"

'네 삶을 달라'고 하시는 예수님의 말씀이 두려우신가요? 소년의 가슴에 심긴 진리의 말씀으로 그의 내면에 불이 일었고, 소년은 도시락을 드린 것이 전혀 아깝지 않았을 것입니다. 저 또한 주님이 제 삶을 달라고 하실 때, 기쁜 마음으로 이렇게 고백할 것입니다. "주님, 그렇게 하십시오. 당신께 제 것을 드리는 일은 늘 기쁘고 영광스럽습니다." 이런 고백을 어찌 저만 할 수 있겠습니까? 무릇 자기 인생을 주님께 드림으로써 세상이 변화되고 그 변화로 말미암아 온 세상이 밝아지는 것을 경험한 이들이라면 모두 기쁘고 설렐 것입니다. 그러므로 오늘 제 자신과 또 여러분께 다시 묻고자 합니다. 영생의 떡이 되시는 주님을 위해 오늘 내놓아야 할 우리의 도시락은 무엇입니까?

1 어떤 병자가 있으니 이는 마리아와 그 자매 마르다의 마을 베다니에 사는 나사로라 2 이 마리아는 향유를 주께 붓고 머리털로 주의 발을 닦던 자요 병든 나사로는 그의 오라버니더라 3 이에 그 누이들이 예수께 사람을 보내어 이르되 주여 보시옵소서 사랑하시는 자가 병들었나이다 하니 4 예수께서 들으시고 이르시되 이 병은 죽을 병이 아니라 하나님의 영광을 위함이요 하나님의 아들이 이로 말미암아 영광을 받게 하려 함이라 하시더라 5 예수께서 본래 마르다와 그 동생과 나사로를 사랑하시더니 6 나사로가 병들었다 함을 들으시고 그 계시던 곳에 이틀을 더 유하시고 7 그 후에 제자들에게 이르시되 유대로 다시 가자 하시니… 17 예수께서 와서 보시니 나사로가 무덤에 있은 지 이미 나흘이라 18 베다니는 예루살렘에서 가깝기가 한 오 리쯤 되매 19 많은 유대인이 마르다와 마리아에게 그 오라비의 일로 위문하러 왔더니 20 마르다는 예수께서 오신다는 말을 듣고 곧 나가 맞이하되 마리아는 집에 앉았더라 21 마르다가 예수께 여짜오되 주께서 여기 계셨더라면 내 오라버니가 죽지 아니하였겠나이다 22 그러나 나는 이제라도 주께서 무엇이든지 하나님께 구하시는 것을 하나님이 주실 줄을 아나이다 23 예수께서 이르시되 네 오라비가 다시 살아나리라 24 마르다가 이르되 마지막 날 부활 때에는 다시 살아날 줄을 내가 아나이다 25 예수께서 이르시되 나는 부활이요 생명이니 나를 믿는 자는 죽어도 살겠고 26 무릇 살아서 나를 믿는 자는 영원히 죽지 아니하리니 이것을 네가 믿느냐 27 이르되 주여 그러하외다 주는 그리스도시요 세상에 오시는 하나님의 아들이신 줄 내가 믿나이다… 34 이르시되 그를 어디 두었느냐 이르되 주여 와서 보옵소서 하니 35 예수께서 눈물을 흘리시더라… 38 이에 예수께서 다시 속으로 비통히 여기시며 무덤에 가시니 무덤이 굴이라 돌로 막았거늘 39 예수께서 이르시되 돌을 옮겨 놓으라 하시니 그 죽은 자의 누이 마르다가 이르되 주여 죽은 지가 나흘이 되었으매 벌써 냄새가 나나이다 40 예수께서 이르시되 내 말이 네가 믿으면 하나님의 영광을 보리라 하지 아니하였느냐 하시니 41 돌을 옮겨 놓으니 예수께서 눈을 들어 우러러 보시고 이르시되 아버지여 내 말을 들으신 것을 감사하나이다 42 항상 내 말을 들으시는 줄 내가 알았나이다 그러나 이 말씀 하옵는 것은 둘러선 무리를 위함이니 곧 아버지께서 나를 보내신 것을 그들로 믿게 하려 함이니이다 43 이 말씀을 하시고 큰 소리로 나사로야 나오라 부르시니 44 죽은 자가 수족을 베로 동인 채로 나오는데 그 얼굴은 수건에 싸였더라 예수께서 이르시되 풀어 놓아 다니게 하라 하시니라   •요한복음 11:1-44

7

믿음과 절망은 분리되지 않는다
마르다

누구나 살면서 절망할 때가 있습니다. 왜 절망합니까? 사람마다 이유는 다르겠지만, 꼭 이루고 싶거나 지키고 싶은 일 혹은 피하고 싶은 일이 있는데 자기 힘으로 어찌할 수 없을 때 절망하게 됩니다. 어린 시절, 저는 가난 때문에 절망할 때가 많았습니다. 일반 중학교에 갈 형편이 되지 못했던 저는 중학교 과정과 비슷하지만 고등학교 입학 자격을 주지 않는 고등공민학교에 가야 했습니다. 다행히 1년 후에 일반 중학교에 입학했는데, 어머니는 제 성적이 조금이라도 떨어지면 "고아원에 보낼 수밖에 없다"고 말씀하셨지요. 실제로 초등학교 저학년 때 어머니가 저와 동생을 해외로 입양 보내려고 한 적이 있었기에, 저는 이 말이 위협으로 끝나지 않고 실제로 제가 고아원에 가게 될 수도 있다고 생각했습니다.

저는 가족과 이별하지 않기 위해 무식하게 공부했습니다. 쉬는 시간에도 늘 단어장을 끼고 살았고, 친구들이 도서관에서 여자친구를 사귀느라 정신이 없을 때 곁눈도 돌리지 않았습니다. 저는 강원도 원주에 살았는데, 원주시립도서관 근처에 '풍년당'이라는 호떡 가게가 있었습니다. 그 가게는 이성 친구를 사귀는 아이들로 늘 북적였는데 그곳에서도 저는 외롭게 혼자 호떡을 사 먹고 곧장 도서관으로 들어갔습니다. 사춘기를 보낸 기억도 없을 만큼 그때의 저는 참 고단하게 살았습니다.

사실 이런 절망의 문제는 저뿐 아니라 모든 사람이 가지고 있습니다. 어떤 이들은 절망의 경험을 통해 생에 대한 겸손과 지혜를 배우지만, 또 어떤 이들은 자기 인생을 경멸하게 되기도 합니다. 삶을 대하는 자세가 달라 그런 것이겠지요. 그러나 삶의 자세와 관계없이 절망 중에 그리스도의 빛이 찾아오면 절망은 희망으로 바뀌고, 그리스도를 더 깊이 아는 기회 혹은 주님의 십자가를 더 잘 질 수 있는 계기로 바뀔 수 있습니다. 성경 곳곳에서 이를 증언합니다. 이번 장에서 함께 나눌 말씀은 이런 예 중 하나입니다.

나사로의 죽음, 예수님의 늑장

주님이 죽은 나사로를 살리신 기적의 이야기를 들어 보셨을 겁니다. 이 이야기의 주인공은 누구인가요? 대부분 나사로라고 생각합니다. 하지만 그는 철저하게 단역입니다. 한마디 대사도 없이 죽는 사람 역할을 맡았다가 나중에 일어나서 퇴장하잖아요. 그럼 오늘의 주인공은 누구일까요? 마르다입니다.

마르다는 어떤 사람인가요? 보통은 주님의 말씀을 듣는 것보다 일을 열심히 한 사람, 그러다 나중에 화가 나서 동생에 대해 불평을 늘어놓은 사람이라고 생각합니다(눅 10:38-42). 일 중독자 혹은 신앙의 깊이 없이 봉사만 하는 사람 정도로 보는 거죠. 봉사를 주로 하는 선교회도 이름에 '마르다' 쓰기를 기피합니다. 마르다 입장에서 볼 때 매우 불쾌할 법한 책도 나왔습니다. 『마르다의 세상에서 마리아의 마음 갖기』(지혜의샘)라는 책입니다. 바쁘고 분주하게 살면서 주님의 말씀을 보지 않고 불평과 질투와 경쟁심으로 살아가는 세상을 '마르다적'이라고 말하는 것이니 불쾌하지 않겠습니까?

그런데 오늘 본문에는 예수님과 더 가까웠을 법한 마리아가 조연으로 등장하고, 주연을 맡은 마르다가 예수님과 대화하다가 실로 위대한 고백을 하는 장면이 나옵니다. 고정관념을 갖고 마르다를 봐 온 우리에게 당황스러운 일입니다.

예수님이 사랑하시는 마르다와 마리아 자매 가정에 어느 날 불행이 찾아옵니다. 오빠가 중한 병에 걸린 것입니다. 자매는 급히 예수님께 사람을 보내 와 주시기를 청합니다(요 11:3). 그런데 나사로가 죽을 병에 걸렸다는 소식을 듣고도 예수님은 서두르는 기색이 없습니다. "나사로가 병들었다 함을 들으시고 그 계시던 곳에 이틀을 더 유하시고"(11:6)라는 표현을 볼 때 오히려 의도적으로 방치하신 것 같다는 생각마저 듭니다. 예수님은 이틀 후 출발하셨고 이틀 만에 베다니에 도착하셨습니다.

그러니까 예수님이 베다니에 도착한 때는 나사로가 죽은 지 무려 나흘이 지난 후였습니다(11:17). 예수님이 계시던 곳에서 베다니까지 엄청나게 먼 거리라고 생각하면 착각입니다. 나사로의 소식을 들었을 때 예수님은 "요단강 저편 요한이 처음으로 세례 베풀던 곳"에 이틀을 머무셨습니다(10:40). 그곳에서 나사로가 있는 요단강 동편의 베다니는 28킬로미터 정도 떨어져 있습니다. 하룻길을 이틀 걸려 도착한 것이지요. 죽었다는 것을 아시고도(11:4, 14) 이틀을 버티고, 하루면 갈 거리를 이틀이나 걸려 가신 이유, 조급할 것 하나 없어 보이게 행동하신 이유가 뭘까요?

제자들은 예수님이 늑장을 부리시는 게 당연하다고 생각했을 것입니다. '예수님은 가고 싶지 않으신 거야!' 이렇게 말이지요. 그들이 나사로를 고치러 갈 처지가 아니었기 때문입니다. 이는 이 사건이 일어나기 바로 전 상황을 기록한 요한복음 9-10장을 보면 잘 알 수 있습니다.

9장을 보면 예루살렘에서 예수님이 소경의 눈을 뜨게 해 주십니다. 그때 바리새인들과 눈 뜬 사람 사이에 예수님이 누구인지를 두고 큰 다툼이 일어납니다. 그 후 수전절에 예루살렘에서 예수님과 유대인들 사이에 또 심각한 논쟁이 벌어지지요.

당신이 그리스도이면 그렇다고 분명하게 말하여 주십시오. 예수께서 그들에게 대답하셨다. "내가 너희에게 이미 말하였는데도, 너희가 믿지 않는다. 내가 내 아버지의 이름으로 하는 그 일들이 곧 나를 증언해 준다. 그런데 너희가 믿지 않는 것은, 너희가 내 양이 아니기 때문이다. 내 양들은 내 목소리를 알아듣는다. 나는 내 양들을 알고, 내 양들은 나를 따른다. 나는 그들에게 영생을 준다. 그들은 영원토록 멸망하지 아니할 것이요, 또 아무도 그들을 내 손에서 빼앗아 가지 못할 것이다. 그들을 나에게 주신 내 아버지는 만유보다도 더 크시다. 아무도 아버지의 손에서 그들을 빼앗아 가지 못한다. 나와 아버지는 하나이다." 이때에 유대 사람들이 다시 돌을 들어서 예수를 치려고 하였다. 예수께서 그들에게 말씀하셨다. "내가 아버지의 권능을 힘입어서, 선한 일을 많이 하여 너희에게 보여 주었는데, 그 가운데서 어떤 일로 나를 돌로 치려고 하느냐?" 유대 사람들이 대답하였다. "우리가 당신을 돌로 치려고 하는 것은, 선한 일을 하였기 때문이 아니라, 하나님을 모독하였기 때문이오. 당신은 사람이면서, 자기를 하나님이라고 하였소." (요 10:24-33, 새번역)

예수님이 자신과 하나님과의 일체를 강조하자 유대인들은 예수님을 잡으려 했습니다. 예수님과 그 일행은 가까스로 예루살렘을 빠져 나갔습니다. 이런 상황이니 제자들은 주님이 나사로를 고치러 베다니로 가는 것이 위험하다고 생각했을 것입니다. 베다니는 예수님이 죽을 고비를 넘겨 도망친 예루살렘과 고작 3킬로미터밖에 떨어져 있지 않았으니까요(11:18). 유대인들을 피해 숨어 있는 것이 상책인 상황입니다. 제자들은 주님이 나중에 나사로를 깨우러 유대로 가자고 하니 "잠들었으면 낫겠나이다"(11:12)라고 대꾸하며 버텼고, "나사로가 죽었느니라"(11:14)고 하시며 나사로에게 가야겠다고 하시자 도마는 화가 나서 "우리도 주와 함께 죽으러 가자"(11:16)고 자포자기할 정도였습니다.

마르다와 마리아도 예수님의 신변이 위험에 처했음을 잘 알았을 것입니다. 주님이 왜 예루살렘에서 요단강 반대편으로 가셨는지 모를 리 없었겠지요. 지금 주님이 정확히 어디에 계신지도 알았을 테고요. 예루살렘 근처에 사는 자신들의 집으로 와 달라고 부탁하기가 죄송했을 것입니다. 웬만하면 예수님께 부탁하지 않아야겠다고 결심하고 버티다가 나사로의 병세가 위중해지자 그제서야 예수님께 사람을 보낸 것 같습니다.

결국 오빠는 죽고 말았습니다. 예수님이 오시지 않았다는 사실 때문에 자매들은 일면 서운하기도 했을 것입니다. 끝내 오지 않으셨다면 모를까, 죽었다는 사실을 알고 오셨으니 야속함의 정도는 더 컸겠지요. 이 야속함의 실체는 무엇입니까? '오실 거면 진작 오시지!' 하는 마음입니다. 주님이 어떤 분인가요? 소경과 앉은뱅이를 고치시고 38년 된 병자도 고치신 분입니다. 귀신 들려 고통받던 아이도 고쳐 주셨지요. 연고도 없는 수많은 사람을 고쳐 주신 분이건만 정작 사랑하는 관계였음에도 어떤 도움조차 받지 못했다면 너무나 속상하지 않겠습니까? 정 오실 수 없다면 백부장의 종처럼 원격으로 고쳐 주실 수 있을 거라는 기대도 했을 법합니다(눅 7:1-10). 서운함은 더 짙었겠지요.

사람들이 예수님께 소식을 전했음에도 예수님은 바로 오지 않으셨고, 원격 치료의 은총도 없었습니다. 예수님께 소식을 전하러 갔던

이들이 고향에 돌아올 즈음 오빠는 죽고 말았지요. 주님에 대한 소망은 끊어졌습니다. 어떤 것도 할 수 없는 절망이 이 집안을 휘감았습니다.

그런데 나사로가 죽은 지 3일째 되는 날, 주님은 뜬금없이 유대 땅 베다니로 가기로 하셨습니다(요 11:7). 나사로를 살리기 위해서 말이지요. 성경은 제자들로 하여금 '믿게 하기 위해'라고 썼습니다(11:15). 제자들에게 무엇을 믿게 한다는 말일까요? '주님이 그리스도시요 살아 계신 하나님의 아들'이라는 사실을 믿게 하려는 것이었습니다(10:22-42).

이 목적과 별개로 예수님이 기적을 일으키실 때는 더 중요한 이유가 늘 있었음을 우리는 유념해야 합니다. 예수님은 아무 때나 기적을 일으키지 않으셨습니다. 능력을 과시해야 할 때는 오히려 침묵하셨지요. 광야에서 돌로 떡을 만들어 보라는 사탄의 요구를 거절하셨고(마 4:2-4), 율법학자들과 바리새인들이 기적을 보여 달라고 할 때 요나의 표적밖에 보여 줄 것이 없다고 거절하셨으며(마 12:38-42), 빌라도 앞에서 자신의 무죄를 증명해야 할 때조차 침묵하셨습니다(마 27:11-19).

그러나 생명이 없는 상태나 연약한 인생의 문제를 만나셨을 때, 곧 하나님이 꼭 필요한 상태에서는 참을 수 없는 사랑의 파토스가 터져 나왔고 바로 그때 기적을 일으켜 긍휼을 베푸셨습니다. 목자 없는 양 같은 무리를 불쌍히 여기셔서 오병이어의 기적을 일으키셨고(막 6:30-44), 12년간 하혈을 해 온 여인이 주님을 필요로 할 때 그의 피가 마르는 기적을 허용하셨습니다(막 5:25-34).

　우리 사회에서도 사랑은 자주 기적을 불러옵니다. 도무지 어떻게 해 볼 수 없는 일인데, 깊은 사랑으로 초인적 힘이 발휘되어 위기를 건너는 경우를 우리는 자주 봅니다. 고등학교 2학년 때 저는 어머니가 꾸려 가시던 가게에서 자다가 연탄가스에 중독되었습니다. 실신해서 혀가 돌아갔죠. 정신이 흐릿한 중에도 저는 함께 가스를 마신 어머니가 가게에서 저를 끌어내 복도를 지나 바깥으로까지 옮기는 걸 느꼈습니다. 그때 어머니의 부르짖음을 저는 지금도 기억합니다. "하나님, 우리 인수 살려 주세요!" 어머니의 돌봄으로 저는 깨끗한 새벽 공기를 마시고 의식을 회복했습니다.

　인간의 사랑도 때로 생명을 살리는데, 하물며 하나님의 사랑이 죽음의 권세를 뚫지 못하겠습니까? 그래서 노래 중의 노래, 아가서(Song of Songs)는 "사랑은 죽음같이 강하고"(아 8:6)라고 노래했는지도 모릅니다.

　사랑하는 나사로를 살리기 위해 유대로 내려가는 것과, 제자들로 하여금 당신이 그리스도시요 살아 계신 하나님의 아들임을 믿도록 하는 것, 이 두 가지는 그리스도의 사역에서 동전의 양면과 같았습니다. 예수님은 스스로 영광을 드러낼 목적으로 사람들 앞에서 기적을 일으키는 일은 피하셨지만, 사랑 때문에 기적이 꼭 필요한 상황에서는 언제나 곁에 제자들을 두심으로써 주님이 그리스도임을 알게 하셨습니다. 주님은 이 두 가지 동기를 갖고 나사로가 죽은 지 나흘째 되는 날, 시체 썩는 냄새가 진동하는 때에 베다니를 방문하셨습니다. 마르다와 주님의 대화는 여기에서 시작됩니다.

마르다의 위대한 고백

모든 소망이 끊어진 절망의 시간에 나사로를 찾아오신 무심해 보이는 예수님을, 마르다는 이해할 수 없었을지 모릅니다. 그럼에도 예수님이 오신다는 말에 마르다는 밖에 나가 예수님을 맞습니다. 그리고 말합니다. "마르다가 예수께 여짜오되 주께서 여기 계셨더라면 내 오라버니가 죽지 아니하였겠나이다"(요 11:21). "예수께 여짜오되"라는 말은 물었다는 의미인데, 마르다의 말은 평서문으로 끝납니다. 질문이 생략된 것이죠. 병든 자를 고칠 능력이 있으신데, 왜 일찍 오지 않으셨느냐는 질문 말입니다. 마르다는 주님이 병을 고칠 수 있는 분이라고 확신했습니다. 주님이 대답합니다. "네 오라비가 다시 살아나리라"(11:23). 놀랍고 어이없는 말이 아닐 수 없습니다. 하지만 마르다는 "아니, 죽은 오빠가 살아난다는 이토록 허망한 소리가 어디 있습니까?" 하고 반문하지 않습니다. 예수님의 이 말씀을 마지막 부활의 날에 성취될 말씀이라고 믿었기 때문입니다. 지금 오빠가 다시 살아나지는 않지만, 하나님 나라가 온전히 임하는 그때, 주님의 나팔 소리에 모든 인생이 무덤 문을 걷어차고 주님의 영광을 보게 되는 날, 오라버니도 일어날 것을 그는 믿었습니다. 그래서 이렇게 고백하지요. "마지막 날 부활 때에는 다시 살아날 줄을 내가 아나이다"(11:24).

예수님은 죽은 나사로를 '지금' 살리겠다고 하시는데, 마르다는 오빠의 죽음을 슬퍼하는 자신을 위로하는 말로 들었습니다. 예수님은 생명을 살리러 오셨는데, 마르다는 죽음을 위로하는 방문인 줄 알았습니다. 어긋난 대화였던 것이죠. 어긋난 대화는 한 번 더 반복됩니다. 주님이 말씀하십니다. "나는 부활이요 생명이니 나를 믿는 자는 죽어도 살겠고 무릇 살아서 나를 믿는 자는 영원히 죽지 아니하리니 이것을 네가 믿느냐"(11:25-26). 주님은 부활 신앙을 마르다에게 물으셨습니다. 그런데 예수님의 이 질문에 마르다는 깜짝 놀랄 고백을 합니다. "주여 그러하외다. 주는 그리스도시요 세상에 오시는 하나님의 아들이신 줄 내가 믿나이다"(11:27). 그리스도가 베다니에 오신 이유를 제대로 알지 못하고 대화를 나눴지만 마르다의 고백은 놀라웠습니다.

이 고백은 무엇을 의미합니까? 바로 주님이 오랫동안 제자들에게 알려 주려 하신 그분의 신분에 관한 것이었습니다. 예수님이 예루살렘 성전에서 그의 신분을 드러내셨을 때 유대인들은 신성모독죄라며 돌로 쳐 죽이려고까지 했고(10장), 제자들도 3년이라는 긴 시간 동안 제대로 깨닫지 못했지요. 제자들 중 유일하게 베드로가 바르게 고백했습니다(마 16:13-18). 그런데 이 믿음의 고백을 뜻밖에도 마르다가 한 것입니다.

이렇게 고백한 마르다는 전에 일이 많다고 주님 앞에서 여동생에 대해 불평하던 마르다가 아니었습니다(눅 10:38-40). 그렇다면 무엇이 그녀를 변하게 했을까요? 우리는 그 이유를 다 알지 못합니다. 불평하는 마르다에게 주님이 하신 한마디만 기억할 뿐입니다. 무슨 말입니까? "네가 많은 일로 염려하고 근심하나 몇 가지만 하든지 혹은 한 가지만이라도 족하니라. 마리아는 이 좋은 편을 택하였으니 빼앗기지 아니하리라"(10:41-42). 어쩌면 이 한마디가 변화의 계기였는지도 모르겠습니다.

주님을 만난 사람들마다 변화를 경험했는데, 그것은 많은 이야기를 들었기 때문이 아닙니다. 나다나엘은 주님이 메시아임을 의심하다가 "네가 무화과나무 아래에 있을 때에 보았노라"(요 1:48)는 한마디에 인생이 변했습니다. 수가성의 여인은 물을 길으러 왔다가 "너에게 남편 다섯이 있었고 지금 있는 자도 네 남편이 아니니"(4:18)라는 말에 눈을 떴고, 뽕나무에 올라가 주님을 보던 삭개오(눅 19:1-10), 세관에 앉아 있던 마태(5:27-28)도 마찬가지였습니다. 그들은 인생 깊은 곳에 꽁꽁 묻어 두었던 자기만 아는 진실과 영혼의 목마름을 주님이 읽고 그것을 끄집어내시자 인생이 바뀌었습니다. 어쩌면 주님은 마르다에게도 그렇게 찾아가신 게 아닐까요.

고백 따로 절망 따로

그러나 마르다가 한 고백의 한계는 무엇입니까? 물론 마르다는 주님이 그리스도시요 살아 계신 하나님의 아들이라는 사실을 믿었습니다. 그러나 그는 이 고백이 '절대 절망'과도 같은 자신의 문제에는 적용될 수 없다고 여겼습니다. 부활은 먼 미래의 일이지 오늘의 절망에 대한 대답은 아니라고 생각했습니다. 주님은 병든 자를 고치시는 하나님의 아들이지만, 죽은 자를 살리시는 하나님의 아들은 아니었던 것이지요.

> 예수께서 이르시되 돌을 옮겨 놓으라 하시니 그 죽은 자의 누이 마르다가 이르되 주여 죽은 자가 나흘이 되었으매 벌써 냄새가 나나이다. 예수께서 이르시되 내 말이 네가 믿으면 하나님의 영광을 보리라 하지 아니하였느냐 하시니. (요 11:39-40)

주님은 시신이 안치되어 있는 무덤을 열라고 말씀하셨습니다. 하지만 마르다는 오빠가 죽었다는 점과 주님이 하나님의 아들이라는 사실을 분리해서 생각했기에, 그럴 수 없다고 했습니다. 오빠가 죽은 이상 이 문제는 예수님과는 무관했으니까요. 그러나 주님은 두 가지를 이어 붙이고자 하셨습니다. 즉, 산 자를 건강하게 하기 위해서가 아니라 죽은 자에게 생명을 주기 위해 당신이 오셨음과, 자신이 사람의 아들이 아니라 하나님의 아들임을 보여 주려고 하셨습니다.

그렇다고 주님이 믿음만 있으면 오늘날에도 영안실 시신들이 언제든 나사로처럼 일어날 수 있다는 것을 알려 주시려 한 것은 아닙니다. 우리는 흙에서 난 자가 언젠가 흙으로 돌아가는 것이 인생의 본질임을 잘 알지 않습니까. 우리는 죽어야 하고 흙을 끌어안고 무덤에 누워 있다가, 주님이 나팔 소리와 함께 이 땅에 오실 때 벌떡 일어나 주님을 맞이할 것입니다. 그때 주님은 우리의 연약함과 실수를 용서하시고 이 땅에서 우리가 주님을 위해 살면서 흘린 눈물을 닦아 주실 것입니다. 이 사실을 믿고 사는 것이 옳고 건전합니다. 그러니 설령 나사로가 지금 깨어날 것을 마르다가 믿지 않더라도 이는 결코 탓할 일이 아닙니다. 그러한 믿음이 없더라도 그의 고백은 그 자체로 지극히 정당하고 옳습니다.

그러나 왜 주님은 마르다를 책망하셨을까요? "네가 믿으면 하나님의 영광을 보게 될 것이라고 하지 않았느냐!" 하고 말이지요. 곰곰이 생각해 보면 그것은 책망이 아닙니다. 책망은 언제 하나요? 할 수 있었는데 안 하거나, 알 수 있었는데 모를 때 합니다. 그러나 나사로의 부활을 마르다가 믿었어야 했나요? 믿지 않는 것이 책망받을 일이었나요? 그렇다면 마르다는 오빠가 죽은 지 열흘이 지났든 한 달이 지났든 썩어 가는 시신 옆에서 이렇게 고백했어야 합니다. "주님은 우리 오빠를 살려 주실 거야. 그러니 난 행복해. 주님을 찬양! 우리 오빠가 죽은 것은 문제가 아냐. 여러분! 슬퍼할 필요 없어요. 예수님이 며칠 후에 오실 텐데, 그때 저 무덤 문이 열릴 거고 우리 오빠는 다시 살아날 거예요. 지금 오빠는 잠깐 자고 있는 것뿐이랍니다."

마르다가 예수님이 도착하기 전에 죽은 오빠에 대해 이렇게 말했다면, 사람들은 그녀를 미쳤다고 했을 겁니다. 그리고 주님 역시 마르다에게 이런 고백을 기대하셨던 건 아닙니다. 그렇다면 주님은 왜 마르다를 책망하셨을까요?

저는 이렇게 생각합니다. 비록 예수님이 마르다를 책망하셨지만, 그것은 책망이라는 형식을 띤 은총이었습니다. 주님은 자신이 죽음을 이기는 부활의 능력 자체임을 마르다에게 드러내셨습니다. 그리고 마르다는 주님을 향해 "주는 그리스도시요 세상에 오시는 하나님의 아들이신 줄 내가 믿나이다"라고 고백했습니다. 놀라운 고백이지요. 그런데 주님은 마르다가 붙들었던 그 고백이 단순히 지식에 머무르지 않고 그녀의 삶에 영향을 끼치는 능력으로 자리 잡길 원하셨습니다. 이것은 제자들에게 기대하는 바이기도 했습니다. 그래서 주님은 나사로의 죽음 문제를 다루기로 결정하셨습니다.

예수님이 큰 소리로 "나사로야, 나오라" 하고 부르시니, 나사로가 예수님의 말씀을 듣고 수족은 베로 동이고 얼굴은 수건에 싸인 상태로 무덤 바깥으로 나왔습니다(요 11:43-44). 그 장면을 보고 사람들은 깜짝 놀랐습니다. 예수님의 말대로 죽은 사람이 살아났기 때문입니다. 마르다도 놀라긴 마찬가지였습니다. 죽었던 오빠가 살아났으니까요. 상상할 수 없는 사건이 눈앞에 펼쳐졌습니다. 그런데 여기서 중요한 점이 한 가지 있습니다. 바로 마르다의 마음속 변화입니다. 나사로의 부활로 많은 사람이 놀랐지만, 마르다의 마음속 변화와는 비교할 수 없습니다. 물론 성경은 이 변화를 설명하지 않습니다. 그러나 현장에 있었던 마르다의 입장에 서 보면, 그녀의 심정을 충분히 이해할 수 있을 것입니다.

오빠의 부활을 접하고 소스라치게 놀란 마르다는 현장에 있던 사람들과는 다른 고민을 하기 시작했을 것입니다. '도대체 어떻게 된 거지? 이 사건을 어떻게 이해해야 하지?' 마르다는 오빠가 살아난 것을 기뻐하는 데 그치지 않고 틀림없이 예수님과 자신의 문답을 다음과 같이 복기했을 것입니다. '예수님이 무덤의 돌을 옮기라고 하셨을 때 나는 만류했어. 그때 주님은 내게 '네가 나를 믿으면 하나님의 영광을 본다고 하지 않았느냐'고 책망하셨어. 주님을 믿는다는 게 무엇일까? 오늘 예수님이 나에게 이렇게 물으셨어. '나는 부활이요 생명이니 나를 믿는 자는 죽어도 살겠고, 무릇 살아서 나를 믿는 자는 영원히 죽지 아니하리니 이것을 믿느냐?' 주님이 부활이요 생명임을 믿느냐고 하셨는데, 그때 내가 뭐라고 답했지? 그래 맞아. '그렇습니다 주님. 당신은 그리스도요 세상에 오시는 하나님의 아들입니다'라고 답했지. 주님은 그리스도와 하나님 아들의 영광을 볼 것이라고 말씀하시면서 죽은 오빠가 누워 있는 무덤을 여시고 그를 다시 살리셨어. 나는 예수님을 그리스도시요 하나님의 아들이라고 고백했지만, 오빠의 죽음과 연결시키지 못했는데, 하나님의 아들 그리스도란 바로 이것이구나! 죽음을 이기는 힘, 무덤 문을 여는 힘! 내 절망을 넘는 힘!'

'그리스도와 하나님의 아들'이라는 의미는 오빠가 살아난 사건을 통해 엄청난 스케일로 마르다를 압도해 왔을 것입니다. 물론 예수님이 부활이요 생명임을 믿고 하나님의 아들 그리스도라고 고백하는 마르다의 믿음은 대단했습니다. 베드로 외에 제자들 누구도 그런 고백을 하지 못했으니까요. 그러나 그녀의 믿음은 마치 하얀 도화지 위에 연필로 그린 스케치같이 아직은 불완전한 상태였습니다. 어떻게 하면 스케치가 완전해집니까? 물감으로 채색해야 합니다. 연필로 그린 그림에 물감이 더해지면 비로소 그림은 완전한 작품이 됩니다. 오빠 나사로가 살아난 사건은 물감이 되어 스케치 같은 마르다의 고백을 온전한 그림으로 바꾸었습니다. 마을 사람들은 죽었던 나사로를 살리신 능력자 정도로 예수님을 이해했지만, 마르다는 이제껏 자신이 고백해 온 '하나님의 아들 그리스도'라는 말의 의미가 사실은 그의 생각보다 훨씬 크고 깊다는 사실을 깨닫기 시작했습니다.

마르다는 이후로 살아가면서 주님에 대한 기억이 희미해질 때마다 죽었다가 살아나서 매일 자신과 같이 살고 있는 오빠 나사로를, 단순한 가족이 아니라 주님이 그리스도시며 하나님의 아들임을 드러내는 부정할 수 없는 '개인적 증거'로 여기며 살았을 것입니다.

역사는 마르다가 문둥병자인 피장이 시몬과 결혼해서 평생 봉사하며 살았다고 전합니다. 이것이 사실이라면, 그녀는 왜 사회적으로 버림받은 상징적 존재 시몬을 남편으로 선택해 살았을까요? 그것은 예수님에 대한 그녀의 고백이 아니면 설명하기 힘들다고 봅니다. 오빠를 잃은 데 대한 마르다의 절망은 슬픔과 낙담의 주제가 아니라 예수님을 새롭게 아는 기회로 작용했습니다. 도무지 개인의 힘으로 해결할 수 없다고 생각해 자포자기한 문제를 주님이 다뤄 주심으로써 주님을 그리스도시요 세상에 오시는 하나님의 아들이라고 한 그의 고백이 평생을 두고 확장되면서, 상식과 자기 한계와 인습의 틀을 깨는 삶을 살았을 것입니다.

그러니 너의 무덤도 열라!

마르다는 그리스도에 관해 바르게 고백했지만, 그 고백을 자신의 절망과 연결시키지는 않았습니다. 고백 따로 절망 따로였습니다. 그러나 이 문제가 마르다에게만 해당할까요? 우리 또한 주님을 그리스도라고 고백하면서 일상에서 우리를 절망하게 만드는 문제를 만나면 그것을 그리스도와 연결시키지는 않습니다. 주님이 우리에게 "네 절망이 무엇이냐? 네가 자포자기했던 무덤 문을 내가 열겠다. 내가 너의 절망을 다루겠다"고 하실 때, 우리는 자주 뭐라고 답하나요? "주님, 당신은 왜 이제야 오십니까? 주님이 필요하니 와 달라고 부탁드릴 때는 철저하게 침묵하시더니, 모든 가능성과 소망이 다 끊어지고 이제 겨우 절망을 인정하고 살기로 했는데, 지금 와서 무덤 문을 여시겠다고요? 시체가 썩은 지 벌써 나흘인데요?" 언제나 이렇게 반응하지는 않지만 삶의 중요한 한두 부분에서 '그리스도와 연결되지 않는' 절망을 안고 살아가지는 않나요? 하나님의 아들을 믿는다는 믿음의 고백을 하면서도 절망 또한 그대로 간직한 채 말입니다.

그러나 절망을 통하지 않으면 우리는 주님이 그리스도시요 살아계신 하나님의 아들이라는 사실을 알 수 없습니다. 설령 안다고 하더라도 그것은 우리의 일상을 다스리는 능력이 되지 못합니다. 우리는 절망을 통해서 비로소 주님이 그리스도시요 하나님의 아들임을 알게 됩니다. 절망이 믿음 안에서 은총이 되는 것입니다. 주님은 나의 절망에 대답하심으로써 내가 힘없이 지식으로 붙들고 있던 고백에 힘과 생명을 불어넣어 주십니다.

우리 각자가 생각하거나 맞이하고 있는 절망은 각각 다를 것입니다. 한 가지 분명한 사실은 주님은 우리 각자의 절망을 통해 당신이 어떤 분인지 알려 주기를 원하신다는 점입니다. 그 문제가 고질적인 영혼의 연약함, 가족, 관계, 진로, 세상 역사, 교회 문제 등 무엇일지라도 주님은 우리가 절망스럽게 붙들고 살아가는 문제를 통해 당신이 하나님의 아들이라고 말씀하십니다. 그 문제를 그리스도와 이어 붙이기를 원하십니다. "네가 나를 그리스도요 하나님의 아들이라고 믿는다면, 네가 포기한 문제를 통해서 나를 알려 줄 테니 무덤 문을 열라"고 말씀하십니다.

교사로 살 때 저의 절망의 문제는 '입시 경쟁'이었습니다. 주님을 그리스도요 하나님의 아들이라 믿었지만, 한 번도 입시와 사교육 문제를 주님이 다루실 거라고 고백하지 않았습니다. 입시 문제는 주님도 어쩌할 수 없다고, 아니 침묵하고 계신다고 생각했지요. 수백, 수천 명이 자신의 생을 저주하며 아파트에서 산에서 목숨을 끊는데, 저는 교사 혹은 교육운동가로서 단 한 번도 이 비극의 역사를 주님이 다루실 거라고 믿지 않았습니다. 믿기는커녕 어설프게 대들었다가 교직 인생이 파산할 뻔한 적도 있습니다. 당시 아내와 연애를 막 시작했는데, 제 고지식함 때문에 아내가 저와 함께할 미래의 결혼생활을 심각하게 회의했을 정도입니다.

그런데 주님이 저에게 찾아오셨습니다. 좋은교사운동 대표 임기를 1년 남겨 놓고 진로를 고민하던 2007년이었습니다. 주님은 죽은 시체처럼 냄새가 나는 입시와 사교육 모순의 무덤을 열겠다고 제게 문을 열라고 하셨습니다. 20년간 피해 왔고 때로 가끔 맞서다가 실패했던 문제였는데, 그 절망의 문을 여시겠다는 거였습니다. 주님이 이 문을 여시도록 제 삶을 개방할지 말지 1년간 고민하며 기도했습니다. 주님의 뜻을 묻고 또 물었습니다. 그리고 제가 존경하는 젊은 목회자의 메시지 앞에서 결국 무릎을 꿇었습니다. "입시와 사교육 문제가 아직도 해결되지 않는 이유는, 이 문제를 붙들고 자기 인생을 하나님 앞에 드리는 사람이 이 땅에 한 명도 없기 때문이다." 문을 열고 보니 제가 주님의 부르심에 응답하기 한참 전부터, 주님이 가슴을 치며 응답할 한 사람을 기다려 오셨더군요. 그제야 응답한 것이 참으로 죄송스러웠습니다.

우리 각자에게 물어봅시다. '주님의 침묵에 적응하며 살다가, 내 절망의 무덤 문을 열겠다고 찾아오신 주님을 만난 적이 있는가? 그리스도께 열어 드려야 할 내 절망의 문은 무엇인가? 나는 절망의 문제를 그리스도와 연결시키며 사는가? 호기롭게 시작한 일이 위기에 봉착했다는 이유로 그리스도에 대한 고백이 희미해지지는 않았나?'

주님은 우리가 절망하고 있는 문제를 통해 우리에게 찾아오십니다. 그리고 당신이 그리스도시요 살아 계신 하나님의 아들임을 드러내십니다. 때로 우리를 힘겹게 하는 절망의 문제, 그래서 주님을 향한 믿음의 고백조차 희미하게 만드는 그 문제가, 도리어 주님이 그리스도심을 우리에게 말하는 살아 있는 증거가 될 것입니다. 그러므로 절망이 승리의 증거가 되는 것을 경험한 사람들은 복된 사람들입니다. 이런 복이 우리 삶에 임하여 주님을 더 깊고 온전히 아는 그리스도인이 되기를 주님의 이름으로 바랍니다.

16 어떤 사람이 주께 와서 이르되 선생님이여 내가 무슨 선한 일을 하여야 영생을 얻으리이까 17 예수께서 이르시되 어찌하여 선한 일을 내게 묻느냐 선한 이는 오직 한 분이시니라 네가 생명에 들어가려면 계명들을 지키라 18 이르되 어느 계명이오니이까 예수께서 이르시되 살인하지 말라, 간음하지 말라, 도둑질하지 말라, 거짓 증언 하지 말라, 19 네 부모를 공경하라, 네 이웃을 네 자신과 같이 사랑하라 하신 것이니라 20 그 청년이 이르되 이 모든 것을 내가 지키었사온대 아직도 무엇이 부족하니이까 21 예수께서 이르시되 네가 온전하고자 할진대 가서 네 소유를 팔아 가난한 자들에게 주라 그리하면 하늘에서 보화가 네게 있으리라 그리고 와서 나를 따르라 하시니 22 그 청년이 재물이 많으므로 이 말씀을 듣고 근심하며 가니라 23 예수께서 제자들에게 이르시되 내가 진실로 너희에게 이르노니 부자는 천국에 들어가기가 어려우니라 24 다시 너희에게 말하노니 낙타가 바늘귀로 들어가는 것이 부자가 하나님의 나라에 들어가는 것보다 쉬우니라 하시니 25 제자들이 듣고 몹시 놀라 이르되 그렇다면 누가 구원을 얻을 수 있으리이까 26 예수께서 그들을 보시며 이르시되 사람으로는 할 수 없으나 하나님으로서는 다 하실 수 있느니라 27 이에 베드로가 대답하여 이르되 보소서 우리가 모든 것을 버리고 주를 따랐사온대 그런즉 우리가 무엇을 얻으리이까 28 예수께서 이르시되 내가 진실로 너희에게 이르노니 세상이 새롭게 되어 인자가 자기 영광의 보좌에 앉을 때에 나를 따르는 너희도 열두 보좌에 앉아 이스라엘 열두 지파를 심판하리라 29 또 내 이름을 위하여 집이나 형제나 자매나 부모나 자식이나 전토를 버린 자마다 여러 배를 받고 또 영생을 상속하리라 30 그러나 먼저 된 자로서 나중 되고 나중 된 자로서 먼저 될 자가 많으니라   • 마태복음 19:16-30

8

모든 것을 버리라!
부자 청년

지금으로부터 30여 년 전의 일입니다. 바야흐로 복음주의 청년 학생 운동이 불붙었던 때지요. 세상과 복음의 관계에 눈뜬 보수적 교회의 청년들이 '복음주의청년학생협의회'(복협)라는 조직을 만들어 직선제 개헌 후 처음으로 치르는 대통령 선거에서 공정 선거 감시 운동을 감당했는가 하면, 서울 봉천동 달동네에서 빈민 공동체 운동을 펼치기도 했습니다. 그 중심에 서울대 기독교문화연구회(기문연)라는 조직이 있었습니다. 학교 친구들과 선후배들이 다수 포함되어 있었지요. 검찰이 이 조직을 사회주의 혁명을 위한 비밀 조직으로 비화시키면서 핵심 멤버 중 일부가 감옥살이를 하게 되었고, 기문연은 기약 없이 해체되었습니다.

불꽃 같았던 기독 청년 학생 운동이 꺼져 가는 듯하던 무렵, 남양주 두레마을에서 복협 운동을 마무리하는 집회를 했습니다. 세상을 변화시켜 보겠다고 분연히 일어섰지만 얻은 것이 하나도 없다는 생각에 우리는 모두 지쳐 있었습니다. 그날 리더였던 형제가 설교를 했습니다. 그 형제는 이번 장에서 살펴볼 마태복음 19장 16-30절 말씀을 인용하면서 '모든 것을 버리고 주님을 따르는 삶'을 문자 그대로 따를 것을 촉구했습니다. 하지만 그 설교는 사람들에게 뜨거움 대신 중압감만 주었습니다. 실망과 실패로 힘겨워하는 사람들에게 모든 것을 버리라니요. 모든 것을 버렸는데 또 무언가를 버리라는 요구는 힘이 아니라 짐처럼 느껴졌습니다.

저는 설교 내용에 반대했습니다. 구원은 행함이 아니라 믿음으로 얻는 것이니, 행함을 실제적으로 이해함으로써 부담스러워할 필요는 없다고 바울의 말을 빌려서 반박했지요. 제 말에 한 형제가 쓸쓸한 웃음을 지어 보였습니다. 돌아보면 제 생각이 짧았습니다. 그렇게 30년을 살았습니다. 지금까지 살아온 제 삶은 그때 그 말씀에 대한 저의 부끄러운 해석을 수정하는 과정이었다고 해도 과언이 아닐 듯합니다. 그 말씀을 어떻게 해석하느냐에 따라 삶이 달라진다고 보았기에 결코 가벼운 문제가 아니었지요. 이제 30년 전으로 돌아가 그 말씀 앞에 정직하게 서고자 합니다.

오리게네스의 극단적 결정

성경, 특히 복음서에서 예수님은 때로 매우 황당하고 극단적인 분으로 그려집니다.

만일 네 손이 너를 범죄하게 하거든 찍어 버리라. 장애인으로 영생에 들어가는 것이 두 손을 가지고 지옥 곧 꺼지지 않는 불에 들어가는 것보다 나으니라. 만일 네 발이 너를 범죄하게 하거든 찍어 버리라. 다리 저는 자로 영생에 들어가는 것이 두 발을 가지고 지옥에 던져지는 것보다 나으니라. 만일 네 눈이 너를 범죄하게 하거든 빼 버리라. 한 눈으로 하나님의 나라에 들어가는 것이 두 눈을 가지고 지옥에 던져지는 것보다 나으니라. (막 9:43-47)

이 말씀을 따르자면, 단지 음란한 마음을 품고 여자를 바라만 보아도 범죄한 셈입니다. 실제로 3세기의 대표적인 교부 오리게네스(Origenes)는 음욕을 품었던 자신을 비판하며 생식기를 없애 버렸다고 합니다. 예수님이 하신 말씀의 취지를 헤아려 보지 않고 무식하게 문자 그대로 적용했다고 오리게네스를 비판할 수도 있습니다. 그러나 성경의 모든 말씀을 의미와 취지를 헤아려서 이해해야 한다면 해석의 여지가 너무 많을 것입니다. 이번 장에서 우리가 다룰 부자 청년과 관련한 말씀도 같은 고민을 던져 줍니다.

어떤 사람이 예수님께 영생의 길을 묻습니다. "선생님이여 내가 무슨 선한 일을 하여야 영생을 얻으리이까"(마 19:16). 이 사람의 신분을 '관원, 부자, 젊은이'라고 하고, 계명을 다 지킨 사람이라고 말하는 것으로 보아 신실한 바리새인이었나 봅니다(막 10:17-31; 눅 18:18-30). 이 청년이 영생의 방법을 이미 알고 실천하고 있음을 예수님께 인정받고 싶었는지, 아니면 자기가 생각하는 방법을 확신할 수 없어 근심하다가 예수님을 찾아왔는지는 확실치 않습니다. 다만 "예수께서 그를 보시고 사랑하사"(막 10:21)라고 하신 것으로 미루어 보아, 인정 욕구보다는 영생에 대한 궁금증이 더 크지 않았을까 싶습니다.

여기서 한 가지 전제할 것은 영생은 하나님 나라에 들어가는 것 혹은 영원하신 하나님 나라의 백성이 되는 것과 동일한 표현이라는 점입니다. 청년은 영생을 얻는 방법을 물었는데 예수님은 "부자는 천국에 들어가기가 어려우니라"고 말씀하십니다(마 19:23). 여기서 영생을 얻는 것과 하나님 나라에 들어가는 것은 같은 개념이라고 짐작할 수 있습니다. 그러니 어떻게 하면 영생할 수 있느냐는 청년의 질문은 '어떤 선한 일을 해야 하나님 나라에 들어갈 수 있습니까?'로 바꿀 수 있습니다.

이 질문에 대해 복음서는 조금씩 다르게 기록했는데요. 마태복음은 앞에서 보았듯이 "선생님이여 내가 무슨 선한 일을 하여야 영생을 얻으리이까"라고 적었고, 마가복음은 "선한 선생님이여 내가 무엇을 하여야 영생을 얻으리이까"(막 10:17)라고 적었습니다. 마태복음은 영생을 얻을 방법으로 선한 행실을 제시했고, 마가복음은 예수님을 선한 선생이라고 부르며 영생을 물었습니다. 부자 청년은 영생이 '선함'과 모종의 관계가 있다고 인식한 듯합니다.

그러나 예수님의 반응은 좀 냉정합니다. "어찌하여 (나를 선한 존재로 생각하고) 선한 일을 내게 묻느냐. 선한 이는 오직 한 분이시니라"(마 19:17). 마가복음은 "네가 어찌하여 나를 선하다 일컫느냐. 하나님 한 분 외에는 선한 이가 없느니라"라고 바꾸어 설명합니다(막 10:18). 자기를 찾아온 사람에게 이토록 까칠하신 이유가 무엇일까요?

그러나 예수님께서는 언제나 이유가 있습니다. 예수님은 청년의 질문 중 '선한 행실' '선한 선생님'이라는 표현에서 '선함'을 가져와 영생에 대한 대답을 이어 가려고 하셨습니다. 그러면 예수님의 말씀을 이렇게 정리할 수 있겠지요. "왜 너는 구원과 영생을 이야기하면서 인간 사회에서 사용되는 선의 '상대적' 기준으로 나에게 묻느냐? 네가 나를 선한 선생이라 말할 때, 그것은 인간 사회 속에서 통하는 선함의 기준에 따른 것일 텐데, 그것은 영생에 이르는 선함과는 관계가 없다. 영생에 이르는 선함의 기준은 오직 하나님께 있다. 그러니 너의 기준으로 나를 '선한 선생'이라고 하지 마라. 그러나 네가 인간 사회의 선함의 기준을 가지고 나에게 영생의 길을 물으러 왔으니 그래! 어디 한번 계명을 가지고 대화해 보자." 이런 말씀 아니었을까요?

완벽한 스펙과 성품으로 예수님 앞에 선 청년

예수님은 청년에게 영생을 얻기 위해 계명들을 지키라고 말씀하십니다. 청년이 "어느 계명이오니이까"(마 19:18) 하고 묻자 예수님이 답하십니다. "살인하지 말라, 간음하지 말라, 도둑질하지 말라, 거짓 증언 하지 말라, 네 부모를 공경하라, 네 이웃을 네 자신과 같이 사랑하라 하신 것이니라"(19:18-19). 이 말씀은 당황스럽습니다. 예수님이 내미신 영생에 이르는 조건으로서의 계명이 기독교의 교리와 어굿나기 때문입니다. 생명에 들어가려면 '스스로 죄인임을 인정하고, 예수님을 믿음으로써 의롭다고 칭함을 받고, 구원을 얻으면' 됩니다. 바울이 쓴 로마서의 핵심이 바로 이것이라고 우리는 배워 왔습니다. 그런데 예수님은 마치 선행이 우리를 구원할 것처럼 말씀하시는 듯합니다. 계명을 지키는 것으로 의롭다 함을 받을 사람이 있다면 예수님이 이 땅에 오실 필요가 있을까요? 이는 마치 예수님이 이 땅에 오신 이유를 부정하는 표현처럼 읽힙니다.

어찌 되었든 부자 청년 입장에서는 반가웠을 것입니다. 사실 그는 모든 계명을 지켰다고 자부했기 때문입니다. 그래서 자신 있게 "어느 계명이오니이까"라고 물어봤겠지요. 그런데 예수님은 십계명의 절반만 말씀하십니다. 그것은 앞에서 본 대로 하나님과 관련한 계명이 아니라 이웃과 관련한 계명이었습니다. 이때 청년이 말합니다. "이 모든 것을 내가 지켰사온대 아직도 무엇이 부족하니이까"(19:20). 참으로 대단한 자부심이 아닐 수 없습니다.

그런데 궁금하긴 합니다. 조건으로서의 율법과 계명은 지켰을지 몰라도 이웃을 내 몸과 같이 사랑하라는 말씀을 정말 다 지켰다고 말할 수 있는 사람이 있을까요? 이웃을 내 몸처럼 사랑하라는 것은 무슨 의미입니까? 내 몸을 아끼듯이 이웃을 아끼라는 것입니다. 내 몸을 어떻게 아낍니까? 예컨대 건강에 심각한 문제가 생겼다고 가정해 봅시다. 우리는 모든 재산을 팔아서라도 건강을 회복하려고 할 것입니다. 이웃을 내 몸처럼 사랑한다는 것은 이런 의미입니다. 그래서 예수님은 청년에게 그 계명을 지켰느냐는 질문을 다음처럼 고쳐 물으십니다.

> 네가 온전하고자 할진대 가서 네 소유를 팔아 가난한 자들에게 주라. 그리하면 하늘에서 보화가 네게 있으리라. 그리고 와서 나를 따르라.
>
> (마 19:21)

영생의 조건으로서 계명을 지키는 것이 최소한의 규정만 지키라는 의미가 아님을 일갈하신 것입니다. 부자 청년은 뜻밖의 말씀에 놀랐습니다. 예수님이 말씀하신 것처럼 이웃 사랑이 영생을 위한 조건이라면, 자신은 지금까지 온 힘을 다해 계명을 지켜 왔는데 "너는 네 이웃을 네 몸과 같이 사랑하라는 말씀을 실제로는 실천하지 못하고 있다"는 비판을 받은 셈이니까요. 청년은 영생에 대한 확신이 흔들리기 시작했을 것입니다. 특히 그는 부자였기에 이 부분에서 걸려 넘어졌겠지요. 영생을 얻으려면 먼저 모든 것을 버리고 그 후에 그리스도를 따라야 하는데 첫 번째 관문, 즉 모든 것을 버리지 못했으니 두 번째 관문인 그리스도를 따름은 더욱 멀어진 것입니다.

부자 청년은 지금까지 이웃을 내 몸처럼 사랑한 것이 아님을 깨닫긴 했지만, 그렇다고 재산을 모두 팔아 이웃에게 나누어 주라는 말씀을 듣고 바로 "네, 그렇게 하겠습니다!" 하고 답할 수는 없었습니다. 누구라도 그렇지 않겠습니까? 한 번의 말씀으로 변화된 사람이 없지는 않겠지만, 대부분은 말씀 앞에 자신을 여러 번 세워 보고 반추하고서야 순종할 수 있습니다. 부자 청년은 예수님의 첫 번째 도전 앞에서, 모든 것을 버리고 그를 따를 수 없었습니다. 영생의 길을 안내받았지만 근심하며 돌아갔습니다(19:22) . 여기까지는 우리가 잘 아는 내용입니다. 그런데 그 후 예수님의 말씀은 도통 이해하기 어렵습니다.

부자 청년이 슬픈 표정으로 돌아간 후 예수님은 이 청년을 깎아 내리십니다. "내가 진실로 너희에게 이르노니 부자는 천국에 들어가기가 어려우니라"(19:23). 한 번에 그치지 않고 재차 강조하십니다. "다시 너희에게 말하노니 낙타가 바늘귀로 들어가는 것이 부자가 하나님의 나라에 들어가는 것보다 쉬우니라"(19:24). 이 말에 제자들은 몹시 놀랐습니다(19:25).

저는 평소에 이 부분이 의아했습니다. 제자들은 왜 놀랐을까요? 부자가 되면 돈에 눈이 멀 수도 있고, 돈을 버는 과정에서 불법 혹은 탈법을 저지를 수도 있고, 돈이 많아지면 돈이 우상이 되어 집착하기 쉽습니다. 그래서 예수님도 낙타가 바늘귀로 들어가는 것이 부자가 하나님의 나라에 들어가는 것보다 쉽다고 말씀하신 것 아니겠습니까? 여기까지는 좋습니다. 상식적으로 이해할 수 있으니까요. 그러나 문제는 다음입니다. 예수님의 말씀에 제자들이 왜 놀랐느냐는 것이죠.

> 제자들이 듣고 몹시 놀라 이르되 그렇다면 누가 구원을 얻을 수 있으리이까. (마 19:25)

제자들은 고만고만 놀란 것이 아니라 소스라치게 놀랐습니다. 영어 성경은 제자들의 반응을 각각 "greatly astonished"(마 19:25), "even more amazed"(막 10:26)라고 표현했습니다. 놀란 제자들은 이어 물었습니다. "그렇다면 누가 구원을 얻을 수 있으리이까." 이 대화의 흐름을 참 이해하기 어렵습니다. 앞에 썼듯이 부자는 돈을 벌기 위해 때로 불법도 감수하고 유치장도 드나듭니다. 돈을 많이 벌면 벌수록 돈에 의지해서 살기 쉽습니다. 한국 사람들의 가장 큰 관심이 돈과 교육입니다. 교육도 따지고 보면 자식들의 직업과 관계가 있으니 미래의 돈이라 해도 무방합니다. 그러니 그리스도인들도 돈을 하나님처럼 여깁니다.

　돈의 속성이 이러하니 제자들의 적절한 대꾸란 이랬어야 하지 않을까요? "당연한 말씀입니다. 그 청년은 재산을 포기하지도 못하면서 영생을 생각했습니다. 가난한 자가 천국을 얻는다는 주님의 말씀을 들은 적이 없나 봐요." 그런데 예수님의 당연한 말씀에 제자들이 놀랐다니 황당한 것이지요. "그렇다면 누가 구원을 얻을 수 있으리이까"라는 제자들의 질문에서 "그렇다면"은 무슨 의미입니까? 부자가 하나님 나라에 들어갈 수 없다면, 하나님 나라에 들어갈 사람은 더욱 없다는 의미입니다. 어색하지 않나요? 반문할 때 쓰는 '그렇다면'이라는 표현은, 착하고 착해서 더 이상 착할 수 없는 사람에 대해 예수님이 "착한 사람이 하나님 나라 들어가기가 어렵다"고 말씀하실 때 사용해야 자연스럽습니다. 그런데 부자가 하나님 나라에 들어갈 수 없다는 말에 놀라며 반문하는 모습이, 아주 선한 사람들도 하나님 나라에 들어갈 수 없다고 말할 때의 의아함과 동일한 수준입니다.

더욱이 예수님의 대답도 일관적입니다. "사람으로는 할 수 없으나 하나님으로서는 다 하실 수 있느니라"(19:26). 즉, 구원을 얻기 위해 사람 편에서 상식적으로 기대할 수 있는 최선의 조건이 '부자'인지는 모르겠으나 그것만으로는 부족하다는 뉘앙스 같습니다. '부자가 되는 것이 어찌 선한 삶의 증표란 말인가?' 대학 시절 저에게 이 부분은 늘 고민이었습니다. 청빈을 미덕으로 삼는 한국 사회에서 도저히 납득하기 힘들었습니다.

그러다가 어느 날 『탈무드』를 읽고 이 말씀의 의미가 무엇인지 비로소 깨달았습니다. 『탈무드』는 돈을 죄악시하지 않습니다. 오히려 하나님이 선한 사람에게 주시는 선물로 이해합니다. 유대인들은 하나님의 두터운 사랑을 입을 정도로 선하고 신앙이 좋은 사람을 부자라고 이해한 것입니다. 대표적인 예가 바로 본문에 등장하는 부자 청년입니다. 청년은 바리새인으로서 계명을 다 지켰고 공직자이기도 했으며 동시에 부자였습니다. 구원을 얻어야 한다면 가장 먼저 구원을 얻을 사람이었던 셈이지요. 제자들도 같은 생각으로 "저렇게 율법을 잘 지키고 선하고 깨끗하게 돈을 번 부자가 천국에 들어갈 수 없다면 누가 천국에 들어갈 수 있습니까?"라고 반문한 게 아닐까요.

모든 것을 버리라: 바울과 베드로 사이

이제 앞에서 이야기한 '모든 것을 버리라'는 것을 오늘 우리가 어떻게 적용하며 살아야 할지 생각해 봅시다. 영생의 방법을 묻는 부자 청년에게 예수님은 모든 것을 버리고 주님을 따르라고 답하십니다. 이 말은 형식으로서의 율법과 계명을 지키는 것이 아니라, 이웃을 내 몸같이 사랑할 정도로 온전히 율법을 지키라는 의미였지요. 그런데 돌아보면 저는 적어도 이십 대까지 이 부분에 대해 교회에서 이렇게 배웠습니다.

'모든 것을 버려야 구원을 얻을 수 있다는 말씀은 실제로 모든 것을 버리라는 말이 아니다. 자기 소유를 어떻게 모두 버릴 수 있겠는가? 먹고살기 위해 직업이 필요하고 나 자신과 가족의 미래를 위해서는 저축도 해야 한다. 당장 오늘 하루도 돈이 있어야 살 수 있지 않은가? 이 말씀은 모든 것을 버리면서까지 이웃을 사랑할 수 없는 우리의 연약함과 죄성을 인정하라는 의미다. 선한 삶을 위해 모든 것을 포기할 수 없는 우리 자신에 대해 절망하라는 의미다. 그 마음으로 하나님 앞에 나 스스로 죄인이라고 고백할 때 주님이 은혜로 구원해 주신다.'

오늘날 많은 교회 역시 예수님이 모든 것을 버리고 당신을 따르라고 하신 말씀을 바울의 구원론, 곧 행함이 아니라 믿음으로 구원을 얻는다는 말씀과 연결시켜 해석합니다. 이런 말씀뿐 아니라 그대로 적용하기에는 무리가 있는 예수님의 말씀들을 이런 관점에서 받아들이지요. "만일 네 오른 눈이 너로 실족하게 하거든 빼어 내버리라"(마 5:29), "누구든지 나를 믿는 이 작은 자 중 하나를 실족하게 하면 차라리 연자 맷돌이 그 목에 달려서 깊은 바다에 빠뜨려지는 것이 나오느니라"(18:6)와 같은 극단적인 경우 말입니다.

그러나 이런 관점이 옳다면 이어지는 베드로와 예수님의 대화를 이해하기 힘듭니다. 부자 청년을 향해 소유를 팔아 가난한 사람들에게 나누어 주고 당신을 따르라는 예수님의 말씀에, 베드로는 이렇게 말합니다. "보소서, 우리가 모든 것을 버리고 주를 따랐사온대 그런즉 우리가 무엇을 얻으리이까"(19:27). 베드로는 영생의 조건, 즉 모든 것을 버리고 주님을 따르라는 말씀을 자신의 연약함과 죄성을 인정하라는 내면의 문제로 받아들이지 않고, 실제로 모든 것을 버리라는 것으로 이해했고, 주님을 따른 자신들의 선택이 옳다고 판단한 것입니다.

베드로가 잘못 이해했다면 주님만이라도 이를 다음과 같이 바로잡아 주셔야 했습니다. "베드로야. 내가 부자 청년에게 말한 뜻은 정말 모든 소유를 팔라는 뜻이 아니었어. 모든 사람이 소유를 버리면 어떻게 경제가 유지되고 세상이 돌아가겠니? 그게 아니라 자신의 연약함과 죄악된 본성을 인정하라는 뜻이었단다. 그렇게 고백하고 나를 구주로 믿으면 영생이 주어지는 것이란다." 그런데 주님의 반응은 달랐습니다. 실제로 가진 소유를 팔고 주님을 따르라는 말씀으로 이해한 제자들의 해석을 바로잡기는커녕 오히려 제자들의 말을 지지하며 격려까지 하십니다.

내가 진실로 너희에게 이르노니 세상이 새롭게 되어 인자가 자기 영광의 보좌에 앉을 때에 나를 따르는 너희도 열두 보좌에 앉아 이스라엘 열두 지파를 심판하리라. 또 내 이름을 위하여 집이나 형제나 자매나

부모나 자식이나 전토를 버린 자마다 여러 배를 받고 또 영생을 상속하리라. (마 19:28-29)

쉽게 설명하자면 "집이나 형제자매, 부모나 자식, 토지를 버리고 나를 따른 자에게 복이 있다. 하나는 심판 날 나와 함께 사람들을 심판하는 자리에 있을 것이다. 다른 하나는 나를 따름으로써 현세에 핍박도 받겠지만 동시에 집과 형제자매, 부모나 자식과 토지를 여러 배 받을 것이고, 나아가 영생을 얻는 하나님 나라 백성이 될 것이다." 이런 말이지요. 예수님과 제자들은 모두 영생을 위해 '가진 모든 것을 팔고 나를 따르라'는 말씀을 심리와 내면의 문제로 축소하지 않고 문자 그대로 실천하는 것을 전제로 이야기했습니다. 이후로도 예수님은 사람들을 만날 때마다 부모와 직업을 버리고 주님을 따르라고 하셨습니다. 모든 사람에게는 아니지만 예수님의 제자로 살고자 하는 이들에게 그렇게 말씀하셨지요.

참 어려운 말씀입니다. 그러나 저는 그리스도가 제자들에게 이렇게 실제적 요구를 했고, 오늘 우리에게도 이렇게 요구하신다고 믿습니다. 아닌 게 아니라, 2천 년 교회 역사에서 소유를 팔고 주님을 따르라는 말씀을 실제로 받아들이고 순종한 사람은 무수히 많았습니다. 열두 명의 제자, 사도 바울, 수많은 그리스도인이 소유를 버리고 결혼도 하지 않고 주님을 좇았지요.

아시다시피 지금도 가톨릭 신부나 수녀들은 결혼을 하지 않습니다. 하나님께 인생을 바치겠다고 하는 자녀가 있다면, 그 부모는 자녀의 선택에 대해 감사하기도 하겠으나 동시에 인간적 슬픔을 억제하기 힘들 것입니다. 자녀들이 그렇게 살기로 결심한다고 해도 모두가 그렇게 살 수 있는 것도 아닙니다. 오랜 시간 수련 기간을 거쳐야하지요. 제 친구는 사제가 되기 위해 신학교에 입학했다가 뜻을 이루지 못했습니다. 또 다른 지인은 수녀로 살기로 결심하고 수녀원에 들어갔지만 일반 신자로 사는 것이 좋겠다는 권고를 받고 지금은 결혼해서 가정을 꾸려 살고 있지요.

오랜 시간 테스트를 받은 후에 종신서원을 하는 분들은, 서원식을 하면서 주님 앞에 순종하며 살겠다는 의미로 모두가 보는 앞에서 자기 몸을 바닥에 완전히 엎드립니다. 저는 이 장면을 볼 때마다 눈물이 납니다. 참 아름답고 고귀한 일이 아닐 수 없습니다. '한 인간으로 태어나 결혼 생활, 가정생활, 직장 생활 등을 하면서 겪을 수 있는 희로애락을 모두 내려놓고 어떻게 오직 그리스도만을 위해 인생을 바칠 수 있을까?' 싶어 걱정이 입니다.

저는 대학 시절, 1년 반 정도 영등포에 있는 살레시오 수도원에 살았습니다. 수녀님들이 일을 얼마나 많이 하시는지 손이 솥뚜껑처럼 거칠고 단단했습니다. 수녀님들은 그렇게 일을 하고 밤마다 미사를 드렸습니다. 화곡동 떼제 공동체 수사님들도 뵐 기회가 있었는데 외국어대학교에서 강의를 해서 받는 월급을 모두 공동체에 바치고 청빈한 삶을 사셨습니다. 자기 포기와 절대 순종의 삶은 참으로 아름답습니다. 우리는 이런 삶이 실제로 누군가에게 찾아올 수 있다는 사실을, 우리 자신도 그 누군가에 포함될 수 있다는 점을 인정해야 합니다.

예수님을 떠난 부자 청년은 어디로?

부자 청년은 이후 어떻게 되었을까요? 성경은 "그 청년이 재물이 많으므로 이 말씀을 듣고 근심하며 [갔다]"고 기록합니다(마 19:22). 그렇다면 그는 예수님의 제자로서 탈락한 셈일까요? 꼭 그렇게 볼 수만은 없습니다. 저는 그 청년이 주님을 떠났지만 그대로 끝나지는 않았을 거라고 봅니다. 누구라도 한 번의 만남으로 모든 것을 버리기는 쉽지 않습니다. 그렇다고 믿음에서 탈락했다고 단정할 수도 없지요.

제 나름의 근거는 이렇습니다. 먼저 이 부자 청년이 누구일지 추측해 봅시다. 마태복음은 '재물이 많은 청년'이라고 하고, 누가복음은 '어떤 관원'(ruler)이며 계명을 철저히 지켰다고 합니다. 그렇다면 젊은 바리새인이라고 볼 수 있을 텐데 성경 인물 중 이와 가장 유사한 사람이 누구일까요? 예수님이 돌아가신 후 그 시신을 달라고 요구한 아리마대 사람 요셉이 아닐까요?(요 19:38-39).

요한복음과 마태복음은 아리마대 사람 요셉을 '부자'라고 일컫습니다. 그는 자기 무덤을 가지고 있을 만큼 돈이 많았고 동시에 공회원이었으며(눅 23:50), 밤에 예수를 찾아왔던 바리새인 니고데모와 뜻을 같이하는 관계였지요(요 19:38-40).

아리마대 사람 요셉은 예수의 제자이나 유대인이 두려워 그것을 숨기더니 이 일 후에 빌라도에게 예수의 시체를 가져가기를 구하매 빌라도가 허락하는지라. 이에 가서 예수의 시체를 가져가니라. 일찍이 예수께

밤에 찾아왔던 니고데모도 몰약과 침향 섞은 것을 백 리트라쯤 가지고 온지라. 이에 예수의 시체를 가져다가 유대인의 장례 법대로 그 향품과 함께 세마포로 쌌더라. (요 19:38-40)

저는 여기 나오는 아리마대 사람 요셉이 부자 청년이었다고 추측합니다. 이 둘은 '부자'이면서 '관원'이고 '바리새인'이라는 점이 같습니다. 또 니고데모가 밤에 남몰래 예수님을 찾아와 영생의 방법을 물었듯이, 부자 청년도 영생의 길을 물었습니다. 아리마대 요셉과 이 청년은 동일인일 가능성이 높은 것이죠. 이런 추측이 가능하다면 우리는 부자 청년이 예수님께 "네 소유를 팔라"는 말을 듣고 근심하면서 떠난 후, 내면에 어떤 변화가 있었는지 짐작할 수 있습니다.

변화의 결정적 단서는 성경이 아리마대 요셉을 "예수의 제자"라고 하는 데서 찾을 수 있습니다(마 27:57). 예수님을 처음 만나서 영생과 선함을 주제로 문답했을 때만 해도 부자 청년은 "소유를 버리고 나를 따르라"는 말씀에 응하지 않았습니다. 그런데 그 후 변한 것입니다. 어떻게 변할 수 있었을까요? 성경은 설명하지 않지만 평상시 그가 니고데모와 뜻을 같이하는 사이였다면, 니고데모가 예수님을 만나고 돌아와 나눈 그의 경험과 판단도 큰 몫을 차지했을 것입니다.

산헤드린 공회원이었기에 그는 제자라는 신분을 숨겼으나(요 19:38) 더 이상 재산에 얽매여 살지 않고, 어느 순간부터 예수님의 제자로 살았을 것입니다. 제자로 살면서도 신분을 숨겼으니, 그가 모든 것을 온전히 버리지는 않은 듯합니다. 그러다가 주님의 죽음 후에 니고데모와 같은 깨달음을 얻은 후 불현듯 지난날 모든 것을 버리고 당신을 따르라고 하신 예수님의 말씀이 기억났을지도 모릅니다. 그래서 용기를 내 신분을 드러내고 빌라도에게 가서 예수님의 시신을 달라고 했겠지요. 제자들 모두 도망하는 상황에서 그런 요구를 하는 것은 어떤 의미인가요? '나는 예수님의 제자요 그와 한패'임을 드러내는 사건입니다. 지금부터 나의 삶과 죽음을 예수님과 같이하겠다는 선언입니다. 산헤드린 공회원 자격을 잃어도 좋고 바리새인 그룹에서 쫓겨나도 좋다는 각오를 밝힌 것입니다. 과연 그것은 모든 것을 포기하는 선택이요, 주님을 따르겠다는 선언입니다. "모든 것을 버리고 나를 따르라"는 예수님의 말씀을 몇 년이 지난 후 예수님의 죽음 앞에서 실천에 옮긴 것입니다.

토마스 왕 목사의 메시지

지금까지 저는 모든 소유를 버리고 예수님을 따르라는 요구가 자신의 연약함과 죄성을 인정하는 데 그치는 것이 아니라 실제적으로 그렇게 살라는 요청이라고 주장했습니다. 이제 남은 질문은 이것 하나입니다. 이 말씀을 누구에게 적용해야 할까요? 이 명령은 예수님을 믿는 모두에게 해당되는 요구인가요, 아니면 특별히 '예수님의 제자들'이라고 구별된 소수 그리스도인들에게만 해당되는 명령인가요?

만일 모든 것을 버리라는 요구가 일부 제자가 아닌 모든 그리스도인에게 해당한다면 우리는 정말 모든 것을 버려야 합니다. 기혼자라면 이혼을 하고, 집이 있다면 집을 팔고, 학생이라면 공부를 그만둬야 합니다. 하지만 우리는 그렇게 살지 않습니다. 그렇다면 우리는 그리스도의 제자가 아닐까요? 이 말씀을 어떻게 받아들여야 하겠습니까?

어떤 신학자들은 제자와 일반 신자는 구별해야 하며 모든 것을 버리고 따름은 제자들에게 한정된 말씀이라고 주장하기도 합니다. 과연 그럴까요? 그렇지 않습니다. 예수님이 하신 말씀은 제자들이 아닌 영생의 길을 묻는 부자 청년의 질문에 대한 대답이었음을 주목해야 합니다. 영생의 길은 소수의 제자들이 아닌 모든 사람과 연결된 생의 주제입니다. 예수님이 영생과 따름을 연결시키신 이상, 모든 것을 버리라는 말씀은 모든 그리스도인에게 주시는 말씀으로 보는 것이 자연스럽습니다. 따라서 그 버림은 남의 이야기가 아니라, 나에게 해당하는 도전입니다. 그렇다면 이 말씀을 어떻게 받아들여야 할까요?

여러 해 동안 저는 이 문제와 관련한 어떤 결론도 내리지 못했습니다. 그러다가 어느 일요일 아침 잠에서 깰 무렵 한 생각이 저를 찾아왔습니다. '집과 가족, 토지처럼 주님을 따르기 위해 포기해야 할 큰 버림도 있지만, 일상에서 혹은 때를 따라 주님이 말씀하실 때 취해야 할 작은 버림도 있지. 그 작은 버림이 쌓여서 어느 날 큰 버림으로 이어질 수 있겠구나' 하는 생각이었습니다. 문득 제가 실천한 작은 버림의 사건이 생각났습니다.

1992년 8월 선교한국대회에 참석했을 때입니다. 주강사인 토마스 왕(Thomas Wang) 목사님이 청중에게 "주님보다 높은 모든 것을 내려놓고 그분을 따르라"고 말씀하셨는데, 그때 돈과 집, 가족이 아닌 제가 소중하게 여기던 클래식 카세트테이프가 생각났습니다. 그것들은 대학 시절, 외롭고 쓸쓸할 때마다 텅 빈 제 마음을 위로해 주던 영혼의 보금자리 같은 존재였죠. 바람 부는 흐릿한 가을날, 삼성 '마이마이'로 들었던 슈베르트 현악 4중주 13번 로자문데 중 2악장의 선율은 잊을 수가 없었습니다. 주님을 따르기 위해 버릴 것으로 하필 카세트테이프가 생각나다니요! 짙은 아쉬움이 느껴지는 걸 보니 '아, 버려야 할 것이 맞구나!' 싶었습니다. 그것은 작은 버림에 가까웠지만 카세트테이프가 제 인생에서 차지하는 크기는 적지 않았습니다. 그때 그 순간 저의 '집, 형제, 자매, 부모, 자신과 전토'(마 19:29)는 그것이었던 셈입니다. 수련회가 끝나고 집에 돌아와 카세트테이프 100여 개를 작곡과 대학원 지망생이었던 후배에게 모두 줘 버렸습니다. 클래식 카세트테이프를 모으던 습관은 그렇게 끝났습니다.

 2002년 좋은교사운동을 본격적으로 시작할 때 주님을 따르기 위해 버려야 할 또 다른 것이 찾아왔습니다. 이번에는 클래식테이프가 아닌, 저의 직업 자체였습니다. 당시 좋은교사운동의 일이 많아져서 기독 교사들이 각자 교사로 일하면서 이 운동을 감당하는 수준을 넘어섰습니다. 누군가는 교직을 그만두고 좋은교사운동 상근자로 일해야 할 필요가 있다고 느꼈지요. 장로회신학대학교 기독교교육학과 박상진 교수님은 저를 만날 때마다 교직을 그만두고 이 일에 뛰어들라고 집요하게 요구했습니다. "송 선생님, 왜 학교를 그만두면 안 되는지 이유를 말씀하십시오. 그러면 제가 선생님의 모든 주장을 반박하겠습니다." 하도 집요하게 말씀하시기에 저도 되물었습니다. "정말 이런 자리가 필요하면 목사님이 하셨어야죠! 기독교사회(TCF) 간사로 일하던 시절에 이 부르심에 응답하지 않고 왜 목사님은 지금 교수가 되어 있으신 겁니까?" 목사님은 당황해 하시며 농담을 던지셨어요. "한 사람의 인생은 고귀합니다. 함부로 그렇게 할 수 없지요." "그럼 제 인생은 고귀하지 않다는 말입니까?" 저의 반박에 우리 모두 배가 아프도록 웃었습니다.

어쨌든 당시에는 큰 고민거리였습니다. 교육계에 하나님 나라가 확장될 때 그 속에 뛰어듦으로써 그 흐름에 나 자신을 맞출 것인지 아니면 교직이라는 안전한 직업 공간에 머물면서 하나님의 역사를 가둘 것인지가 쟁점이었지요. 내가 안전한 공간에 머물면 하나님 나라의 확장은 위기를 맞고, 하나님 나라 확장을 위하자면 내 신세가 불안해지는 상황에서 저는 양자택일을 할 수밖에 없었습니다. 솔직히 교직을 내려놓아야 하는 것이 분명해 보였지만 내려놓기 어려웠습니다.

교직을 버리기가 얼마나 어려운지 한번 생각해 보세요. 1982년 제가 사범대학에 입학할 때 교사는 천덕꾸러기 같은 직업이었습니다. 하지만 1997년 나라가 외환 위기를 겪으며 교직은 신의 직장이 되었습니다. 1982년에는 미천한 직업이었지만 외환 위기를 지나온 이후에는 누구나 선망하는, 그래서 결코 포기해서는 안 될 직업이었습니다. 바로 그러한 때 버리자니 아까웠습니다. 교직을 포기하고 이

운동에 인생을 걸면서까지 주님을 따르면, 이 운동을 함께해 온 후배들이 내 생계를 보장해 줄 수 있을지 의구심도 들었습니다. 도중에 이 운동이 실패할 수도 있는데 그럼 그 후에는 어떻게 될지 걱정도 되었습니다. 교직을 버리라는 것은 분명한 부르심이었기에 부담을 가득 느끼면서도 교직을 내려놓기가 정말 어려웠습니다. 교직은 제게 부자 청년이 버리지 못한 재산과도 같았던 것입니다.

월드컵 열기가 한창이던 2002년 여름, 기독교사대회를 앞두고 리더들이 막바지 준비 모임으로 모여 예배를 드리던 때였습니다. 저를 '괴롭혀 오던' 박상진 목사님이 설교자로 나섰지요. 목사님은 TCF 간사 시절에 호주의 나덕영 선교사님이 사람의 헌신과 관련해서 해주신 말씀이 있다고 하면서 이런 말씀을 하셨습니다. "하나님은 달걀 프라이보다는 통닭구이를 좋아하신다더군요. 자신의 몸이 만든 일부만 주님께 드리는 사람보다는 존재 전체를 드리는 사람을 하나님이 기뻐하신다는 말씀이었습니다. 하나님은 기독 교사 운동을 자기 인생의 과제로 끌어안고 전적으로 주님께 자신을 드릴 사람을 찾고 계십니다." 유머 섞인 비유에 리더들은 모두 웃었습니다. 그런데 어찌된 일인지 그 말씀을 듣던 제게서 주체할 수 없는 눈물이 터졌습니다. 모두 웃는 분위기에 혼자 울다니요. 그야말로 웃기는 상황이었습니다. 그러나 저는 심각했습니다. '내 인생 전체를 요구하시는 하나님'의 마음이 너무나 선명하고도 뜨겁게 느껴졌으니까요. 부자 청년에게 또 베드로에게 '네가 가진 것을 버리고 너는 나를 따르라'고 하신 말씀이 저에게도 찾아온 순간이었습니다.

그때 제가 버려야 할 모든 것은 안정된 직업이었습니다. 부르심이 분명했기에 안정된 직업을 버리고 그분을 따라나섰습니다. 불안한 미래에 대해 아내에게 마음을 털어놓았을 때 아내는 이렇게 말했습니다. "여보, 산 한모퉁이를 돌아야 그다음이 보이는 것 아닌가요? 퇴직 후에 주어지는 보장된 삶을 생각하지 말고 일단 나서 보지요."

제가 하고 싶은 이야기는 이것입니다. 모든 소유를 버리고 나를 따르라는 말씀을 신부나 수녀들이 받아들이는 수준으로 부담을 느끼면서 두려워하지 말자는 것입니다. 오히려 주님이 내 일상에 찾아오셔서 오늘 요구하는 작은 버림에 대한 촉구로 받아들입시다. 다시 말해 막연하고 거창한 수준으로 버림을 이해해서 부담스러워하지 말고, 오늘 내 삶의 중심에 구체적으로 들어와 하시는 말씀에 순종하자는 것입니다. 크든 작든 말이지요. 설령 작은 수준의 버림일지라도 주님의 요구에 순종하면, 그게 쌓여 나중에 큰 것도 버릴 수 있을 것입니다. 작은 것을 버릴 때 찾아오는 은총과 주님과의 사귐의 기쁨이 쌓이기 때문입니다.

버림과 따름은 신자의 운명이다

주님이 부자 청년에게 주신 '모든 것을 버리고 나를 따르라'는 말씀이 우리에게도 찾아올 텐데, 그때 우리는 주저함 없이 모든 것을 버려야 할 것입니다. 저에게 '모든 것'은 때로 '클래식 카세트테이프'였고 때로 '안정적인 직업'이었습니다. 주님을 따르기 위해 자신이 붙들고 있던 것을 내려놓는 것은 신자의 운명입니다. 우리가 버려야 할 '집이나 형제나 자매나 부모나 자식이나 전토'는 사람마다 시기마다 다를 수 있습니다. 어른들에게는 직장이나 가족, 돈일 수 있겠지요. 학생이라면 게임이나 성적 혹은 상급 학교 입시 결과일 수도 있습니다.

특별히, 학생 시절은 예수님의 제자로 살아갈 미래를 준비하는 시기로 볼 수 있습니다. 그러나 미래를 준비하는 지금이야말로 미래에 찾아올 제자의 삶과 무관하지 않습니다. 나이가 몇이든 우리 모두는 주님을 따르기 위해 오늘 버려야 할 것이 무엇인지 생각해야 합니다. 지금 여기에서 잘 내려놓아야 그때가 오면 그때 내려놓아야 할 더 큰 것도 내려놓을 수 있습니다. 지금 여기서 내려놓지 않으면서 그날 내려놓을 수 있다고 큰소리친다면 내려놓을 그날은 오지 않을 것입니다.

내려놓지 않고서는 그를 알 수 없고 따를 수도 없으며 영생의 기쁨을 누릴 수도 없습니다. 그렇다고 해서 그를 따르는 것이 괴롭고 손해 보는 일이라고만 비관할 필요가 없습니다. 주님은 이렇게 약속하시니까요.

> 내가 진실로 너희에게 이르노니 나와 복음을 위하여 집이나 형제나 자매나 어머니나 아버지나 자식이나 전토를 버린 자는 현세에 있어 집과 형제와 자매와 어머니와 자식과 전토를 백 배나 받되 박해를 겸하여 받고 내세에 영생을 받지 못할 자가 없느니라. (막 10:29-30)

2부

진정한 신앙이란 무엇인가?

21 예수께서 배를 타시고 다시 맞은편으로 건너가시니 큰 무리가 그에게로 모이거늘 이에 바닷가에 계시더니 22 회당장 중의 하나인 야이로라 하는 이가 와서 예수를 보고 발 아래 엎드리어 23 간곡히 구하여 이르되 내 어린 딸이 죽게 되었사오니 오셔서 그 위에 손을 얹으사 그로 구원을 받아 살게 하소서 하거늘 24 이에 그와 함께 가실새 큰 무리가 따라가며 에워싸 밀더라 25 열두 해를 혈루증으로 앓아 온 한 여자가 있어 26 많은 의사에게 많은 괴로움을 받았고 가진 것도 다 허비하였으되 아무 효험이 없고 도리어 더 중하여졌던 차에 27 예수의 소문을 듣고 무리 가운데 끼어 뒤로 와서 그의 옷에 손을 대니 28 이는 내가 그의 옷에만 손을 대어도 구원을 받으리라 생각함일러라 29 이에 그의 혈루 근원이 곧 마르매 병이 나은 줄을 몸에 깨달으니라 30 예수께서 그 능력이 자기에게서 나간 줄을 곧 스스로 아시고 무리 가운데서 돌이켜 말씀하시되 누가 내 옷에 손을 대었느냐 하시니 31 제자들이 여짜오되 무리가 에워싸 미는 것을 보시며 누가 내게 손을 대었느냐 물으시나이까 하되 32 예수께서 이 일 행한 여자를 보려고 둘러 보시니 33 여자가 자기에게 이루어진 일을 알고 두려워하여 떨며 와서 그 앞에 엎드려 모든 사실을 여쭈니 34 예수께서 이르시되 딸아 네 믿음이 너를 구원하였으니 평안히 가라 네 병에서 놓여 건강할지어다 35 아직 예수께서 말씀하실 때에 회당장의 집에서 사람들이 와서 회당장에게 이르되 당신의 딸이 죽었나이다 어찌하여 선생을 더 괴롭게 하나이까 36 예수께서 그 하는 말을 곁에서 들으시고 회당장에게 이르시되 두려워하지 말고 믿기만 하라 하시고 37 베드로와 야고보와 야고보의 형제 요한 외에 아무도 따라옴을 허락하지 아니하시고 38 회당장의 집에 함께 가사 떠드는 것과 사람들이 울며 심히 통곡함을 보시고 39 들어가서 그들에게 이르시되 너희가 어찌하여 떠들며 우느냐 이 아이가 죽은 것이 아니라 잔다 하시니 40 그들이 비웃더라 예수께서 그들을 다 내보내신 후에 아이의 부모와 또 자기와 함께 한 자들을 데리시고 아이 있는 곳에 들어가사 41 그 아이의 손을 잡고 이르시되 달리다굼 하시니 번역하면 곧 내가 네게 말하노니 소녀야 일어나라 하심이라 •마가복음 5:21-41

1

예수님의 시간표
멈춤

젊은 시절, 소설가 이은성이 쓴 『소설 동의보감』(창비)을 인상 깊게 읽었습니다. 그중 허준이 과거 시험을 보러 한양에 가는 길에서 겪은 사건이 지금도 기억에 남습니다. 지방에서 한양으로 가는 데는 며칠씩 걸렸기에 다들 그러하듯 허준도 한양으로 가는 길목에 자리한 주막에서 하룻밤을 묵게 됩니다. 그런데 한 젊은이가 급히 의원을 찾았습니다. 어머니가 병으로 죽어 간다면서요. 그 주막에 머물던 모든 의원이 침묵했습니다. 왜 그랬을까요? 과거 시험을 치를 한양의 반대편에 젊은이의 집이 있었기 때문입니다. 그 젊은이를 따라갔다가 자칫 지체하면 시험을 치를 수 없을 테니까요.

그런데 허준만은 젊은이의 부탁을 수락해 방향을 돌려 그의 집으로 갑니다. 다행히 허준의 도움으로 그의 어머니는 기력을 회복했습니다. 허준은 서둘러 한양으로 떠날 채비를 했습니다. 그런데 큰 낭패가 찾아왔습니다. 그사이에 소문이 퍼져 동네 사람들이 환자들을 데려와 그의 길을 막은 것입니다.

그때 허준은 어떤 생각을 했을까요? 공부하며 기다린 세월이 얼마인데 기회를 놓쳐서는 안 되니 얼른 한양에 가야 한다고 생각했습니다. 그러나 한편에서는 다른 고민이 들었습니다. 평소 그의 스승은 '의원은 환자를 불쌍히 여기는 마음이 첫째'라고 가르쳤던 것입니다. 결국 허준은 가던 길을 멈춰 환자들을 치료하기 시작했습니다. 진료를 마치고 서둘러 길을 나섰지만 한양에 도착했을 때는 이미 시험은 끝난 후였습니다.

허준은 스승의 가르침을 따라 환자들을 돌보는 일을 선택했고, 그 결과 과거 시험을 치르지도 못했습니다. 후에 다시 시험을 봐서 내의원의 의원이 되었습니다만, 만약 그가 환자를 뿌리치고 시험 보러 가는 데만 급급했다면, 그래서 좀더 일찍 의원이 되었다면 그의 미래는 어떻게 되었을까요? 출세는 좀더 빨리 했을지 모르나 선생의 가르침을 잊고 의사의 정신을 포기한 그는 자기 이익에만 골몰하는 의원으로 살았을 것입니다.

저는 이번 장에서 예수님이 일으키신 기적에 대해 이야기하려고 합니다만, 그 기적은 허준의 행동과 정신에 맥이 닿아 있습니다. 만약 우리가 허준이었다면 어떤 선택을 했을까 하는 질문을 품고 예수님의 이야기를 함께 살펴보기를 바랍니다.

예수님 옷자락에 손을 댄 여인

이번 이야기는 매우 유명합니다. 마태복음(9:18-26), 마가복음(5:21-43), 누가복음(8:40-56)이 모두 소개하고 있지요. 이야기의 구성 방식은 꽤 독특한데, 두 기적 사건이 하나의 이야기로 통합되어서 묘사됩니다. 아니, 하나의 이야기에 다른 이야기가 밀고 들어와 두 이야기가 하나의 메시지를 주는 방식입니다.

예수님은 바로 전 거라사 지방에서 무덤가에 살고 있던 미친 사람의 정신을 온전하게 해 주셨습니다(막 5:1-20). 그리고 다시 갈릴리 호수의 반대편, 즉 예수님의 주 활동 무대인 가버나움으로 돌아오십니다. 예수님은 가버나움 지방에서 중풍병자, 열병에 걸린 베드로의 장모, 손 마른 사람, 더러운 귀신 들린 사람 등을 고치셨고, 가르치는 말씀마다 힘과 권세가 있어 사람들이 깜짝깜짝 놀라기도 했습니다. 그런 예수님이 잠시 데가볼리 지방의 거라사에 건너가셨다가 돌아오신다고 하니 "큰 무리"라고 표현된 사람들이 예수님께 몰려갔습니다(5:21). 마가복음은 예수님이 거라사 지방에서 배를 타시고 맞은편 바닷가에 오셔서 오늘의 주인공 야이로와 만나셨다고 썼는데, 여기서 말하는 바닷가는 가버나움과 거라사 사이에 있는 갈릴리 호수를 의미합니다.

야이로는 회당장이었는데 오늘로 따지면 목사님 정도라고 볼 수 있겠습니다. 그 야이로가 큰 무리 가운데 있다가 예수님 앞에 나타나 딸을 고쳐 달라고 엎드려 부탁합니다.

> 회당장 중의 하나인 야이로라 하는 이가 와서 예수를 보고 발아래 엎드리어 간곡히 구하여 이르되 내 어린 딸이 죽게 되었사오니 오셔서 그 위에 손을 얹으사 그로 구원을 받아 살게 하소서. (막 5:22-23)

그가 얼마나 간절히 요청했는지, 영어 성경은 "pleaded earnestly"라고 표현했습니다. 'plead'만으로도 간절함을 드러내는데 'earnestly', 즉 '진정으로'라는 말까지 쓴 것으로 보아 얼마나 간절한 요청인지 짐작이 갑니다. 예수님은 간청을 수락하시고 회당장의 집으로 출발했습니다. 사람들은 또 다른 기적을 볼 생각에 예수님을 에워싸 밀면서 쫓아갔습니다(5:24). 문제는 그다음 장면에서 생깁니다. 야이로의 집으로 가는 길에 차질이 생긴 것입니다.

> 열두 해를 혈루증으로 앓아 온 한 여자가 있어 많은 의사에게 많은 괴로움을 받았고 가진 것도 다 허비하였으되 아무 효험이 없고 도리어 더 중하여졌던 차에 예수의 소문을 듣고 무리 가운데 끼어 뒤로 와서 … . (막 5:25-27)

야이로의 딸을 고치러 가는 길에 열두 해 동안 혈루증을 앓아 온 여인이 등장합니다. 혈루증은 여성의 자궁이나 방광 같은 장기에서 출혈이 계속되는 병입니다. 예수님에 대해 익히 소문을 들어 온 여인은 자신의 병도 치료받고자 대열에 낀 것입니다. 흥미로운 점은 질병이 매우 오래되고 심각했음에도 그녀는 회당장 야이로처럼 앞에 나서서 주님께 호소하지 않았다는 사실입니다. 그녀는 인파 속에 있다가 슬그머니 예수님의 옷자락을 만졌습니다. 여인이 왜 몰래 예수님께 다가갔는지는 뒤에서 다루겠습니다. 어쨌든 여인은 예수님의 옷자락을 만지자마자 자신의 병이 나았음을 직감했습니다(5:29). 목적을 달성했으니 집으로 돌아가면 됩니다. 그런데 짓궂게도 예수님이 여인을 그냥 가게 두지 않으십니다.

> 누가 내 옷에 손을 대었느냐. (막 5:30)

치료의 기운이 빠져나갔음을 느낀 예수님이 여인을 찾으셨습니다. 상황을 모르는 제자들은 황당했을 것입니다. 온 동네 사람들이 예수님을 에워싼 채 야이로의 집으로 가는 길인데 누가 내 옷을 만졌느냐고 물으시니 답답할 노릇이지요. 마치 아침 출근길에 지옥철이라고도 불리는 지하철 2호선 구간에서 빼곡한 사람들 틈바구니에 있던 누군가가 "누가 밀어?"라고 묻는 것과 같은 상황입니다. 물론 우리는 알고 있습니다. 이 질문의 의미가 예수님께 손을 대서 '몸이 나은 사람'이 누구인지 묻고 있다는 것을요.

그런데 급히 가던 길을 멈추고 질문을 던지신 예수님의 행동은 몇 가지 면에서 궁금증을 자아냅니다. 지금은 한시라도 지체해서는 안 될 급한 상황입니다. 야이로의 딸이 죽을 수도 있지 않습니까? 게다가 여인의 병이 나았으니 굳이 멈춰서 그 여인을 찾지 않아도 됩니다. 낭비할 시간이 없으니까요. 그런데 병이 나은 여인과 대화를 하기 위해 발걸음을 멈춰 적지 않은 시간을 버렸으니 알다가도 모를 일입니다. 위급한 순간에 예수님은 시간을 낭비하셨고, 결국 길 위에서 야이로의 딸이 죽었다는 소식이 전해집니다.

> 아직 예수께서 말씀하실 때에 회당장의 집에서 사람들이 와서 회당장에게 이르되 당신의 딸이 죽었나이다. 어찌하여 선생을 더 괴롭게 하나이까. (막 5:35)

예수님은 왜 가던 길을 멈추셨을까?

예수님은 왜 급하게 가던 길을 멈춰서까지 굳이 여인과 대화를 하려고 하셨을까요? 마태복음은 예수님이 멈춰 서서 돌아보시며 여인에게 말씀하심으로써 병이 나은 것처럼 묘사합니다. 그러나 누가복음과 마가복음은 여인이 예수님의 옷자락을 만진 즉시 병이 나았다고 묘사합니다. 여인이 옷자락을 만진 것만으로 병이 나았다면 예수님은 왜 위급한 상황에 걸음을 멈추신 걸까요?

여러 추측이 가능합니다. 대표적으로 예수님이 죽은 자도 살리시는 분임을 알리기 위해 야이로의 딸이 죽을 때까지 시간을 지체했다는 추측입니다. 여기에 단서가 나오지는 않지만, 나사로의 소식을 듣고 예수님이 보이신 태도가 그러했습니다(요 11:1이하). 나사로의 여동생들이 사람을 보내 와 주시기를 부탁했지만, 예수님은 바로 출발하지 않고 이틀을 지체하십니다. 나사로가 죽고 나서 나흘이나 무덤에 있도록 방치하셨죠. 그러나 그때는 분명히 이유를 밝히셨습니다. 늦게 도착한 이유는 "너희로 하여금 믿게 하기 위해서"라고요 (11:15). 기다림과 방치는 죽은 나사로를 살리는 부활의 주님의 역사를 드러내시고자 함이었고, 따라서 완전한 절망의 상태까지 기다리셨다고 해석할 수 있습니다.

그러나 이 본문을 그렇게 해석하기는 조심스럽습니다. 예수님이 후에 야이로의 딸을 고쳐 주실 때와 나사로를 살리실 때의 상황이 사뭇 다르기 때문입니다. 야이로의 딸을 살리신 후에 예수님은 부모와 세 명의 제자들에게 '누구에게도 이 사실을 말하지 말라'고 당부하십니다. 말하지 말라고 해서 다른 사람이 모를 상황은 아닙니다만, 나사로처럼 죽은 지 며칠 지나 썩은 냄새가 나는 시체를 살리신 게 아니라 한두 시간 정신을 잃었다가 깨어난 것으로 착각할 수도 있는 상황이었습니다.

그런가 하면 마태복음은 야이로가 이미 딸이 죽었음을 알고 예수님께 찾아와 간청했다고 기록했습니다(마 9:18). 마태복음의 기록이 옳다면, 야이로의 딸이 죽기를 기다리느라 시간을 소모했다고 해석하기는 어렵습니다. 제 말의 요지는 이것입니다. 야이로의 딸을 고쳐야 하는 다급한 시간에 왜 예수님은 불필요하게 가던 길을 멈추시고, 이미 믿음으로 예수님의 옷자락을 만져 병의 근원을 치료받은 여인과 대화하면서 아까운 시간을 낭비하셨느냐는 것이지요.

몸의 회복보다 더 큰 마음의 회복

성경 어디에서도 그 이유를 밝히지 않으니 맥락을 살피며 상상해 봅시다. 저는 외적 요인이 아닌 이 여인의 상태에서 찾아야 한다고 봅니다. 여인은 질병으로 무려 12년간 고생했습니다. 대부분의 남성은 잘 모르겠지만 출혈이 멈추지 않는 상태가 얼마나 고통스러운지 생리를 매달 경험하는 여성들은 잘 알 것입니다. 번거로운 것은 물론이고 며칠씩 피를 쏟아 내니 몸의 기운도 달릴 것입니다.

그러나 이 여인이 겪어 온 더 큰 불편은 다른 데 있었습니다. 바로 유대 사회에서 혈루병은 죄였다는 점입니다. 레위기와 민수기는 시체나 무덤을 만진 사람, 유출병이나 나병을 앓는 이는 부정하고 그들과 접촉하는 이들도 부정하다고 적고 있습니다(레 13-15장, 민 19장). 열두 해 동안 혈루병으로 고생한 이 여인을 동네 사람들이 모를 리 없습니다. 따라서 율법에 따라 격리되어 살았겠지요. 그 삶이 얼마나 외로웠을까요?

외톨이로 사는 것은 힘듭니다. 초등학교 시절 저는 왕따를 당했습니다. 한 친구 녀석이 저에게 '마담'이라는 별명을 지어 주고 놀리기 시작했는데, 친구들이 덩달아 저를 놀리느라 6년 동안 아주 고통스러운 시간을 보냈습니다. 얼마나 서러웠던지 어느 날 학교에서 돌아오는 길에 산마루에 올라 혼자 생각했지요. '나는 죽어서 천국에 가지만 수길이(가명)는 천국에 못 간다!' 그렇게 생각하며 스스로를 위로했습니다.

저는 중학교에 가면서 그 고통에서 벗어났지만, 혈루병에 걸린 여인의 사회적 격리와 소외는 현재 진행형이었고 병이 낫지 않는 이상 평생 괴로워하며 살아야 합니다. 그녀가 결혼을 했는지는 모릅니다. 결혼을 했더라도 정상적인 부부 생활을 하기 힘들었을 것입니다. 부정하다는 이유로 이혼을 당했을지도 모릅니다. 결혼하지 않고 부모님과 살았다면 그 부모가 겪어야 할 불편과 어려움 또한 이루 말할 수 없이 컸겠지요. 그녀는 어떻게든 병에서 낫고자 많은 의사를 만났습니다.

> 많은 의사에게 많은 괴로움을 받았고 가진 것도 다 허비하였으되 아무 효험이 없고 도리어 더 중하여졌던 차에. (막 5:26)

여인은 재산을 팔아 여러 의사에게 치료를 받았지만 병세는 도리어 심해졌습니다. 돈이라도 있으면 버틸 수 있었겠지만 그마저 바닥났습니다. 그녀는 심각하게 고민했을 것입니다. 이쯤되면 누구라도 그런 고민을 하게 됩니다. 구차한 목숨을 끊어 버리는 게 어떨까 하는 것이지요. 살길이 막막한 상태에서 절망을 뚫을 수 있는 길이 죽음 외에 무엇이 있겠습니까?

예수님을 만나기 전 그녀의 마음이 꼭 그랬을 것 같습니다. 그런데 예수님에 대한 소문, 곧 그분이 특별한 분이고 그를 만난 병자들이 모두 나았고 여느 의사들과 달리 돈을 받지 않는다는 이야기가 들렸습니다. 그녀가 예수님을 만난 적이 있는지 소문만 들었는지는 모릅니다. 그러나 희한하게도 믿음이 생겼습니다. 예수님의 옷에만 손을 대도 병이 나을 것이라는 믿음이었지요(막 5:28).

여인은 예수님의 옷자락에 손을 댐으로써 치료받았습니다. 나을 것이라고 믿기는 했지만 실제로 몸에서 병의 근원이 사라졌음을 느끼고 기력이 회복되었음을 느낀 순간, 그녀는 놀랐을 것입니다. 그러나 목적을 이루었으니 돌아가면 그만입니다.

그런데 돌발 상황이 터졌습니다. 예수님이 "누가 내 옷에 손을 대었느냐"고 물어보신 것입니다. 성경은 이 여인이 기뻐하고 감사해 한 것이 아니라 "두려워하여 떨며 와서 그 앞에 엎드려 모든 사실을 여쭈[었다]"고 전합니다(막 5:33). 그녀는 혈루병에 걸린 죄인이었을 뿐 아니라, 그런 죄인이 사람들 틈바구니에 있었다는 것 자체가 문제였지요. 야이로처럼 당당하게 병을 고쳐 달라고 말할 수 없었던 것도 이 때문입니다.

주님이 자신을 찾으시니 이제 모든 것이 폭로될 테고 여인은 살기 위해 나왔다가 죽게 되었다고 느꼈을 것입니다. 여인은 두렵고 떨리는 마음으로 자초지종을 털어놓았습니다. 그런데 주님은 예상을 엎고 여인이 지금껏 들어 보지 못한 말씀을 하십니다.

> 딸아 네 믿음이 너를 구원하였으니 평안히 가라. 네 병에서 놓여 건강할지어다. (막 5:34)

"딸아!" 이 한마디에 여인의 마음은 녹아내렸을 것입니다. 죄인 취급을 받으며 격리되어 지냈고 사람들은 그녀를 벌레 보듯 하며 상종도

하지 않았습니다. 숱하게 의사들을 만났으나 실패했고 재산도 모두 잃었습니다. 그녀가 누구에게 마음을 내보일 수 있었을까요? 빗장을 단단히 걸 수밖에 없었겠지요. 그런데 나사렛 출신의 예수님이 12년간 단 한 차례도 듣지 못했던 따뜻한 음성으로 "딸아" 하고 불러 주셨습니다. 그 순간 그녀는 몸의 회복보다 더 큰 마음의 회복을 경험했을 것입니다.

이 상황을 어떻게 이해해야 할까요? 이렇게 설명해 보겠습니다. 우리도 어떤 문제를 놓고 고민하고 기도하다가 주님의 은혜로 문제가 해결되면 기뻐합니다. 문제가 해결된 것도 기쁘지만 이 문제에 대해 주님이 나에게 말을 걸어오시는 것만큼 더 큰 기쁨은 없습니다. '얘야, 자책하지 말거라. 네 인생을 사랑하거라' 하는 말씀을 들을 때 우리의 영은 밝아집니다. 오래 씨름해 온 일을 겨우 끝내고 몸조차 가누기 힘든 상태로 주님께 기도하다가 문득 주님이 '얘야, 내가 너를 통해 영광을 받았고 앞으로도 영광을 받을 거란다' 하고 말씀해 주실 때 우리는 회복을 경험합니다. 큰 갈등과 위기 속에서 아무것도 할 수 없다는 무력감에 더해 '작은 일 하나도 해결 못하는데 어떻게 세상을 바꾸겠어?' 하는 어둠의 속삭임으로 절망할 때, '너는 마음을 강하게 하라, 담대히 하라, 너의 평생에 너를 당할 자가 없으리니 내가 너와 함께하겠다' 하는 말씀을 주시면 우리는 큰 위로를 받습니다. 비록 삶에 아무런 변화가 없을지라도 주님이 찾아오셔서 말씀하실 때 그 자체로 회복을 경험하는 것입니다.

여인도 마찬가지 아니었을까요? 기적적으로 병이 나은 것도 기뺐겠으나, 주님이 친히 따뜻한 격려와 위로의 말씀을 해 주시고 영적 힘을 북돋아 주시니 참으로 든든했을 것입니다. 바로 이를 위해 주님이 급하게 가던 길을 멈춰 서서 여인을 부르셨다고 저는 생각합니다.

그 여인 때문에 야이로의 속이 타들어 갔다

그런데 여인이 예수님을 만남으로써 다른 문제가 생겼습니다. 예수님은 원래 야이로의 딸을 구하러 가시던 길이었습니다. 예수님이 걸음을 멈추고 여인과 대화하시는 것을 사람들은 집중해서 보았겠지만, 오직 한 사람은 속이 타들어 갔습니다. 누구입니까? 회당장 야이로입니다. 죽어 가는 아이의 아버지지요. 만약 내 자녀가 구급차에 실려 병원에 가고 있는데 운전기사가 차를 멈추고 누군가와 끝 모를 대화를 나눈다면 우리는 그를 절대 그냥 두지 않을 것입니다. 그렇지만 야이로는 예수님을 혼낼 처지가 아니니 발만 동동 구를 수밖에 없었습니다.

결국 걱정하던 상황이 발생했습니다. 예수님이 여인과 계속 대화를 하던 중에 회당장의 딸이 죽었다는 소식이 전해졌습니다(막 5:35). 참으로 어처구니없는 일입니다. '조금만 빨랐어도, 이 여인과 조금만 빨리 대화를 끝냈어도 아이가 죽기 전에 집에 갈 수 있지 않았을까?' 야이로는 예수님을 원망했을지도 모릅니다. 간발의 차이로 어긋난 운명을 생각하며 괴로워할 때가 우리도 얼마나 많습니까? '그때 선실에 있지 말고 갑판으로 나왔더라면' '헬기가 조금만 일찍 도착했더라면…' 이런 자책은 당연합니다. 그러나 이미 상황은 벌어졌습니다. 소식을 알리러 온 사람들이 야이로에게 말합니다. "당신의 딸이 죽었나이다. 어찌하여 선생을 더 괴롭게 하나이까"(5:35). 이 말은 예의를 갖춘 것처럼 보이지만 예의를 가장한 불신앙의 표현이자, 겸손을 가장한 냉소의 표현입니다. 그때 예수님이 야이로에게 말씀하십니다.

> 두려워하지 말고 믿기만 하라. (막 5:36)

말씀을 하시기 전 "그 하는 말을 곁에서 들으[셨]"(5:36)는데, 영어 성경은 "Ignoring what they said" 즉, 그들의 말을 무시하면서 말씀하셨다고 표현합니다. 마치 모든 것을 알고 계셨다는 듯 야이로를 안심시키신 것이죠.

이윽고 야이로의 집에 도착한 예수님은 베드로, 요한, 야고보 세 사람만 데리고 안으로 들어가십니다. 열두 살 꽃다운 아이가 방금 목숨을 잃은지라 통곡하고 있는 사람들에게 예수님이 말씀하십니다.

> 너희들이 어찌하여 떠들며 우느냐. 이 아이가 죽은 것이 아니라 잔다.
> (막 5:39)

이 말에 사람들은 또 다른 냉소를 자아냈습니다. "그들이 비웃더라"(5:40). 주님은 냉소에 개의치 않고 시신을 누인 방에 들어가십니다. 어떤 시도도 해 볼 수 없는 완전한 절망의 상태, 곧 죽어 있는 아이의 손을 잡고 주님은 "달리다굼"(5:41)이라고 말씀하십니다. '소녀야 일어나라' 하는 말씀에 정말 소녀는 벌떡 일어나 걷습니다. 결국 예수님은 여인도 고치시고 아이도 살려 내셨습니다.

사회운동가 알린스키의 경고

이 이야기는 이렇게 끝납니다. 이야기를 정리해 보자면, 가버나움에 오신 예수님께 할 일이 생겼습니다. 야이로의 딸을 살리는 것이었습니다. 그런데 길에서 혈루병에 걸린 여인을 만나 시간이 지체되었습니다. 저라면 이런 고민을 했을 겁니다. '빨리 가서 야이로의 딸을 구할까, 시간이 지체되더라도 여인의 문제를 해결할까.' 저는 목표중심적인 사람이라 '일단 급하니까 가던 길을 가자'고 결론 내렸을 가능성이 큽니다. 그러나 예수님은 '멈춤'을 선택하셨습니다. 그렇다고 해서 이 자체가 특별히 도전적이지는 않습니다. 예수님은 우리와 다른 분이시니까요. 예수님은 늦더라도 아이를 살려 낼 능력이 있으십니다. 그러나 우리는 멈출 수 없습니다. 늦으면 아이가 죽기 때문입니다. 그만큼 우리 삶에 주어진 시간은 제한적입니다.

예수님처럼 선한 일을 위해 달려가다가 눈앞의 위급한 문제 때문에 멈춰야 하는 경우에 우리는 쉽게 멈출 수 없습니다. 그러나 이번 장 맨 앞에서 이야기했듯이, 지금 우리 사회에는 선한 일을 목표로 하는 것은 고사하고 개인의 생존이나 출세를 위해 눈앞의 환자를 돌보지 않고 시험장으로 달려가는 사람들이 대부분입니다. '의원에게는 환자를 불쌍히 여기는 마음이 첫째'라는 스승의 말씀을 가슴에 새기고 가던 길을 멈추는 사람이 참 드뭅니다. 그렇게 열심히 달려가서 판사, 변호사, 의사, 교수가 되려는 이유가 무엇입니까? 혹시 입학사정관이 이렇게 묻는다면 '출세해서 잘 먹고 잘살기 위해서'라고 답하는 수험생은 없을 겁니다. 학교와 학원에서 배운 표준형 대답을 하겠지요. "좋은 의사(혹은 좋은 교수, 좋은 변호사, 좋은 판사)가 되어서 사회에 도움을 주려고요." 제가 입학사정관이라면 그때 추가 질문을 던질 것입니다. "그럼 자네가 좋은 의사가 되기 위해서 가던 길을 멈추어 본 적이 있는지 말해 보게. 좋은 변호사가 되기 위해 손해를 감수하고 고통받는 사람 곁에서 시간을 낭비한 적이 있나 말해 보게!" 아마 대답하지 못할 수험생이 많을 것입니다.

왜 세상은 그리고 우리 아이들이나 어른들은 멈추지 못하고 살까요? 불안하기 때문입니다. 기계처럼 공부하지 않고 이것저것 돌아보느라 늦을까 봐, 그러다 실패할까 봐 불안하기 때문입니다. 그리스도인들도 마찬가지입니다. 그리스도가 우리에게 맡기신 선한 일을 감당하는 것이 삶의 목표라면 우리는 최선을 다해 준비해야 합니다. 그러나 최선을 다하되 "지금 도와 달라"는 요청을 받았을 때, 가던 길을 멈출 줄도 알아야 합니다. 그리스도가 맡기신 선한 일을 미래에 감당하기 위해 지금 선한 일을 할 수 있어야 합니다. 제가 좋아하는 사회운동가 사울 D. 알린스키(Saul David Alinsky)는 다음과 같이 말합니다.

주교가 되고 싶은 사제는 아첨과 정치적 술수로 자신의 출세를 도모하면서, '주교가 되고 나면 나의 직책을 기독교 개혁을 위해 사용할 거야'라는 말로 자신의 행동을 정당화한다. 실업가는 '일단 백만 달러를 모은 후에 진짜 인생을 살 거야'라고 변명한다. 불행히도 사람은 주교직이나 백만장자에 이르는 과정에서 많은 변화를 겪게 되고 다시 '추기경이 될 때까지 기다릴 거야. 그렇게 되고 나면 더욱 효과적으로 힘을 발휘할 수 있을 거야'라고 말하게 된다. 그리고 이것이 끝없이 반복되는 것이다.●

우리는 예수님이 아니니 가던 길을 멈추고 환자를 돌보다가 허준처럼 실패할 가능성도 있습니다. 하지만 예수님이 아니라 허준과 연결시키는 것이 불신앙은 아닐까요? 예수님은 "나는 포도나무요 너희는 가지라"고 말씀하셨습니다(요 15:5). 그분은 제자들을 통해 당신의 일을 하십니다(마 28:19-20). 그러니 주님이 우리에게 과업을 주신 게 분명하다면 그것은 나의 일이 아니라 주님의 일이고, 따라서 주님이 반드시 나를 통해 그 일을 이루실 거라고 믿어야 합니다. 그러니 주님의 일을 하기 위해 길을 가다가 지금 선한 행실과 기여가 요구되는 사건이 나에게 발생하면, 그 앞에서 멈출 줄도 알아야 합니다.

● 사울 D. 알린스키, 「급진주의자를 위한 규칙」(아르케, 52면)

세월호 참사로 헝클어진 시간표

저는 2008년 사교육걱정없는세상을 시작한 후, 단 한 번도 다른 곳에 눈길을 주지 않고 이 운동에만 전념했습니다. 제가 관심을 두었던 성서한국, 기독교윤리실천운동, 교회개혁 운동 등에는 재정 후원만 했습니다. 일반 교육운동계에서도 요청이 많았지만 일체 응하지 않고 사무실에 박혀 사교육 문제에 매진했습니다. 더러 오해도 받았지만 그렇게 노력한 결과, 외국어고등학교 입시 제도나 대학 입시 제도가 상당 부분 개선되었고, 선행학습금지법이 국회를 통과해 시행되는 등 보람도 느꼈습니다. 그 외에도 조기 영어 교육 문제, 고교 입시 체제 문제, 출신 학교 차별 문제 등을 해결하기 위해 벼르고 별렀습니다.

그런데 2014년 4월 16일 세월호가 침몰했습니다. 그날 아침, 사무실 근처 국수집에서 아침을 먹다가 텔레비전을 통해 아이들이 배와 함께 침몰하는 장면을 보고 저는 할 말을 잃었습니다. 안산 합동분향소와 단원고를 방문하면서 마음이 너무나 아팠습니다. 그러나 그 사건이 사교육걱정없는세상 일은 아니었습니다. 제 일은 사교육 문제에 응답하는 것이지 재난 문제에 응답하는 것이 아니었거든요. 그래서 2013년 보령에서 사설 해병대 캠프 도중 학생들이 사망한 사건이나 2014년 경주에서 신입생 환영회를 하다가 리조트 건물이 무너져 학생들이 사망한 사건에 대해 단체 차원에서 대응하지 않았습니다.

그러나 저와 함께 사교육걱정없는세상 공동대표를 맡고 있는 윤지희 대표가 사교육 문제든 재난 문제든 결국 어린 생명들을 지키기 위해 우리가 운동을 하고 있고, 사교육 문제가 아니니 우리 과제가 아니라고 말해서는 안 된다고 강력히 말씀하시는 것이나, 수많은 회원이 흘리는 눈물을 외면할 수는 없었습니다. 그래서 세월호 참사 진상 규명을 촉구하는 기자회견을 했고, 회원들이 나서서 1인 시위와 릴레이 단식을 하기도 했습니다.

우리 과제가 아닌 일에 나선 것이 그때가 처음이었습니다. 그 일들을 하느라 사교육 문제는 제대로 다루지 못했습니다. 그뿐 아니라 진상 규명을 정치 이슈로 비화하는 분위기가 생기면서 우리 단체가 정치 문제에 가담한 것 같은 이미지도 얻었습니다. 몇몇 회원들은 항의하며 탈퇴하기도 했지요. 진보나 보수 어느 한편에 서지 않고 온 국민과 함께 사교육 문제를 해결해 보려고 애썼고 정치적 편향성을 띠지 않기 위해 철저하게 관리를 해서 상당 부분 성공도 한 상황에서, 우리가 시작하지 않은 싸움 때문에 그간 쌓아 온 것들을 잃게 되는 것 같아 당혹스러웠습니다. 우리 단체의 본래 목표를 이루기가 어려울지도 모르겠다는 걱정도 했습니다.

하지만 이 본문을 보면서 우리가 그간 하던 일을 접고 세월호 참사 문제에 집중한 것은 주님이 혈루병 걸린 여인을 위해 걸음을 멈춘 것과 같다는 생각이 들었습니다. 잘못된 선택이 아니구나 싶었지요. 나아가 주님이 여인을 위해 걸음을 멈추셨지만 후에 야이로의 딸을 살리셨듯이, 우리가 세월호 참사 진상 규명을 위해 잠시 멈춘 것은 주님이 기뻐하실 일이니 주님이 우리에게 맡기신 사교육걱정없는세상의 사명도 이루실 것이라는 믿음이 생겼습니다.

우리는 그리스도가 주신 인생의 사명을 각자 붙들고 살아갑니다. 목표를 이루기 위해 달려가고 있고, 준비하고 있기도 합니다. 주님이 우리에게 주신 일은 모두 선한 것입니다. 그러나 우리가 그 선한 목표를 향해 달려갈 때, 갑작스런 일이 우리 삶에 밀고 들어오는 경우가 있습니다. 혈루병에 걸린 여인이 예수님을 찾아오는 일과 같은 경우 말입니다. 그런 요구에 응하다가 목표한 일을 그르칠까 봐 초조해질 수도 있습니다. 그때 주님이 말씀을 통해 우리에게 주신 다음의 교훈을 기억합시다.

'네가 지금 이루기 위해 애쓰는 목표가 내가 원해서 시작한 일이 맞니? 그렇다면 최선을 다해서 그 일에 집중하거라. 그런데 말이다. 그 일을 하다가 네 양심을 불편하게 하고, 네 일상에서 너를 필요로 하는 사람들이 생기거든, 그들이 네 가족이든 제자든 이웃이든 누구일지라도 네 인생의 시간표가 헝클어지는 것을 두려워하지 말고 그들을 위해 네 걸음을 잠시 멈춰도 된단다. 늦어지는 것처럼 보여도 늦는 게 아니다. 왜냐하면 너를 통해 시작한 나의 일을 내가 반드시 이룰 것이기 때문이란다.'

1 그 후에 예수께서 갈릴리에서 다니시고 유대에서 다니려 아니하심은 유대인들이 죽이려 함이러라 2 유대인의 명절인 초막절이 가까운지라 3 그 형제들이 예수께 이르되 당신이 행하는 일을 제자들도 보게 여기를 떠나 유대로 가소서 4 스스로 나타나기를 구하면서 묻혀서 일하는 사람이 없나니 이 일을 행하려 하거든 자신을 세상에 나타내소서 하니 5 이는 그 형제들까지도 예수를 믿지 아니함이러라 6 예수께서 이르시되 내 때는 아직 이르지 아니하였거니와 너희 때는 늘 준비되어 있느니라 7 세상이 너희를 미워하지 아니하되 나를 미워하나니 이는 내가 세상의 일들을 악하다고 증언함이라 8 너희는 명절에 올라가라 내 때가 아직 차지 못하였으니 나는 이 명절에 아직 올라가지 아니하노라 9 이 말씀을 하시고 갈릴리에 머물러 계시니라 10 그 형제들이 명절에 올라간 후에 자기도 올라가시되 나타내지 않고 은밀히 가시니라 11 명절중에 유대인들이 예수를 찾으면서 그가 어디 있느냐 하고 12 예수에 대하여 무리 중에서 수군거림이 많아 어떤 사람은 좋은 사람이라 하며 어떤 사람은 아니라 무리를 미혹한다 하나 13 그러나 유대인들을 두려워하므로 드러나게 그에 대하여 말하는 자가 없더라 14 이미 명절의 중간이 되어 예수께서 성전에 올라가사 가르치시니… 28 예수께서 성전에서 가르치시며 외쳐 이르시되 너희가 나를 알고 내가 어디서 온 것도 알거니와 내가 스스로 온 것이 아니니라 나를 보내신 이는 참되시니 너희는 그를 알지 못하나 29 나는 아노니 이는 내가 그에게서 났고 그가 나를 보내셨음이라 하시니 30 그들이 예수를 잡고자 하나 손을 대는 자가 없으니 이는 그의 때가 아직 이르지 아니하였음이러라… 37 명절 끝날 곧 큰 날에 예수께서 서서 외쳐 이르시되 누구든지 목마르거든 내게로 와서 마시라 38 나를 믿는 자는 성경에 이름과 같이 그 배에서 생수의 강이 흘러나오리라 하시니 39 이는 그를 믿는 자들이 받을 성령을 가리켜 말씀하신 것이라…   • 요한복음 7:1-44

2

내 때는 아직 이르지 아니하였거니와
분별력

우리는 살면서 종종 중대한 선택의 기로에 서게 됩니다. 그때 어떤 선택을 하느냐가 삶의 성패를 결정하지요. 그런데 선택의 시기를 결정하는 것도 이에 못지않게 중요합니다. 목표가 같다면 선택의 시기는 중요하지 않아 보일 수도 있지만 그렇지가 않습니다. 어떤 '때'를 선택하느냐에 따라 그 사람이 마음에 품고 있는 진짜 목적을 확인할 수 있기 때문입니다. 그러므로 좋은 선택을 하는 것과 좋은 선택을 하는 시기가 모두 중요합니다.

1998년 8월, 강원대학교에서 기독교사대회가 열렸습니다. 그로부터 한 달 전인 7월에 기독 교사 단체의 대표들이 춘천에 모였습니다. 이 모임에서 우리는 기독교사대회가 한국 교육에 선한 영향을 제대로 끼치기 위해서는 누군가가 교직을 내려놓고 이 일에 전념해야 한다는 결정을 내렸습니다. 저 역시 이 결정이 하나님 나라를 위해 매우 중요하다고 보았고, 그 책임을 다른 사람들에게 떠넘기지 않고 운동의 책임자인 제가 끌어안는 것이 마땅한 도리라고 판단했습니다. 그래서 대회 전에 동료 교사에게 제가 맡고 있던 학급의 담임 역할을 해 주십사 미리 부탁해 두었지요.

대회는 성공적이었습니다. 그러나 대회 후에 후속 운동과 조직 문제를 논의하는 회의에서 엉뚱하게도 7월에 결정한 내용이 무산되었습니다. 운동을 책임질 누군가가 퇴직하는 것이 없던 일이 되었지요. 그때 이루 말할 수 없이 당혹스러웠습니다.

그로부터 5년이 지난 2003년, 좋은교사운동 이사회에서 다시 이 논의를 하여 비로소 그때 저는 교직을 내려놓고 운동의 책임자로 나서게 되었습니다. 좋은교사운동을 위해 운동에 전념할 사람이 필요하다는 결정은 1998년이나 2003년이나 옳았습니다. 그러나 그 결정을 실행에 옮기기에 적절한 때는 1998년이 아니라 2003년이었습니다. 1998년과 2003년에 제가 품었던 마음도 다소 달랐습니다. 결과적으로 이 선택은 우리 모두에게 복된 결과를 안겨 주었습니다.

이렇게 때를 분별하는 일은 매우 중요합니다. 때를 잘못 포착해서 일을 그르칠 때가 있고 잘 결정해서 좋은 결과를 얻을 때가 있습니다. 이번 장에서는 예수님의 행적을 통해 이 문제를 살펴보고자 합니다.

"내 때는 아직 이르지 아니하였거니와"

초막절을 맞아 예루살렘으로 갈 준비를 하는 동생들과 달리, 형인 예수님은 예루살렘에 갈 채비를 전혀 하지 않으셨습니다. 요한복음은 유대인들이 예수님을 죽이려 했기 때문이라고 그 이유를 설명합니다(요 7:1). 아닌 게 아니라 예수님은 유대에서 유대인들과 몇 번에 걸쳐 심각한 싸움과 논쟁을 하신 적이 있습니다. 성전에서 장사하는 이들을 쫓아내고 상을 엎으신 적도 있고(2:13-16), 안식일에 베데스다 연못가에서 38년 된 환자를 고치신 데 대해 유대인들이 비판하자 안식일의 의미를 재해석하시고, 하나님을 자신과 동등한 것으로 말씀하셔서 죽을 뻔한 적도 있습니다(5:1-18). 그래서 예수님은 자신을 죽이려는 유대인들을 피해 갈릴리에서 지내셨습니다. 상황을 아는 동생들이 예수님께 질문했습니다.

> 당신이 행하는 일을 제자들도 보게 여기를 떠나 유대로 가소서. (요 7:3)

동생들의 말은 이런 의미일 것입니다. "형. 우리와 같이 올라가요. 형이 하는 일을 제자들도 보도록 우리와 함께 유대 예루살렘으로 갑시다." 예수님은 아픈 사람을 수없이 고쳐 주시고 말씀에 권세가 있으셨으며 기적을 일으키셨고 바리새인들과도 당당히 논쟁하셨습니다. 수많은 사람이 예수님을 따르고 환호하는 것을 보고 동생들이 어떤 생각을 했을까요? 동생들이 예수님을 메시아로 믿지는 않았습니다(7:5). 그러나 '우리 형 대단하다!' 이렇게 생각하지 않았을까요? 형이 메시아는 아니지만 형이 나서서 살기 힘든 세상을 바로잡아 주었으면 하는 마음도 있었을 테고, 형을 아끼는 마음도 있었을 것입니다. 이는 가족이라면 자연스럽게 생기는 감정입니다.

제 동생만 봐도 그렇습니다. 동생은 평소에 제가 장차 큰 일을 맡을 것이라고 생각했습니다. 그래서 동생으로서 형의 앞길에 방해가 되어서는 안 되겠다고 생각했지요. 제가 사교육 문제를 해결하기 위해 시민단체를 만든다고 하니까, 동생은 입시 학원을 운영할 생각은 행여라도 하지 말아야겠다고 다짐했습니다. 나중에 형의 이력에 걸림돌이 될까 봐 말이지요. 예수님의 동생들도 마찬가지였을 것입니다. 동생들은 말합니다.

> 스스로 나타나기를 구하면서 묻혀서 일하는 사람이 없나니 이 일을 행하려 하거든 자신을 세상에 나타내소서. (요 7:4)

이 말을 다음과 같이 해석할 수 있습니다. "형이 세상을 바꾸려는 마음이 있는 것 같고 무엇보다 사람들이 형을 열렬히 환영하고 있어요. 그런데 이렇게 고향에 틀어박혀 있으면 어떻게 해요? 기다리는 사람들이 있잖아요. 세상에 나가서 변화의 때가 왔다고 알려야 하는 것 아닌가요? 명절에 왜 예루살렘에 안 가려는 건가요? 바리새인들이 공격할까 봐 걱정되세요? 형은 제자들도 많고 명절이니 엄청 많은 백성이 형을 지지할 텐데, 얼마 되지도 않는 바리새인을 왜 걱정하세요?" 그러나 실망스럽게도 예수님은 동생들의 제안을 받아들이지 않습니다.

내 때는 아직 이르지 아니하였거니와 너희 때는 늘 준비되어 있느니라. 세상이 너희를 미워하지 아니하되 나를 미워하나니 이는 내가 세상의 일들을 악하다고 증언함이라. (요 7:6-7)

이어 예수님은 이렇게 말씀하십니다. "너희는 명절에 올라가라. 내 때가 아직 차지 못하였으니 나는 이 명절에 아직 올라가지 아니하노라"(요 7:8). 새번역은 '아직 올라가지 않겠다'라는 말을 "이번 명절에는 올라가지 않겠다"고 번역함으로써, 예수님이 아예 초막절을 고향에서 보내겠다고 말씀하신 것으로 해석했습니다. 그런데 동생들이 올라가고 나서 며칠 후 예수님도 예루살렘에 올라가십니다.

그 형제들이 명절에 올라간 후에 자기도 올라가시되 나타내지 않고 은밀히 가시니라. (요 7:10)

새번역의 번역이 맞다면 예수님은 거짓말을 하신 것입니다. 그러나 주님은 거짓말을 하신 적이 없습니다. 저는 예수님이 처음부터 초막절에 예루살렘으로 올라가실 생각이었다고 봅니다. 명절 마지막 날 예수님은 성전에 모인 사람들에게 큰 소리로 이렇게 말씀하십니다. "누구든지 목마르거든 내게로 와서 마시라. 나를 믿는 자는 성경에 이름과 같이 그 배에서 생수의 강이 흘러나오리라"(7:37-38). 이렇게 중요한 메시지를 전파할 비전을 품고 계신 분이 예루살렘에 올라가지 않으려 하셨을 거라는 상상은 납득할 수 없습니다. 예수님이 예루살렘으로 올라가는 시간을 유보하셨다고 보는 것이 적절합니다. "내 때가 아직 차지 못하였으니"(7:8)라는 말은 동생들이 말한 때는 자신의 때가 아니라는 의미일 수 있습니다. 그리고 며칠 후에 자신의 때가 차서 예루살렘에 올라가셨다고 볼 수 있지요.

여전히 의문은 남습니다. 며칠 차이를 두고 올라가는 것이 얼마나 중요하기에 동생들의 제안을 거절하셨을까요? 명확한 이유가 성경에 나오지 않으니 상상력을 동원해서 살펴보아야 할 텐데요. 이전에 이와 비슷한 상황이 예수님의 공생애 초기에도 있었습니다. 그 상황을 먼저 살펴보지요. 저는 이 두 사건이 상황은 다르지만 예수님이 보이신 행동의 본질적 이유는 같다고 봅니다.

"내 때가 아직 이르지 아니하였나이다"

갈릴리 가나 지방에서 혼인 잔치가 열렸습니다. 예수님과 그의 어머니 마리아 그리고 제자들도 함께 초대받아 혼인 잔치에 갔습니다. 그런데 준비한 포도주가 동이 났습니다. 그러자 어머니 마리아가 "저들에게 포도주가 없다"고 말하면서 이 상황을 타개해 보라고 예수님께 요청합니다(요 2:3). 그런데 예수님은 아리송한 말씀을 하십니다. "여자여 나와 무슨 상관이 있나이까. 내 때가 아직 이르지 아니하였나이다"(2:4). 이 말은 일단 명백한 거절로 들립니다. 대화의 맥락을 생각하면 마리아가 다른 길을 찾는 것이 마땅해 보이지요. 그런데 마리아의 태도는 이상하게도 거절당한 사람처럼 보이지 않습니다.

그의 어머니가 하인들에게 이르되, [예수가] 너희에게 무슨 말씀을 하시든지 그대로 하라 하니라. 거기에 유대인의 정결 예식을 따라 두세 통 드는 돌항아리 여섯이 놓였는지라. 예수께서 그들에게 이르시되 항아리에 물을 채우라 하신즉 아귀까지 채우니. (요 2:5-7)

맥락을 살펴보면 참 우스꽝스럽습니다. 예수님은 겉으로는 거절해 놓고 사실 대책을 세우고 계셨고 그것을 감지한 마리아는 하인들에게 예수님이 뭐라고 하든 그대로 따르라고 말해 두었으니까요. 이 상황을 우리가 가까이에서 보았다면 이 두 사람이 무슨 말을 하고 있는 것인지 어리둥절했을 듯합니다.

그렇다면 예수님은 왜 마리아의 요청을 사실상 수용했으면서 거절하는 듯한 발언을 하시고 '잠시' 후 물을 포도주로 만들려고 나서신 걸까요? 바로 이 부분이 초막절을 맞아 예루살렘으로 올라가자는 동생들의 요청을 거절하셨으면서 나중에 예루살렘으로 올라가신 장면과 비슷합니다. 마리아가 포도주가 동난 상황을 해결해 달라고 요청할 때는 때가 아니었고, 잠시 후 그때가 찾아왔다는 말입니까? 그때와 이때가 무엇이 다르기에 거절하고 뒤에 수락하신 걸까요?

이에 대해 예전에 재미있는 답을 접한 적이 있습니다. 대학 시절 살레시오 수도원에 머물 때였습니다. 어버이 주간을 맞아 신부님이 미사 시간에 강론을 하시다가 이 본문을 다음과 같이 해석했습니다. "원래 예수님은 그때 나서는 것이 옳지 않아 거절하셨으나 효심이 깊어서 어머니께 순종한 것이다." 잘은 몰라도 아마 이런 해석이 가톨릭에서 꽤 유력해서 어버이 주간이면 주로 이 본문에 대해 이렇게 해석하는 것은 아닌가 싶었습니다.

그러나 저는 이 해석이 적절하지 않다고 봅니다. 마리아가 '내 아들이 나의 요구를 거절할 만큼 반항적이지 않다. 그는 언제나 나의 요구를 수용했고 이번에도 그럴 것이다'라고 기대했다고 보기는 힘듭니다. 단지 '효도'의 차원에서 설명하기에는 이 사건의 영적 의미가 매우 중요하기 때문이죠. 저는 처음부터 예수님이 거절하실 마음이 아니었다고 봅니다. 마리아도 그렇게 생각했을 것입니다. 예수님 입장에서 보더라도 이 사건은 이 땅에 오신 예수님이 하실 일들의 성격을 잘 드러낼 수 있는 상황이었습니다. 그러니 이 상황을 통해 제자들을 비롯한 사람들에게 메시지를 주기 원하셨다고 믿습니다.

그 메시지가 무엇입니까? 신약 시대를 사는 우리는 알고 있습니다. 우리 인생을 잔치에 비유해 봅시다. 잔치가 열려서 행복하고 주위 사람들에게도 행복을 주어야 하는 게 인생입니다. 그런데 잔치의 여흥을 돋울 포도주가 떨어졌습니다. 외로움과 슬픔, 채워지지 않는 생의 욕구 때문에 인생의 기쁨을 상실한 것입니다. 그래서 주님은 메마른 인생을 살아가는 우리가 잃어버린 풍요를 주님 덕분에 회복하는 것, 아니 이전의 포도주와는 비교할 수 없는 인생의 새로운 기쁨을 발견하는 것이 당신이 이 땅에 오신 목적임을 가나 혼인 잔치를 통해서 보여 주려 하셨습니다. 그 결과 쓸모없는 공허한 삼류 인생이라고만 여겼던 사람이 예수 그리스도를 만나 새로운 꽃을 피우는 인생을 살게 됩니다. 그분을 만나 삶의 의미를 발견하고 기뻐할 조건이 안 되는 상황에서도 기뻐하며 값지고 의미 있는 인생을 살게 되는 것이지요. 즉, 주님은 가나 혼인 잔치 기적을 통해 목마른 육체의 문제를 해결하심으로써 영혼의 갈증 난 상태까지 해결해 주실 능력이 있음을 보여 주신 것입니다. 주님은 처음부터 이 메시지를 전하고 싶으셨고 그래서 적극적으로 그 상황을 선택하셨습니다.

제 해석이 맞다면 예수님이 "여자여 나와 무슨 상관이 있나이까. 내 때가 아직 이르지 아니하였나이다"라는 말씀은 마리아의 요청을 거절하신 것이 아닙니다. 이 상황을 타개해 줄 것이라는 마리아의 상식적 기대를 거절하신 것이죠. 마리아의 상식적 기대는 잔칫집의 즉각적 필요를 채우는 것이었습니다. 그러나 주님은 그 요청은 거절하셨습니다. 그 대신 영혼의 필요에 응답하기로 한 본연의 사명을 위해 육체적 결핍을 활용하기로 하셨습니다. 또 기적을 일으키는 방식에 관한 마리아의 상식을 거절하셨습니다. 즉, 모든 사람이 다 보는 앞에서가 아니라 자신의 메시지를 이해해야 할 대상들에게 오해 없이 조용히 드러내기로 하신 것입니다.

그 결과 누가 기적을 일으켰는지 아무도 몰랐습니다. 아니, 기적 자체를 몰랐지요. 다만 잔치를 맡은 이는 신랑이 진국이라고만 생각했습니다. 그 대신 이 사실을 누가 알았나요? 마리아와 제자들 그리고 심부름을 한 종들 몇몇만 알았습니다. 성경은 이 사건을 통해 사회적으로 예수님이 어떤 평가를 받은 것이 아니라, 예수님이 메시아임을 알아야 할 제자들이 그를 믿었다고 기록합니다(요 2:11).

이처럼 마리아가 제안한 때와 예수님이 기적을 일으킨 때의 시차는 얼마 나지 않지만 작은 차이일지라도 그 행동의 의미는 큰 차이를 보입니다. 행동이 같을지라도 의미와 목적에 따라 선택의 시점은 달라야 했던 것입니다.

명절 중간에 홀로 예루살렘에 가신 예수님

혼인 잔치에서 언급된 '때'의 관점을 가지고 초막절을 둘러싼 동생들과 예수님의 이상한 대화를 살펴봅시다. 당시 예루살렘에서는 온통 예수님을 찾는 데 혈안이 되어 있었습니다(요 7:11-12). 누가 예수님을 찾고 있었나요? 어두운 역사 속에서 고통당하던 사람들은 그들의 가슴을 시원하게 할 기적을 일으키실 예수님을 찾고 있었고, 예수님을 미워하는 이들은 그를 죽일 기회를 잡기 위해 예수님을 찾았습니다. 이 두 무리는 모두 그리스도를 새로운 세상을 시작하는 핵심 세력이라고 보았습니다. (정치적 의미에서의) 새 세상의 도래를 환영할 것인지 저지할 것인지에 대한 입장이 달랐지만 맥락은 같았지요.

그러나 예수님은 자신을 기다리는 사람들의 잘못된 시선 안에 자신의 존재와 메시지가 갇히는 것을 원치 않으셨습니다. 또한 자칫 자신을 미워하고 죽이려는 사람들에게 부적절한 때에 잡혀서, 자신이 죽어야 할 죽음의 방식인 십자가의 죽음을 선택하지 못하게 될 것을 경계하셨을지도 모릅니다. 그래서 예루살렘에 함께 올라가자는 동생들의 제안을 거절하신 것입니다.

주님은 며칠 후, 초막절 중간 즈음에 조용히 예루살렘으로 올라가셨습니다(7:14). 왜 그때를 선택하셨을까요? 그때는 사람들이 예수님을 기다리고 기다리다가 '예수가 안 올 모양이구나. 그렇지! 유대인들에게 죽을 뻔했던 때가 바로 얼마 전이었지.' 이렇게 생각하면서 예수님에 대한 관심을 거두고 명절에 집중한 때였을 것입니다. 이렇게 주님은 헛된 기대를 하는 사람들을 마주할 상황은 피하시고, 대신 적극적으로 예수님이 계획한 시간과 상황을 선택하셨습니다.

명절 중간이 되어 예수님이 성전에 올라 말씀을 가르치시니 유대인들이 놀랍게 여기고 더러 논쟁이 있었습니다(7:14-24). 한참 후에야 이 사실을 안 바리새인들이 아랫사람들을 보내 예수님을 잡으려 했지만(7:32), 이미 설득력 있는 예수님의 말씀에 공감하는 민중의 규모에 압도되어 손을 대는 자가 없었습니다(7:44). 그리고 그때, 예수님은 드디어 사람들에게 하고 싶은 말을 큰 소리로 외치셨습니다.

> 누구든지 목마르거든 내게로 와서 마시라. 나를 믿는 자는 성경에 이름과 같이 그 배에서 생수의 강이 흘러나오리라. (요 7:37-38)

주님은 세상의 지배자로 서 주기를 원하는 요청, 즉 정치적 지도자로 추대받거나 공격받는 상황은 피하셨지만 생명의 떡으로 그 자신을 드러내는 상황은 적극적으로 선택하셨습니다. 예루살렘에 형제들과 함께 올라가시지 않고 기다린 시간은 단지 며칠에 불과했습니다. 하지만 주님은 그 며칠 동안을 세상의 군주가 아니라 목마름을 채워 줄 생수로 사람들에게 다가가기 위해 기다리셨습니다. 과연 영원히 마르지 않는 생수의 강, 영원히 주리지 않는 생명의 떡은 예루살렘 사람들이 예수님께 기대했던 정치적 회복만을 통해서는 줄 수 없는 것이었습니다. 세상 어떤 임금이 한 사람 한 사람에게 주리지 않는 생명의 떡을 선물로 준 적이 있습니까? 목마르지 않는 갈증을 채워 준 적이 있습니까?

목마름을 순간이나마 채워 주는 사람은 그래도 좋은 지도자입니다. 자신이 속한 무리와 가진 자들의 이익을 채우는 데 혈안이 되어서 고통받는 대부분의 국민 안전에는 관심도 없고, 법의 이름으로 약자를 짓밟는 폭압의 지도자들을 우리는 적지 않게 봐 왔습니다. 때로 어떤 이들은 이런 악행을 기독교의 이름으로 자행했습니다. 그러므로 좋은 지도자를 얻는 것은 참 중요합니다. 하지만 팔레스타인 작은 지방에서 어떤 훌륭한 지도자가 그 시절 유대인들을 행복하게 해 주었다 한들, 그것이 시공간을 뛰어넘어 지금 우리 땅에서 고난받는 이들에게 희망을 줄 수는 없습니다. 그래서 주님은 세상 정치 지도자의 역할과 그리스도의 역할을 맞바꾸지 않기로 결정하셨습니다. 군왕으로 추앙받는 자리는 피하시고, 생명의 떡과 생수의 강을 넘치게 하는 자리는 취하셨습니다.

주님이 기다린 '때'는 언제입니까? 십자가에서 대속의 죽음을 통해 영광을 받아야 할 때입니다. 그래서 주님은 그 죽음을 설명하기 위해 행동하셔야 할 때를 기다리셨습니다. 하나님의 뜻을 따라 때로는 남몰래 때로는 적극적으로 자신을 드러내셨습니다. 오병이어의 기적을 일으키심으로써 '자신의 때'가 위협받았을 때는 홀로 산에 기도하러 가셨지만, 요한복음 12장에서는 헬라인들이 자신을 찾는다는 이야기에 "인자가 영광을 얻을 때가 왔도다" 하시며 죽음의 길로 의연하게 걸어가셨습니다.

> 날 때가 있고 죽을 때가 있으며
> 심을 때가 있고 심은 것을 뽑을 때가 있으며
> 죽일 때가 있고 치료할 때가 있으며
> 헐 때가 있고 세울 때가 있으며
> 울 때가 있고 웃을 때가 있으며
> 슬퍼할 때가 있고 춤출 때가 있으며
> 돌을 던져 버릴 때가 있고
> 돌을 거둘 때가 있으며
> 안을 때가 있고
> 안는 일을 멀리할 때가 있으며
> 찾을 때가 있고 잃을 때가 있으며
> 지킬 때가 있고 버릴 때가 있으며. (전 3:2-6)

'때'와 관련하여 전도서는 이렇게 노래했습니다. 누가 지혜로운 사람입니까? 때를 아는 사람입니다. 때를 뒤바꿔 선택하지 않는 사람입니다. 문제는 때를 어떻게 알 수 있느냐는 것이죠. 예수님은 어머니 마리아의 요청을 거절하면서 또 동생들의 요청을 거절하면서 '때'에 대한 메시지를 주셨습니다. 예수님 자신이 하나님께 요청받은 사명을 잘 완수하기 위해 때를 바르게 선택하셨으니 너희도 그리하라는 것입니다.

사명에 합당한 선택을 주님의 때에 하려면

예수님의 생을 보면 알 수 있듯 모름지기 생의 좌표가 분명할수록 정확한 판단을 내릴 수 있습니다. 내가 누구인지, 내 사명이 무엇인지 모르면 남이 사는 대로 살게 되고 남의 숙제를 내 숙제인 양 붙들게 됩니다. 하나님의 관점에서 내 존재 이유와 삶의 목적을 분명히 알 때, 우리는 멈출 때와 달려야 할 때를 분별할 수 있습니다. 그렇지 않을 때 우리를 향해 달려드는 무수한 유혹 앞에 넘어지기 십상입니다.

물론 그 존재 이유와 목적을 분별하는 것 또한 쉽지는 않습니다. 뜻을 지켜 내지 못하게 유혹받는 경우도 비일비재하지요. 예수님도 광야에서 사탄의 유혹을 시작으로 수많은 군중에게서, 나중에는 사랑하는 가족과 제자들에게까지 유혹을 당하셨습니다. 그럴 때마다 예수님은 한적한 곳으로 피하셨고, 유혹의 소리로부터 사명의 소리를 분별하기 위해 힘쓰셨습니다.

예수님도 그러하셨을진대 우리가 진리의 소리를 분별하며 살기란 얼마나 어렵습니까? 특히 뜻을 따라 살다가 시련을 겪게 되면 그때 들려오는 달콤한 유혹의 목소리에 넘어가기가 쉽습니다. 하나님의 뜻을 따라 살겠다는 강한 결단을 해 놓고도 그 뜻이 우리 심장을 움직이지 못하는 빛바랜 추억이 되어 부담스러운 계명처럼 느껴질 때도 있고, 기도를 하면서도 정작 마음은 움직이지 않을 때도 있습니다. 밤을 새 가면서 하나님의 뜻을 분별하고 하나님과 마음을 맞추기 위해 힘쓰신 주님과는 달리, 우리는 경험과 직감에 의지함으로써 인생의 크고 작은 고비들을 넘으려 할 때가 많습니다. 저도 마찬가지입니다. 사명에 대한 약속은 분명히 받았지만 어디로 가야 할지 몰라 길 위에서 서성거리기도 했고, 제 생에 그 약속이 이루어질지 의심하기도 했으며, 점점 어두워져만 가는 세상을 보면서 호기롭게 장담했던 밝은 미래를 그만 이야기하고 싶을 때도 있었습니다.

다만 그럴 때마다 저는 하나님이 이 일로 저를 불러 주신 2007년 5월의 시간을 기억하려고 애씁니다. "입시와 사교육 문제가 아직도 해결되지 않는 이유는, 이 문제를 붙들고 자기 인생을 하나님 앞에 드리는 사람이 이 땅에 한 명도 없기 때문이다." 당시 속해 있던 교회 중고등부 목사님이 설교 시간에 외친 이 말씀이 저에게 비수처럼 꽂혀서 저는 '그 한 사람'이 되고자 길을 나섰습니다. 제 능력에 견주어 보면 비교도 안 되는 바위처럼 큰 과제들이 많았지만, 그 간극을 주님이 채워 주실 거라고 믿고 달렸습니다.

앞으로도 어떤 사안을 결정할 때 그것이 사명에 합당한 선택인지 분별해야 하고, 지금 움직여야 할지 기다려야 할지 선택해야 할 것입니다. 제가 사교육 문제를 해결하기 위해 인생을 쏟겠다고 했지만 그 말이 한 단체의 대표를 종신토록 맡겠다는 의미는 아니었으니 때가 되면 대표직을 내려놓아야 할 것입니다. 그렇다고 그때 사명을 내려놓아야 하는 것은 아니겠지요.

영국의 유명한 화가 데이비드 호크니(David Hockney)는 여든이 넘은 나이에도 고향의 산천을 그리며 살고 있습니다. 몇 해 전 직원들과 호크니의 작품 전시회에 가서 그의 작품과 인터뷰 영상을 보았습니다. 인터뷰에서 은퇴 시기를 묻는 기자에게 그는 다음과 같이 대답했습니다. "은퇴는 없습니다. 쓰러질 때까지 나는 그릴 것입니다." 그의 말은 제게 큰 울림을 주었습니다. '그렇지! 사명을 받았으면 쓰러질 때까지 해야지. 나이는 문제가 되지 않아. 입시 경쟁과 사교육 고통을 해결하는 일에 은퇴는 없어!' 그렇게 결심했지요. 그렇더라도 그 말이 죽을 때까지 단체의 대표를 하겠다는 의미는 아닙니다. 대표직을 언제 내려놓을지, 내려놓는 이유가 무엇인지 분별하는 것은 여전히 중요한 숙제입니다. 지쳐 도망가고 싶어서 그만두거나, 나 아니면 안 된다는 자만으로 자리를 지키는 것 모두 바람직하지 않겠지요.

때에 관한 바른 결정을 할 수 있다면 '은퇴는 없어. 쓰러질 때까지 하는 거야!'라는 말의 의미도 분명해질 것입니다. 어쩌면 순전한 의도에서 쓰러질 때까지 할 거라고 말해야 때를 온전히 분별할 수 있을 듯합니다. 이렇게 두 가지는 영향을 주고받을 것입니다.

사명과 선택의 시기를 분별하는 일이 저에게만 필요할까요? 캄캄하기만 한 교육과 교회의 현실을 내다보며 우리 모두 이렇게 기도해야 합니다. '주여, 고통받는 사람들이 서 있는 자리에 제가 서겠습니다. 길이 없다고 불평하지 않겠습니다. 그들의 자리에 제가 서는 것이 올바른 길임을 알고 있습니다. 제 살길을 구하지 않고 주님과 함께 십자가를 지는 길을 선택하게 하소서. 다만 저에게 바른 때를 선택할 수 있는 분별력을 주셔서, 조바심에 움직이거나 비겁함으로 부르심에 태만하지 않게 하소서. 주님, 때에 관한 오늘의 작은 과제 앞에서 좋은 결정을 함으로, 저에게 주어진 최종적이고 궁극적인 사명의 때도 순전한 마음으로 붙들 수 있게 도우소서.' 명절에 형제들과 함께 예루살렘에 올라가지 않으시고 홀로 자신의 때에 올라가신 주님처럼 우리 모두 주님이 주신 사명과 선택의 시기를 잘 분별하여 우리 인생을 주님께 드릴 수 있기를 바랍니다.

1 나는 참포도나무요 내 아버지는 농부라 2 무릇 내게 붙어 있어 열매를 맺지 아니하는 가지는 아버지께서 그것을 제거해 버리시고 무릇 열매를 맺는 가지는 더 열매를 맺게 하려 하여 그것을 깨끗하게 하시느니라 3 너희는 내가 일러 준 말로 이미 깨끗하여졌으니 4 내 안에 거하라 나도 너희 안에 거하리라 가지가 포도나무에 붙어 있지 아니하면 스스로 열매를 맺을 수 없음같이 너희도 내 안에 있지 아니하면 그러하리라 5 나는 포도나무요 너희는 가지라 그가 내 안에, 내가 그 안에 거하면 사람이 열매를 많이 맺나니 나를 떠나서는 너희가 아무것도 할 수 없음이라 6 사람이 내 안에 거하지 아니하면 가지처럼 밖에 버려져 마르나니 사람들이 그것을 모아다가 불에 던져 사르느니라 7 너희가 내 안에 거하고 내 말이 너희 안에 거하면 무엇이든지 원하는 대로 구하라 그리하면 이루리라 8 너희가 열매를 많이 맺으면 내 아버지께서 영광을 받으실 것이요 너희는 내 제자가 되리라 9 아버지께서 나를 사랑하신 것같이 나도 너희를 사랑하였으니 나의 사랑 안에 거하라 10 내가 아버지의 계명을 지켜 그의 사랑 안에 거하는 것같이 너희도 내 계명을 지키면 내 사랑 안에 거하리라 11 내가 이것을 너희에게 이름은 내 기쁨이 너희 안에 있어 너희 기쁨을 충만하게 하려 함이라   • 요한복음 15:1-11

3

그가 내 안에, 내가 그 안에
사랑

저는 어린 시절부터 예수님을 믿었지만 예수님을 믿는 삶의 기쁨은 잘 몰랐습니다. 예수님을 믿는 사람은 양보하고 희생하며 세상의 기쁨은 구하지 않아야 한다고 하니, 기뻐할 수 있는 게 뭐가 있었겠습니까? 그래서 저는 십자가를 지기는 하겠는데 주님이 기쁨과 축복도 좀 주셔야 하지 않나 하는 불만도 가졌습니다. 주변에도 그런 이야기를 하는 분이 있었습니다. "예수님 믿으면 천국 간다고 해서 예수님을 영접했습니다. 그런데 믿고 보니 성경이 너무 많은 걸 요구합니다. 자기를 포기하고 주님을 좇으라고, 십자가를 지라고 합니다. 천국행 티켓을 얻는 대가가 너무 커서 불편합니다."

그나마 영생을 얻기 위해 고난을 감수하는 것이 신앙생활이라고 생각하는 분은 건강한 편에 속합니다. 예수님이 우리에게 십자가의 삶을 요구하신다는 점은 알고 있으니까요. 그러나 적지 않은 분들이 세상의 축복을 얻는 통로로 믿음을 인식하고 교회 또한 이런 생각을 부추기기도 합니다. 그러나 이 두 가지는 모두 예수님의 뜻이 아닙니다. 예수님을 따르는 삶을 구원의 조건 혹은 부담스러운 일로 인식하는 것은 바람직하지 않습니다. 믿음이 세상의 축복을 얻는 통로는 더욱 아닙니다.

성경은 우리에게 끊임없이 기뻐하는 삶을 이야기합니다. 예수님을 따라 사는 삶은 예수님을 몰랐던 시절과는 비교조차 할 수 없는 풍요와 축복을 가져다준다고 강조합니다. 예수님을 믿어서 오는 삶의 역동은 무엇과도 바꿀 수 없는 귀한 것입니다. 이번 장에서는 바로 이 주제를 다루고자 합니다. 지금까지는 인물과 사건이 계속 등장했으나 이번 장에는 서사 없이 예수님과 제자들의 대화만 등장합니다. 자칫 집중력을 잃기 쉽지만 이 본문만큼 그리스도인의 삶에 큰 의미를 부여하는 예가 흔치 않으니 함께 집중해서 살펴봅시다.

내 안에 거하라: 그가 말하기

십자가에 못 박혀 돌아가시기 전날 밤, 예수님은 제자들에게 유언을 남깁니다. 요한복음은 13장부터 17장까지 무려 다섯 장에 걸쳐 이 부분을 다루었습니다. 그만큼 중요하다는 뜻이겠지요. 예수님은 먼저 제자들의 발을 씻겨 주시며 서로 사랑하라고 말씀하십니다. 후에 가룟 유다가 배반하여 예수님을 바리새인들에게 팔러 나간 후, 예수님은 제자들을 위로하시며 두 가지 말씀을 전하십니다. 첫째는 사랑의 열매를 맺으라는 것이고(요 14:15-21; 15:8-13), 둘째는 예수님과 제자들의 관계를 포도나무와 가지의 관계에 빗대 예수님 안에 거하라는 당부였습니다(15:1-17). 그리고 마지막으로 제자들이 서로 하나가 되게 해 달라고 하나님께 간구하셨습니다(17:1-26). 저는 예수님이 제자들과의 관계를 포도나무와 가지에 빗대 설명하신 부분이 인상적이었습니다.

> 나는 참포도나무요 내 아버지는 농부라. 무릇 내게 붙어 있어 열매를 맺지 아니하는 가지는 아버지께서 그것을 제거해 버리시고 무릇 열매를 맺는 가지는 더 열매를 맺게 하려 하여 그것을 깨끗하게 하시느니라.
>
> (요 15:1-2)

예수님은 스스로를 포도나무에 비유하시며 가지가 열매를 맺지 않으면 제거한다고 하십니다. 그 말에 제자들은 자신들이 제거당할까 봐 걱정하지요. 그러자 예수님이 말씀하십니다. "너희는 내가 일러 준 말로 이미 깨끗하여졌으니 내 안에 거하라 나도 너희 안에 거하리라. 가지가 포도나무에 붙어 있지 아니하면 스스로 열매를 맺을 수 없음같이 너희도 내 안에 있지 아니하면 그러하리라"(15:3-4). 즉 제자들은 이미 깨끗해졌으니 두려워하지 말라는 것입니다. 그러면서 이렇게 덧붙이십니다.

> 나는 포도나무요 너희는 가지라. 그가 내 안에, 내가 그 안에 거하면

> 사람이 열매를 많이 맺나니 나를 떠나서는 너희가 아무것도 할 수 없음이라. (요 15:5)

저는 오랫동안 "그가 내 안에, 내가 그 안에 거하면"이라는 말씀을 이해하지 못했습니다. 예수님을 믿으면 그 안에 머물게 된다는 것인지, 계명을 따라 살라는 요청인지 혼란스러웠지요. 그러나 예수님의 말씀이라면 모든 믿는 사람이 바르게 이해하고 기억해야 하지 않겠습니까?

예수님은 자신이 포도나무요 제자들은 가지라고 말하면서, 만일 가지인 제자들이 포도나무인 예수님께 거하면 열매를 많이 맺을 것이라고 말씀하십니다. 이 말씀은 눈에 확 띱니다. 우리는 인생을 낭비하지 않고 가치 있게 살아서 열매를 맺고 싶어 합니다. 그 비결은 포도나무인 예수님께 거하는 것입니다. 가지가 포도나무에 붙어 있으면 당연히 열매를 많이 맺겠지요. 그런데 가지가 나무에 붙어 있듯이, 예수님께 붙어 있으라는 말이 어떤 의미일까요?

예수님은 5절에서 '그가 내 안에, 내가 그 안에 거하면 열매를 맺는다'고 하셨고, 7절에서는 '너희가 내 안에 거하고 내 말이 너희 안에 거하면 구하는 대로 이룰 것'이라고 하셨습니다. 즉, 결과물을 얻게 된다는 점에서 예수님이 거하는 것과 예수님의 말이 거하는 것은 그 의미가 같습니다. 이를 전제로 이야기를 발전시켜 보겠습니다.

먼저 7절을 보지요. 예수님의 말씀이 내 안에 거하면 구하는 대로 이룬다는 말이 사실일까요? 그럴 가능성이 큽니다. 옳은 생각을 마음에 품고 살아야 옳은 실천과 그로 인한 결실을 맺을 수 있으니까요. 생각이 옳다고 해서 언제나 열매를 맺지는 못하지만, 일단 생각이 옳아야 좋은 결실이 생길 가능성이 있지 않을까요? 진리 아닌 생각만 하는 사람이 어떻게 삶의 열매를 맺을 수 있단 말입니까? 그러므로 진리이신 예수님의 말씀이 내 안에 거해야 열매를 맺을 수 있다는 말은 일단 옳습니다.

내 안에 거하라: 내가 말하기

그러나 '내 안에 거하라'는 의미를 열매 맺는 삶의 조건으로만 보는 것은 충분하지 않습니다. 예수님이 우리에게 주신 말씀을 마음속에 품고 살면 자동으로 삶의 열매가 맺히나요? 그렇지 않지요. 한국 교회에는 말씀이 넘칩니다. 교인들이 말씀을 읽고 암송하고 또 그 말씀과 연결된 설교를 듣습니다. 1년 동안 성경 전체를 통독하도록 권장하고 달성하면 선물도 줍니다. 어떤 신자들은 성경 말씀 전체를 필사하기도 합니다. 그렇게 듣고 읽고 암송하여 내 마음속에 자리 잡은 말씀은 차고 넘칩니다. 그러나 그 결과 교회가 교회다워지고, 신자가 신자다워져서 좋은 결실을 맺었는지는 의문입니다.

그렇다고 '그의 말씀이 우리 속에 있으면 열매를 맺는다'는 말씀이 과연 틀렸을까요? 예수님의 말씀이 우리 마음에 있음에도 열매가 없는 것이 현실이지만, 동시에 예수님의 말씀이 우리 마음에 있으면 열매가 맺힌다고 주님이 분명히 말씀하셨습니다. 내 속에 예수님의 말씀이 있지만 열매는 없는데, 예수님은 내 속에 말씀이 있으면 열매가 있다고 하시니 내가 옳습니까, 예수님이 옳습니까? 이 딜레마를 풀 수 있는 단서가 하나 있습니다.

> 너희가 내 안에 거하고 내 말이 너희 안에 거하면 무엇이든지 원하는 대로 구하라 그리하면 이루리라. 너희가 열매를 많이 맺으면 내 아버지께서 영광을 받으실 것이요 너희는 내 제자가 되리라. (요 15:7-8)

7절에 따르면, 예수님의 말씀을 품고 살면 자동으로 열매가 맺히는 게 아니라 말씀을 품고 살면서 '원하는 것을 구하면' 열매를 맺게 됩니다. 즉 기도까지 해야 한다는 말입니다. 그렇다면 이렇게 질문할 수 있습니다. '주님이 내 안에 거하면 열매를 맺게 된다는 말은 반쪽 진실이고, 그분께 기도까지 해야 열매를 맺게 된다는 말입니까?' 어떤가요? 예수님 안에 거하는 것과 기도는 별개로 보이나요? 그러나 15장 4절은 그 자체로 옳습니다.

> 내 안에 거하라 나도 너희 안에 거하리라. 가지가 포도나무에 붙어 있지 아니하면 <u>스스로</u> 열매를 맺을 수 없음같이 너희도 내 안에 있지 아니하면 그러하리라. (요 15:4)

이 구절을 보면 예수님은 열매 맺기 위해 내 안에 거하는 것 혹은 내 말이 제자들 안에 거하는 것만으로는 부족하고, 사실은 기도까지 해야 한다고 하시지 않고 그저 '거하는 것'이 곧 '열매 맺는 길'이라고 하십니다. 그렇다면 예수님의 말씀 중에 틀린 말씀이 없다고 볼 때, 이 문제를 해결할 길은 하나밖에 없습니다. 예수님의 말씀을 마음에 품는 것도 예수님 안에 거하는 것이고, 기도하는 것도 예수님 안에 거하는 것이라고 보는 것입니다. 즉, 예수님 안에 거하는 것은 예수님의 말씀을 마음속에 품고 사는 것과 동시에, 간절히 원하는 것이 있을 때 예수님께 나아가 요청하는 일까지 포함합니다. 예수님의 말씀을 듣고 마음에 새기며 동시에 그분께 말하는 것이죠. '그 말씀을 듣고 나도 말하는 것'인데, 말하자면 '대화'인 셈입니다. 아닌 게 아니라 대화하지 않는 관계는 붙어 있다고 보기 어렵습니다. 가족이라 할지라도 서로 대화하지 않는다면 사실상 가족이라고 보기 힘들지 않을까요?

그러므로 예수님 안에 거한다는 말은 그분과 대화하며 사는 삶을 뜻합니다. 가지가 포도나무에 붙어 있다는 말은 일요일에 교회에 출석하는 것, 믿기로 한 한 차례의 결단이 아닙니다. 주님의 말씀을 신뢰하고 마음속에 말씀을 품고 묵상하며 그에 근거해 나의 생각을 아룀으로써 예수님과 서로 연결되어 있어야 합니다. 종교적 의무로 말씀을 보고 기도를 하라는 의미가 아니라 사모하는 마음으로 말씀을 보고 기도하며 주님 속에 머물 때 그를 알게 되고 기쁘게 살 수 있다는 것입니다.

무엇이든 구하면 주신다?

'거한다'는 말이 단지 '대화'를 뜻한다고 결론 내리기에는 아직 이릅니다. 대화는 나눔입니다. 무언가 요구하기 위한 목적 이전에 마음을 나누는 것 자체에 의미를 두는 것입니다. 그러나 예수님은 대화를 넘어서서 열매를 맺기 위해서는 무엇인가 적극적으로 요구하라고 말씀하셨습니다. 요청 없이 마음만 나누는 것은 충분하지 않다는 말이지요.

스스로 문제를 해결할 수 있는 사람은 누군가에게 요청할 필요가 없습니다. 수영을 잘하는 사람은 구명 튜브가 필요 없습니다. 충분한 돈이 있으면 돈을 빌릴 이유가 없습니다. 저는 사교육걱정없는세상의 책임자로서 매년 1월에 시민들과 회원들에게 월 1천만 원 이상의 후원금을 얻기 위해 모금 편지를 씁니다. 제 힘으로 그 돈을 모을 수 있다면 후원자가 되어 달라고, 후원금을 증액해 달라고 요청할 필요가 없습니다. 누군가에게 무언가 요청한다는 것은 내 힘으로 해결할 수 없는 일을 만났음을 의미합니다. 그럼에도 반드시 그 문제를 해결하고 싶다는 사실을 전제합니다. 예수님은 바로 그때 자신에게 구하라고 하십니다. 그러면 열매를 맺을 수 있다고 하면서요.

예수님은 "무엇이든지 원하는 대로 구하라"(요 15:7)고 말씀하셨는데 그럼 과연 무엇이든 원하면 주님이 들어주실까요? 갑자기 1억 원을 달라고 하면 주십니까? 미워하는 사람이 벼락을 맞아 죽게 해 달라고 하면 그 사람을 죽여 주시나요? 자녀가 실력도 안되고 노력도 안 하는데 명문대에 입학하게 해 달라고 하면 들어주시나요? 아니지요. 그런데도 주님은 '무엇이든' 원하면 들어주신다고 합니다. 그렇다면 여기서 말하는 '무엇이든'은 어떤 의미일까요? 예수님은 '무엇이든' 앞에 한 가지 조건을 달았습니다. 즉, "내 말이 너희 안에 거하면"이라고 말입니다. 예수님의 말씀이 마음에 거하면 무엇이든 관계없이 구하는 대로 들어주신다는 것입니다. 기도할 때 내 마음 안에 거하는 예수님의 말씀과 일치하는 기도를 하라는 뜻입니다.

물론 이 말은 원하는 것을 따내기 위해 예수님의 말씀을 기도의 전략 삼아 요구하라는 말이 아닙니다. 즉, 욕망을 실현하기 위해 예수님의 말씀을 수단으로 활용하라는 뜻이 아닙니다. 그러니까 '너희가 내 안에 거하고 내 말이 너희 안에 거하면'이라는 말은 나와 예수님의 갈망이 통합된 상태임을 뜻합니다. 예수님과 관계가 없는 나의 욕망은 존재하지 않으며 그분의 관심사가 곧 나의 관심사라는 뜻입니다. 그리스도인은 그리스도를 주님으로 받아들인 사람입니다. 그분을 나의 주님으로 받아들이는 순간 나는 죽고 그분이 내 삶을 다스리기 시작합니다. 그때부터는 그분의 나라를 위해 사는 것이 나의 기쁨이 됩니다.

리더에게 가장 필요한 덕목

2000년 1월, 기독교윤리실천운동 교사 모임 겨울 수련회가 열렸습니다. 그때 저는 참으로 절박한 고민과 기도 제목을 품고 수련회에 참석했습니다. 그 수련회에서 우리는 7개월 후에 기독교사대회를 개최하여 교육계를 변화시킬 실로 중차대한 새 운동인 좋은교사운동을 시작하고자 했습니다. 그러나 대회 장소도 정하지 못한 상태였고 기독 교사들이 어떻게 희망의 불씨가 되어야 할지 생각하면 막막했습니다.

그런데 수련회 첫날, 말씀을 듣고 기도를 하다가 갑자기 이런 고백이 터져 나왔습니다. 제가 하는 기도에 저도 놀라 어안이 벙벙했습니다. "주님, 저는 십자가에서 죽었습니다. 그러므로 제가 넓혀야 할 저의 성, 저의 나라는 없습니다. 그 대신 하나님 나라, 하나님의 성이 확장되는 것이 제 기쁨입니다. 왜냐하면 저는 주님의 것이기 때문입니다." 너무도 강력한 체험이었습니다. 눈물이 솟구치고 가슴이 뜨거워졌습니다. 30분이라는 기도 시간이 짧게 느껴져서 기도회 시간을 늘려 달라는 무리한 요청을 해서 주최 측을 당황스럽게 만들기도 했지요. 제 속에서 어떻게 그런 기도가 터져 나왔는지 그때는 잘 몰랐습니다. 후에 좋은교사운동과 사교육걱정없는세상을 섬기면서 비로소 그 의미를 깨달았습니다. 새로운 운동을 앞두고 책임자인 저에게는 책임자로서 지녀야 할 자세가 필요했던 것입니다.

주님의 나라를 위해 우리는 홀로 일하지 않습니다. 뜻을 같이하는 이들과 함께 일합니다. 그러나 같은 목적으로 일을 하다가도 생각이 달라 다툴 수 있고 때로 경쟁의식이 발동하기도 합니다. 목적한 바를 이루되 그 과정에서 나의 판단과 관점이 옳다는 이야기를 듣고 싶고, 내가 주인공이어야 한다는 그릇된 감정을 가지는 것이 문제입니다. 이런 자기중심성은 함께 일하는 사람들을 소외시킵니다. 타인의 명예를 위한 도구가 되고 싶은 사람은 아무도 없으니까요. 이런 불편이 반복되면 사람들은 떠나고 운동은 힘을 잃습니다.

그제서야 다시 질문하지요. '이 운동의 목적이 무엇인가? 세상을 변화시키는 것인가, 내가 대접받는 것인가?' 답은 분명합니다. 결국 대접받고 싶은 내 자아가 죽어야 합니다. 불편하고 더디게 느껴져도 조급한 마음을 내려놓아야 합니다. 그래야 뜻을 이루고자 하는 이들이 모이게 되고 그때 비로소 선한 뜻을 이룰 수 있습니다. 남들이 알아주지 않아서 서운할 수도 있지만, 나의 수고로 세상이 바뀌면 오히려 기쁨이 넘칩니다. 내가 주님과 하나가 되었으니 하나님 나라의 확장이 곧 나의 기쁨이 되기 때문입니다.

저는 이런 덕목이 세상을 변화시키기 위해 앞장서는 사람들에게 가장 필요하다고 봅니다. 그러나 그때는 잘 몰랐습니다. 그래서 하나님은 새로운 운동이 시작되고 나서 무수한 도전을 직면하기 전에 가장 중요하고도 기본적인 리더의 자세를 일깨워 주신 것입니다.

저는 좋은교사운동과 사교육걱정없는세상에서 일하면서 능력이 뛰어난 분들, 주님의 일을 위해 사심 없이 일하는 분들을 많이 만났습니다. 그분들과 일하면서 제 고집과 자기중심성 때문에 그분들이 힘들어한 적도 있고, 관계가 위기에 처한 적도 있습니다. 그러나 그때마다 저는 2000년 1월 수련회를 기억하며, 나는 죽고 오직 하나님 나라만 넓어져야 한다는 생각을 붙들고 가까스로 위기를 넘겼습니다.

자기가 죽는다는 것은 자기의 생각이나 관점 혹은 지혜 자체를 부정한다는 의미가 아닙니다. 오히려 자신의 생각을 건강하게 표현할 줄 알아야 남들도 돕고 목표한 바도 이룰 수 있습니다. 자신을 죽여야 한다는 말은 자신의 연약함 때문에 저지른 잘못을 인정해야 한다는 의미입니다. 덮어 놓고 인정할 것이 아니라 어느 부분에서 부족했고 잘못했는지 정직하게 돌아보고 표현해야 합니다. 스스로의 욕심과 싸워서 이겨야 한다는 의미 이전에, 자신이 욕심이 많은 자임을 인정하고 상대에게 고백해야 한다는 의미입니다. 자존심 때문에 참 어렵지만, 자기를 죽인다는 것은 바로 그 자존심을 죽인다는 것과 같은 말입니다.

저는 저 자신을 죽이고 하나님 나라만을 추구하기 위한 방편으로 단체를 설립해서 운영할 때 공동대표 체제를 선택해 왔습니다. 저보다 훌륭한 분들과 멍에를 함께 지면서 서로의 지혜와 역량을 공유하려고 한 것입니다. 그래서 좋은교사운동 시절에는 정병오 선생님과 함께, 현재 사교육걱정없는세상은 윤지희 선생님과 공동대표로 일하고 있습니다. 사실 둘이 함께 일하면 서로 불편합니다. 인간의 본성을 거스르는 고된 일이지요. 그러나 이런 불편을 감수하는 이유는 제 역량만으로 집채만 한 파도에 맞설 수 없을뿐더러, 제 생각이 언제나 옳은 것은 아니기 때문입니다. 무엇보다 저에게는 물러설 수 없는 하나님 나라의 사명이 있습니다. 저는 주님의 것이고 하나님 나라가 확장되는 것이 저의 기쁨입니다. 나를 죽이고 다른 분들과 함께 일하면서 저는 몇십 배 더 큰 결실을 거둘 수 있었습니다.

'너희 안에 내가 거하고 내 말이 너희 안에 거한다'는 말은 바로 이런 상태를 뜻합니다. 즉, 예수님과 내가 분리되지 않은 상태, 그의 말씀이 내 판단과 행동의 유일한 기준이 되는 상태, 내 욕망에 휘둘려 살지 않고 자아를 죽이고 주님의 말씀을 가슴에 품고 그분의 뜻을 추구하며 사는 상태 말입니다.

자기 인생을 사랑하지 못할 때

그러면 기도할 때 우리 마음에 심어 두어야 할 주님의 구체적인 말씀은 무엇인가요? 예수님이 하신 많은 말씀 중에서 가장 중요한 말씀은 무엇입니까? '서로 사랑하라'는 것입니다.

> 내 계명은 곧 내가 너희를 사랑한 것같이 너희도 서로 사랑하라 하는 이것이니라. (요 15:12)

주님은 이 새로운 계명을 제자들과 우리에게 주셨습니다. 서로 사랑하면 우리가 예수님의 제자임을 사람들이 알게 되고 또 그것으로 하나님이 영광을 받으십니다(요 15:8). 서로 사랑하면서 살면 그만이지 원하는 것을 주님께 구해야 하는 이유는 앞서 말한 대로 이웃을 사랑하다 보면 우리 힘으로 해결할 수 없는 문제를 만나기 때문입니다.

예수님이 서로 사랑하라고 하실 때 그 첫 대상은 우리 자신입니다. 예수님은 '내가 너희를 사랑한 것같이 서로 사랑하라'고 하시기도 했지만, '네 이웃을 네 자신같이 사랑하라'(마 22:37)고도 하셨습니다. 그런데 사실 우리는 우리 자신조차 사랑하지 못할 때가 있습니다. 저는 학창 시절에 친구 규석이가 정말 부러웠습니다. 규석이는 말도 잘하고 시원시원하게 생겼으며 학급 반장이었습니다. 저는 반대였습니다. 어머니를 도와 닭 장사를 하느라 늘 피곤했고 말주변이 없어서 장황하게 말하는 편이었으며 이기적이었습니다.

어느 날 규석이가 친구들과 이야기를 하다가 저 들으라는 듯 큰 소리로 말했습니다. "나는 떠버리같이 말하는 사람이 싫어!" 그 말은 제게 상처로 남았습니다. 그 시절 저는 제가 아니고 싶었습니다. 성격이 서글서글한 석원이가 되고 싶었고, 참기름보다 귀한 마요네즈에 밥을 비벼 먹는 부잣집 아들 오대가 되고 싶었으며, 잘생긴 윤기가 되고 싶었습니다. 그때 저는 제 인생을 사랑하지 않았습니다.

바로 이런 상황에서 기도할 때 주님이 이렇게 말씀하신다는 것입니다. "내 말이 너희 안에 있다면 너의 그 문제를 들고 내 앞에 오렴. 내가 해결해 줄게. 열매를 맺게 해 줄게. 네 삶은 다른 사람과 비교해서 열등하지 않아. 네 삶은 아름답고 찬란해. 나는 네 인생을 사랑한다. 그러니 너도 네 인생을 사랑하거라. 사랑할 수 없다고? 네 인생을 사랑할 힘을 내가 줄게. 그러니 나에게 오거라."

그런가 하면 예수님을 알게 되면 자연스럽게 관심이 타인에게까지 넓어지고 고통받는 이웃들의 눈물을 닦아 주는 일에 참여하게 됩니다. 그때 내 힘으로 해결할 수 없는 문제 앞에 봉착합니다. 예외가 없습니다. 감당할 일의 부담은 집채만 하고 누군가에 의한 공격이 시작되며 영혼이 눌려 숨을 쉴 수 없는 상태가 됩니다. 지혜도 부족하고 감정을 가눌 길도 없지요.

그때 우리는 이렇게 기도해야 합니다. '주님, 우는 사람들과 함께 울라는 말씀을 따라 제 삶의 자리를 옮겼습니다. 제 힘으로 감당할 수 있어서 서겠다고 약속한 것은 아닙니다. 저는 바람 앞에 쓰러지기 쉽지만 주님이 원하셔서 서겠다고 했습니다. 그런데 지금 제 힘으로 도저히 해결할 수 없는 과제를 만났습니다. 저에게는 지혜와 능력이 없고 저를 도와줄 사람도 없습니다. 그래도 피하지는 않으려고 합니다. 그러니 주님, 능력과 지혜와 용기와 사랑을 주십시오.' 왜 이런 기도를 해야 합니까? 내가 붙든 과제의 크기와 보잘것없는 내 역량의 비대칭 때문입니다. 왜 이런 기도를 해야 합니까? 주님이 이렇게 약속하셨기 때문입니다.

> 내가 또 너희에게 이르노니 구하라 그러면 너희에게 주실 것이요 찾으라 그러면 찾아낼 것이요 문을 두드리라 그러면 너희에게 열릴 것이니 구하는 이마다 받을 것이요 찾는 이는 찾아낼 것이요 두드리는 이에게는 열릴 것이니라. … 너희 하늘 아버지께서 구하는 자에게 성령을 주시지 않겠느냐 하시니라. (눅 11:9-13)

구하면 우리에게 주겠다고 약속하셨습니다. 능력과 지혜와 용기와 사랑이 없어서 넘지 못하는 벽을 넘도록 우리에게 "성령을 주시겠다"고 약속하셨습니다(눅 11:13). 성령의 힘(갈 5:22-23)으로 우리는 사랑할 수 있고, 분쟁과 다툼 속에서 평화를 누리며, 길을 찾지 못하는 어리석음 속에서 지혜를 얻고, 두려움 속에서 믿음의 담력을 얻습니다.

놀라운 사실은 예수님께 기도함으로써 열매를 맺은 사람은 열매 자체를 넘어 열매를 주신 예수님을 바라보게 된다는 점입니다. "내 삶에 들어와 이 문제를 풀어 주신 당신은 도대체 누구십니까?" 이렇게 묻게 되지요. "내 말이 너희 안에 있으면 무엇이든 구하라"는 말씀은 바로 이를 뜻합니다. 이런 사람은 예수님과 연결되었다는 일체감을 느끼며 살고, 주님을 만나고자 하는 열망이 샘솟으며, 그분의 뜻에 합당한 삶을 살며 참 기쁨을 누립니다.

나는 붙어 있는 가지인가, 떨어진 가지인가?

예수님께 붙어 있는 가지인지 떨어져 말라 비틀어진 가지인지 어떻게 알 수 있을까요? 예수님의 말씀을 붙들고 기도함으로써 열매를 맺는 경험을 통해 알 수 있습니다. 지식이 아닌 경험 말입니다. 설교를 듣거나 성경을 공부하는 데 그치는 것이 아니라 스스로 땅에 두 발을 딛고 서서 각자 열매를 맺는 경험을 해야 합니다. 그러나 이 경험이 과거에만 머물면 안 됩니다. 과거의 경험과 지식으로만 존재하는 말씀은 힘이 없습니다. 오늘의 경험이 있어야 합니다. 말씀을 붙들고 기도할 때, 비로소 그 말씀이 '내 안에 거하는 오늘의 말씀'이 됩니다. 나아가 하나님이 그 기도에 응답하실 때 우리 기쁨이 충만해집니다.

그러니 예수님 안에 거하십시오. 그분의 말씀 안에 거하십시오. 그러면 우리 인생에 열매가 맺힐 것입니다. 주님을 믿는다면 그분이 부탁하신 명령을 지키십시오. 먼저 자신을 사랑하고 그 사랑을 이웃에게 나누어 주십시오. 욕심과 불안과 경쟁에서 이기고 싶은 마음을 버리고, 주님의 뜻에 합당하게 미래를 설계하고, 그 삶을 살기 위해 노력하십시오. 이웃의 주린 배를 채워 주면 여러분 또한 배부를 것입니다.

그러다가 일이 뜻대로 되지 않고 절망스러울 때, 주님을 위해 사는 것 같은데 주님이 계시지 않는 것처럼 느껴지거나 약속이 멀게만 느껴질 때, 요한복음 15장을 떠올리며 기도하십시오. 운동장이든 지하철이든 걸어 가면서든 상관없습니다. 소리 없는 외침이어도 되고 소리 낸 울음이어도 괜찮습니다. 이렇게 기도하십시오. '예수님, 저는 당신 없이는 삶의 열매를 맺을 수 없습니다. 저를 만나 주십시오.' 믿음을 가지고 끈기있게 기도하십시오. 그러면 어느 날 주님이 내게 찾아와 말씀하실 겁니다. '내가 너의 기도를 듣고 있다. 너는 내 안에 있고 내 말이 네 안에 있구나. 나에게 기도했으니 내가 들어주겠다. 보라, 너는 지혜가 없지만 지혜자가 될 것이다. 너는 겁쟁이지만 그 무엇도 두려워하지 않는 용사가 될 것이다. 너에게 이기적인 모습이 있지만 너는 너를 반드시 넘어설 것이다. 네 삶을 통해 수많은 열매를 맺을 것이다. 그때 가지인 너는 포도나무인 나에게 붙어 있음을 알게 될 것이다. 너는 내 사랑 가운데 거하며 나를 보게 될 것이다!' 이러한 응답을 받으며 사는 사람은 복된 자입니다.

1 예수께서 이 말씀을 하시고 눈을 들어 하늘을 우러러 이르시되 아버지여 때가 이르렀사오니 아들을 영화롭게 하사 아들로 아버지를 영화롭게 하옵소서… 9 내가 그들을 위하여 비옵나니 내가 비옵는 것은 세상을 위함이 아니요 내게 주신 자들을 위함이니이다 그들은 아버지의 것이로소이다 10 내 것은 다 아버지의 것이요 아버지의 것은 내 것이온데 내가 그들로 말미암아 영광을 받았나이다 11 나는 세상에 더 있지 아니하오나 그들은 세상에 있사옵고 나는 아버지께로 가옵나니 거룩하신 아버지여 내게 주신 아버지의 이름으로 그들을 보전하사 우리와 같이 그들도 하나가 되게 하옵소서 12 내가 그들과 함께 있을 때에 내게 주신 아버지의 이름으로 그들을 보전하고 지키었나이다 그 중의 하나도 멸망하지 않고 다만 멸망의 자식뿐이오니 이는 성경을 응하게 함이니이다 13 지금 내가 아버지께로 가오니 내가 세상에서 이 말을 하옵는 것은 그들로 내 기쁨을 그들 안에 충만히 가지게 하려 함이니이다 14 내가 아버지의 말씀을 그들에게 주었사오매 세상이 그들을 미워하였사오니 이는 내가 세상에 속하지 아니함같이 그들도 세상에 속하지 아니함으로 인함이니이다 15 내가 비옵는 것은 그들을 세상에서 데려가시기를 위함이 아니요 다만 악에 빠지지 않게 보전하시기를 위함이니이다 16 내가 세상에 속하지 아니함같이 그들도 세상에 속하지 아니하였사옵나이다 17 그들을 진리로 거룩하게 하옵소서 아버지의 말씀은 진리니이다 18 아버지께서 나를 세상에 보내신 것같이 나도 그들을 세상에 보내었고 19 또 그들을 위하여 내가 나를 거룩하게 하오니 이는 그들도 진리로 거룩함을 얻게 하려 함이니이다 20 내가 비옵는 것은 이 사람들만 위함이 아니요 또 그들의 말로 말미암아 나를 믿는 사람들도 위함이니 21 아버지여, 아버지께서 내 안에, 내가 아버지 안에 있는 것같이 그들도 다 하나가 되어 우리 안에 있게 하사 세상으로 아버지께서 나를 보내신 것을 믿게 하옵소서 22 내게 주신 영광을 내가 그들에게 주었사오니 이는 우리가 하나가 된 것같이 그들도 하나가 되게 하려 함이니이다 23 곧 내가 그들 안에 있고 아버지께서 내 안에 계시어 그들로 온전함을 이루어 하나가 되게 하려 함은 아버지께서 나를 보내신 것과 또 나를 사랑하심같이 그들도 사랑하신 것을 세상으로 알게 하려 함이로소이다 24 아버지여 내게 주신 자도 나 있는 곳에 나와 함께 있어 아버지께서 창세 전부터 나를 사랑하시므로 내게 주신 나의 영광을 그들로 보게 하시기를 원하옵나이다.…　　•요한복음 17:1-26

4

작은 기도에 담긴 큰 뜻
제자의 삶

사람들은 죽기 전 유언을 남깁니다. 유언은 지금까지 살아 온 인생을 하나로 묶어 줍니다. 마지막 남기는 말이기에 거짓도 없습니다. 유언을 듣지 못하는 것은 사랑하는 사람의 임종을 지키지 못하는 것만큼이나 슬픈 일입니다.

  2011년 5월 16일, 아버지의 임종이 가깝다는 연락을 받고 밤샘 운전을 해서 아버지께 갔습니다. 다행히 아버지의 임종은 지켰으나 이미 의식을 잃은 아버지의 유언은 듣지 못했지요. 생의 기운이 소멸해 가는 아버지를 향해 우리 형제들은 오열하며 "아버지!" 하고 불렀습니다. 그런데 임종하시는 찰나 아버지가 눈물을 흘리셨습니다. 그 눈물을 보며 생각했지요. '아버지가 의식을 잃은 듯 보였지만 우리 이야기를 듣고 계셨구나!' 저는 그때 아버지가 흘린 눈물을 아버지의 유언만큼 귀한 것으로 여기며 살고 있습니다.

혹시 독립운동가 윤봉길 의사의 유언을 들어 보신 적이 있나요? 1932년 4월, 중국 상하이 훙커우 공원에서 일본의 '상하이 사변' 전승 기념식이 열립니다. 윤봉길 의사는 그곳에서 물통 폭탄을 던져 상해에 파견된 일본 사령군 대장 등을 죽이고 그해 12월 19일 총살당해 순국합니다. 그의 나이 스물다섯 살이었습니다.

그는 죽기 전에 고향에 있는 부모님과 형제들 그리고 자식들에게 유서를 남겼습니다. "고향에 계신 부모 형제 동포여! 더 살고 싶은 것이 인정입니다. 그러나 죽음을 택해야 할 오직 한 번의 가장 좋은 기회를 포착했습니다. 나만 나 혼자만 잘 먹고 잘살다 죽을 수도 있었습니다. 하지만 나는 나와 내 가족의 미래보다 조국을 선택했습니다. 백년을 살기보다 조국의 영광을 지키는 기회를 택했습니다. 안녕히, 안녕히들 계십시오." 죽음을 택해야 할 오직 한 번의 가장 좋은 기회를 포착했다는 그분의 말씀에 여운이 길게 남았습니다.

이렇게 생애 마지막에 죽음을 앞두고 하는 말은 그의 삶을 요약해 주고 그의 됨됨이도 보여 줍니다. 예수님의 유언도 마찬가지입니다. 앞 장에서 살펴본 요한복음 15장에 이어 이번 장에서는 예수님의 마지막 기도를 살펴보려고 합니다.

예수님의 마지막 기도

십자가에 달려 돌아가시기 전날 밤, 예수님은 하나님께 제자들을 의탁하는 기도를 드립니다. 제자들에게 직접 말씀하신 게 아니라서 정확히 유언이라고 보기는 어렵지만, 14장부터 16장까지 마지막으로 제자들에게 말씀을 남기시고, 17장에 이르러 앞서 하신 말씀을 정리해서 같은 내용으로 하나님께 기도했으므로 유언의 기능을 한다고 볼 수도 있겠습니다.

이 기도의 핵심이 17장 11절에 나옵니다. "나는 세상에 더 있지 아니하오나 그들은 세상에 있사옵고 나는 아버지께로 가옵나니 거룩하신 아버지여 내게 주신 아버지의 이름으로 그들을 보전하사 우리와 같이 그들도 하나가 되게 하옵소서." 예수님의 마지막 기도의 핵심은 '제자들이 하나가 되게 해 달라'는 것이었습니다.

하나가 된다는 것의 의미와 방법은 무엇일까요? 21절에 그 답이 있습니다. "아버지께서 내 안에, 내가 아버지 안에 있는 것같이 그들도 다 하나가 되어 우리 안에 있게 하사 세상으로 아버지께서 나를 보내신 것을 믿게 하옵소서." 제자들이 하나가 된다는 것은 예수님과 하나님 아버지가 하나인 것과 의미가 같고, 하나가 되려면 예수님과 하나님이 서로 안에 거하시듯 제자들도 서로 안에 거해야 합니다.

제자들이 '서로에게 거하는 것'이 어떤 의미일까요? 앞 장에서 우리는 우리가 주님 안에 거한다는 것이 곧 '그의 사랑 안에 거하는 것'(요 15:9-10)과 거의 같은 표현임을 보았습니다. 즉, 주님 안에 거하라는 말은 주님의 사랑을 누리며 살라는 말로 이해될 수 있습니다. 이것을 제자들에게 적용해 보면, 서로 안에 거하라는 말은 '서로 사랑하며 그 사랑을 누리며 살라'는 뜻으로 이해할 수 있습니다. 이것이 주님이 남기신 최후 기도의 핵심입니다.

이 말씀은 그 자체로는 매우 귀합니다. 그러나 다소 의아합니다. 만약 우리가 예수님이었다면 생의 마지막 순간에 사랑하는 사람들에게 어떤 이야기를 남기고 무슨 기도를 했을까요?

예수님은 온 인류를 사랑하시는 분입니다. 인류 전체에게 자유를 주시기 위해 이 땅에 오셨지요. 예수님은 가난한 자들, 포로된 자들, 어둠의 세력에 압제당하며 사는 자들에게 진리의 등불을 비춰 주셨습니다. 유대인뿐 아니라 이방인을, 의인뿐 아니라 죄인을 사랑하셨습니다. 세상 모든 이를 위해 사랑을 쏟아 주셨고 모두를 위해 십자가까지 지셨습니다. 그러니 제가 예수님이라면 이렇게 유언을 남겼을 것입니다. '너희는 세상에 나가 빛과 소금이 되거라. 이웃을 네 몸과 같이 사랑하거라. 너희끼리 소극적이고 폐쇄적으로 사랑하는 데 그치지 말거라. 너희는 세상의 등불이다. 등불끼리 모여 있지 말고 어두운 곳에 가서 빛을 밝혀라.'

희한하게도 예수님의 기도에는 세상이 없습니다. 그 대신 '제자들끼리 하나 되라'고만 하십니다. 세상을 위한 기도가 없을 뿐 아니라 세상에 대한 예수님의 시선은 매우 부정적입니다.

> 내가 아버지의 말씀을 그들에게 주었사오매 세상이 그들을 미워하였사오니 이는 내가 세상에 속하지 아니함같이 그들도 세상에 속하지 아니함으로 인함이니이다. 내가 비옵는 것은 그들을 세상에서 데려가시기를 위함이 아니요 다만 악에 빠지지 않게 보전하시기를 위함이니이다. (요 17:14-15)

예수님은 노골적으로 세상이 아닌 '내게 주신 자'(18:9)들을 위해서만 기도하셨습니다. 내게 주신 자들은 당연히 주님과 함께 3년을 동고동락한 제자들을 의미합니다. 20절에서 그 대상이 모든 그리스도인으로 확대되긴 합니다. "내가 비옵는 것은 이 사람들만 위함이 아니요 또 그들의 말로 말미암아 나를 믿는 사람들도 위함이니"(17:20).

그러나 어쨌든 예수님은 마지막 기도에서 제자들과 그리스도인들의 하나 됨만 이야기하시고 세상은 배제하셨습니다. 물론 세상의 잘못된 가치는 배격해야 하고 이런 의미에서 세상은 경계의 대상이기는 합니다. 그럼에도 하나님은 세상을 너무나 사랑하셔서 독생자를 보내셨고(3:16), 하나님의 사랑이 궁극적으로 향해야 할 마지막 대상은 세상 아닙니까? 그런데도 온 세상을 사랑하신 주님이 정작 돌아가실 때는 왜 제자들끼리의 하나 됨만 이야기하셨을까요?

제자들이 하나 되어야 하는 이유

이런 가르침을 따르기 위함인지 모르겠습니다만, 한국 교회에는 '세상'이 빠져 있습니다. 사회적 약자들과 이웃들, 인권, 노동, 정치, 교육 영역에서 압박받는 사람들에게 별 관심을 기울이지 않습니다. 생명의 존엄성이 유린당할 때조차 말입니다. 그 대신 교회는 교인들끼리 사랑하라고 강조합니다. 얼핏 보면 예수님의 마지막 기도와 비슷한 면이 있습니다.

1980년대에 학생들이 독재에 항거하는 시위를 여기저기서 많이 했습니다. 전투 경찰들은 시위대를 해산시키기 위해 최루탄을 마구 발사했습니다. 하얀 전투모를 쓴 경찰관 기동대, 이른바 백골단은 전투 경찰보다 훨씬 난폭했습니다. 그들을 피해 학생들이 도망할 때 명동성당은 문을 열어 그들을 숨겨 주었습니다. 하지만 근처 영락교회는 학생들이 교회에 들어오지 못하게 문을 걸어 잠갔습니다. 그 모습을 본 학생들이 좌절을 넘어 분노해 일곱 대형 교회에 불을 지르겠다고 선언했다는 소식을 신문에서 읽고 깜짝 놀랐지요. 불의에 저항하기 위해 발버둥치는 젊은이들은 불의에 침묵하고 동조하는 교회를 도무지 이해할 수 없었던 것입니다.

교회는 왜 문을 걸어 잠갔을까요? 젊은이들이 그리스도가 아닌 세상에 속한 일을 하고 있다고 생각했고, 나아가 젊은이들이 악한 세력에 사로잡혀 시위를 한다고 생각했기 때문입니다. 그 당시 대부분의 교회는 정치에 관심을 기울이는 대신 신자들의 공동체를 세우는 데만 집중하는 것이 옳다고 생각했습니다.

그렇다면 정말로 주님은 세상과 단절된 채 제자들끼리 서로 하나가 되라고 하신 걸까요? 만약 그렇다면 "하나님이 세상을 이처럼 사랑하사"라는 말씀을 우리는 버려야 합니다. 그러나 예수님은 제자들에게 '서로 사랑하라'고 유언하시면서 동시에 온 세상을 사랑하셨습니다. 그렇다면 온 세상을 사랑하신 주님이 죽음을 앞두고 제자들의 하나 됨에만 초점을 맞추어 유언과 기도를 하신 이유는 무엇일까요?

답은 17장 23절에 있습니다. "곧 내가 그들 안에 있고 아버지께서 내 안에 계시어 그들로 온전함을 이루어 하나가 되게 하려 함은 아버지께서 나를 보내신 것과 또 나를 사랑하심같이 그들도 사랑하신 것을 세상으로 알게 하려 함이로소이다." 제자들이 사랑 가운데 하나 되기를 간절히 원하신 '뜻'과 '목적'이 따로 있었던 것입니다. 제자들이 서로 하나 되어야 하는 본질적 이유는 '세상이 알게 하기 위해서'였습니다. 과장해서 말하면 세상이 모르는 제자들끼리의 사랑은 소용이 없습니다.

하나님이 제자들을 사랑하신다는 사실을 세상이 어떻게 알 수 있나요? "내가 그들 안에 있고 아버지께서 내 안에 계시어 그들로 온전함을 이루어 하나가 되게 [함]"(17:23)으로써 알 수 있습니다. 제자들이 부유하고 학식이 높고 권력이 세다고 하나님이 제자들을 사랑하심을 알 수 있는 게 아닙니다. 오직 제자들이 서로 사랑함으로써 하나가 되는 모습, 즉 제자들이 나누는 사랑의 크기와 깊이를 보고 알 수 있습니다. 인간의 사랑을 뛰어넘는 사랑이 제자 공동체에 있는 것을 보고 사람들은 이렇게 말할 것입니다. "아, 저 깊고도 온전한 사랑은 하나님이 계시지 않고서는 불가능하다! 저것은 틀림없이 하나님이 저들을 사랑하셔서 하늘의 사랑을 퍼부어 주셨기 때문이다."

세상이 제자들의 사랑을 왜 알아야 할까요? 제자들의 공동체에는 하나님이라는 든든한 뒷배가 있다는 걸 보여 주고자 했기 때문일까요? 제자들은 힘이 세니까 건드리지 말아야겠다고 세상 사람들이 생각하도록 말이지요. 절대 아닙니다. 그 이유를 예수님은 21절에서 이렇게 설명합니다. "그들도 다 하나가 되어 우리 안에 있게 하사 세상으로 아버지께서 나를 보내신 것을 믿게 하옵소서." 하나님이 제자들을 사랑하신다는 사실을 세상이 '아는 데' 그치지 않고, '믿게끔' 하고 싶으셨던 것입니다. 그러니까 예수님의 뜻은 세상이 그리스도를 믿고 돌아오는 데 있습니다. 제자들 간의 사랑과 일치가 중요했던 것은 바로 이 때문입니다.

다시 말하거니와 제자들끼리 사랑하라는 말의 의미는 세상과 담을 쌓으라는 뜻이 아닙니다. 사랑의 목적은 다른 데 있습니다. 세상 모든 인류가 예수 그리스도를 알게 하는 유일한 방법은 제자들끼리 사랑하고 하나가 되는 것입니다. 바로 그렇게 할 때 온 세상이 주님께 돌아올 수 있습니다.

시오노 나나미가 해석한 로마 시대의 교회

이쯤 되면 제자들 간의 사랑이 어떠해야 하는지 그려집니다. 그것은 감정이 아닙니다. 찬양을 부르며 감동받아 우는 것이 아니라는 말이지요. 서로 사랑하자고 확인하는 데 그쳐서도 안 됩니다. 이 사랑은 세상이 볼 때 높은 수준의 사랑이어야 합니다. 세상은 할 수 없지만 하나님이 함께하시면 가능한 사랑이어야 합니다. 구체적으로는 교회 안에 있는 약자를 돌보아야 합니다. 성차별을 해서는 안 되고, 경제력이나 학력으로 차별해서는 안 됩니다. 외국인이나 새터민 혹은 장애인이라는 이유로 차별해서도 안 됩니다. 의지할 곳 없는 외로운 이들을 돌보아야 합니다. 가난한 신자들이 재기할 수 있도록 물질로 도와야 합니다. 누군가 잘못했을 때 서로 용서를 구하고 허물을 감싸 주어야 합니다.

이런 사랑은 세상에서는 좀처럼 보기 어렵습니다. 오히려 세상은 그 반대지요. 강자가 약자를 짓밟습니다. 성적과 경제력과 권력과 피부색으로 차별합니다. 이런 논리가 세상을 지배하고 있습니다. 우리나라뿐 아니라 전 세계가 탐욕으로 뭉쳐서 부끄러운 줄도 모르고 이 세상을 처참하게 만들고 있습니다. 그뿐인가요. 한번 원수를 맺으면 증오심 때문에 서로 용서할 줄 모르는 모습을 우리는 자주 목격합니다. 사랑이 없는 것입니다.

예수님은 그런 세상 사람들이 교회를 주목해서 보기 원하십니다. 교회를 보았더니 그 속에서 약자가 위로를 받습니다. 지식과 경제력과 아파트 평수와 정치적 권세로 사람들을 차별하지 않고, 교회 내에 있는 사람들이 모두 평등하게 형제와 자매로 존중받으며, 인간으로서의 자존심을 회복하며 살아갑니다. 사람들이 이 모습을 보고 놀라며 이렇게 고백하는 것이지요. "저렇게 큰 사랑이 가능하다니! 하나님이 저들을 사랑하시는구나. 하나님이 예수님을 이 세상에 보내서 저런 사랑이 가능하게 하셨구나! 당신을 따르는 자들로 저 큰 사랑의 요구 앞에 자기 인생을 던지게 하시며, 약자들의 눈물을 씻어 주다니. 예수님 당신은 누구십니까? 나도 부르사 이 메마른 삶에 의미와 기쁨을 충만케 하소서."

과연 초대교회는 예수님의 가르침을 따라 소유를 팔아 교회의 어려운 사람들을 도왔고, 필요에 따라 쓸 것을 나누었습니다(행 2:42-

47). 교회에서 주인과 노예가 평등하게 교제했고, 사람으로 쳐 주지도 않았던 여인들이 존중받았습니다. 그것은 하나님의 신이 그들에게 임했기 때문이고 그래서 제자들이 하나가 되었기 때문입니다. 성경은 그들의 모습을 보고 수많은 사람이 주님께 돌아왔다고 이야기합니다.

시오노 나나미(鹽野七生)는 『로마인 이야기』(한길사)라는 방대한 역사책을 쓰면서 기독교에 대해 시종여일 비판적 입장을 견지했습니다. 그는 유일신보다 다신교가 훨씬 좋고 그것이 문명적이라고 보았습니다. 이런 입장을 가진 그도 『로마인 이야기』 12권에서 기독교 공동체가 4세기에 급속히 팽창한 이유를 다음과 같이 기록하며 놀라워했습니다.•

1. 기독교 자체가 가진 절대적인 배타성

   기독교가 영혼을 구제받는 길로 기독교 이외의 어떤 선택도 인정하지 않았다는 것은 불안으로 가득 찬 그 시대를 살았던 사람들에게는 생명력의 원천으로 보였다.

2. 기독교는 누구한테나 열려 있었다는 점

   기독교는 사회계층 사이의 차별을 무시했다. 육체노동으로 생계를 꾸리는 사람도, 노예도, 추방된 자도, 범죄를 저지른 자까지도 차별하지 않고 받아들였다. … 2세기를 거쳐 3세기 말에 이르기까지 기독교 공동체

• 시오노 나나미, 『로마인 이야기 12』(한길사), 402-405면 발췌 인용.

를 구성한 사람들의 태반은 사회 밑바닥에서 살고 있는 사람들이었다.

3. 사람들에게 희망을 주는 데 성공했다는 점

그 시대에 병든 영혼은 계속 늘어나고 있었다.

4. 기독교에 귀의하는 것이 현실 생활에서도 이익을 가져다준 점

기독교도 집단은… 처음부터 말 그대로 '공동체'의 성격을 강하게 지니고 있었다. 이 집단 구성원이 함께 한 일은 종교 의식만이 아니다. 사고방식부터 생활방식에 이르기까지 모든 것을 함께 나누었다. … 이 점이야말로 로마 제국에 가장 위험한 점이었다.

그들은 같은 신도가 불행한 처지에 빠지면 물질적인 도움을 주는 것을 망설이지 않았다. 상부상조가 이 집단의 중요한 역할이고, 그것이 잘 운영되고 있었던 것은 로마도 인정했다. … 기독교회는 신도들이 살아가는 데 기본적으로 필요한 것을 보장해 주게 되었다. 생활이 어려운 과부를 돕고, 고아를 맡아서 돌보고, 노인과 실업자, 그밖에 사회에서 탈락한 자들에게 손을 내밀었다. 가난한 사람을 위해 장례식을 치러주고, 전염병이 퍼지면 병원 역할까지 맡고 나섰다.

하지만 무엇보다도 기독교회가 3세기의 로마인에게 준 것은 소속감이었다. … 야만족에게 모든 것을 빼앗기고 마을을 떠날 수밖에 없어서 도시로 흘러든 사람들. 농사짓던 땅이 야만족을 맞아 싸우는 전쟁터가 되었기 때문에, 그 황폐해진 땅을 버리고 도시로 나와 다른 일거리를 찾을 수밖에 없는 사람들. 만기 제대는 했지만 전처럼 군단기지 근처에 땅을 받아 농사에서 제2의 인생을 찾기도 어려워져, 친구도 가족도 없는 도시로 흘러들 수밖에 없는 제대 군인. 인플레이션과 디플

레이션이 동시에 진행되는 바람에 이자로 살아갈 길을 빼앗긴 금리 생활자. 자유의 몸이 되었지만 옛날처럼 주인과 밀접한 관계를 유지하는 것은 바라지도 못하고 혼자 내팽개쳐진 채 생활 기반을 마련하기 위해 고생하는 해방노예. 이런 사람들이 기독교 공동체에 들어와 인간다운 따뜻함을 얻을 수 있었다. … 농촌보다 도시, 도시 중에서도 로마나 안티오키아나 알렉산드리아 같은 대도시에서 기독교 신자가 늘어난 요인들 가운데 하나는 바로 그것이었다.

이 이야기가 주는 메시지가 무엇입니까? 로마는 계급사회였는데 교회는 평등한 사회였다는 것입니다. 로마는 약자를 버렸지만 교회는 약자를 끌어안았습니다. 로마는 사람들을 절망하게 만들었지만 교회는 영생의 희망을 줌으로써 고통받는 사람들을 위로했습니다. 이러한 모습을 보고 많은 사람이 교회에 들어와 교회의 규모가 급속도로 커졌다는 것입니다.

여기서 한 가지 유의해야 할 점이 있습니다. 제자들의 하나 됨을 통해 하나님의 사랑을 드러내고자 할 때, 우리가 세상은 고칠 수 없으니 고통받는 이들의 피난처 역할만 하자는 소극적 입장에 머물러서는 안 된다는 사실입니다. 교회 안에서 정의와 사랑을 실천하기 위해 힘쓰는 신자들이라면 세상의 불의에 나 몰라라 할 수 없습니다. 신자들이 교회 안에 있는 약자를 돕는 것은 약자에 무관심한 세상에 대한 선전포고입니다. 교회 지체들 간에 서로 사랑하며 하나 되고자 하는 것은 불의한 세상에 대적하기 위해 우리 안에서 먼저 정의롭게 살겠다는 다짐입니다. 즉, 교회 내 사랑은 세상의 사랑 없음과 불의에 항거하기 위한 출발점이지 결코 종착점이 아닙니다.

보십시오. 공동체 안에서 서로 사랑하며 약자를 돌보는 교회들이 세상에서 같은 고통을 보고 어찌 침묵할 수 있다는 말입니까? 예수님의 사랑이 우리 속에 불 일듯 일어나면 세상은 어차피 악하니 우리끼리 사랑하며 살자는 식의 소극적 사랑에 머물 수 없습니다. 불의에 민감하고 사랑을 추구하는 교회는 권력이 약자를 짓밟고 생명을 앗아 갈 때 이를 방치하지 않습니다. 교회의 안과 바깥을 구별하지 않습니다. 세상의 불의가 교회에 침투하지 않도록 애쓰면서 동시에 불의에 고통받는 사람들을 거리에서 혹은 직장에서 발견할 때 이를 좌시하지 않습니다. 온유하지만 분명하게 지적하고 바로잡기 위해 애씁니다. 그리스도의 사랑이 필요한 곳이라면 어디든지 사랑에 합당한 질서를 만들기 위해 힘을 쏟습니다. 불의에 신음하던 이들은 예수님의 제자들이 모인 교회를 보고 하나님을 만나고 주님께 돌아오게 되는 것입니다.

교회는 이러한 힘을 신자들에게 공급합니다. 정의로운 사랑, 약자를 돌보는 사랑에 대한 영감을 줍니다. 교회에서 선포되는 바른 말씀은 안주하고 싶어 하는 우리의 양심을 자극합니다. 사랑은 불의를 기뻐하지 않기에(고전 13:6) 사랑을 위해 정의로운 삶을 살도록 교회는 신자들을 격려합니다.

힘을 공급받은 신자들은 쓰러져 가는 생명들을 구할 사람을 찾는 하나님의 부르심에 응답하게 됩니다. 여전히 부족한 부분이 있지만 부족한 대로 고통으로 신음하는 이들에게 나 자신을 던집니다. 그럴 때 나의 부족함을 채우는 큰 사랑이 찾아옵니다. 하나님은 '저 연약한 자가 내 부름에 응답하여 자기 인생을 쏟아붓고자 하니 그의 부족한 부분을 내가 채워 주어야지' 하시며 성령을 주십니다. 그 결과 성령의 열매(갈 5:22-23)인 사랑이 그 인격의 그릇에 넘치도록 채워져 간극을 메울 수 있게 됩니다.

이런 신자들은 교회 안에서 사랑하는 일에도 탁월합니다. 신자들은 이들을 보고 '하나님의 사람은 저렇게 행동해야 하는구나' 생각하며 이들을 따릅니다. 철이 철을 날카롭게 하듯이(잠 27:17) 교회에서 신자들은 말씀 아래에서 서로 사랑하며 사는 삶을 자극하고 격려합니다. 이것이 우리가 교회에 머물러야 할 이유입니다.

오늘날 이렇게 신자의 삶에 깊은 자극과 도전을 주는 교회들이 많아져야 합니다. 교회란 예수님을 따르는 제자들의 공동체입니다. 내적으로 사랑을 추구하며 외적으로 고통받는 이들 곁에 있도록 신자들을 격려해야 합니다. 주님이 우리를 교회로 부르신 목적이 신자들의 번영이 아니라, 교회 바깥 고통받는 타인들을 사랑하고 돌보는 데 있다는 사실을 기억해야 합니다.

저도 이 사실을 뒤늦게 깨닫고 몇 가정과 새롭게 교회를 이루었습니다. 우리에겐 목회자나 건물이 없습니다. 교인도 많지 않습니다. 그래도 교회입니다. 무엇이 있어야 교회라고 부를 것인가에 대해서는 많은 논쟁이 있을 수 있습니다. 그 주장들을 하나씩 검토하며 교회의 본질을 찾는다면, 그 핵심 중 하나는 '타자지향성'이라고 저는 믿습니다. 타자지향성이 빠진 교회는 교회가 아닐 것입니다. 그리스도가 세상에 오신 이유는 우리와 같은 타인들 때문이었으니까요. 마찬가지로 교회로 모인 우리도 그 존재의 이유를 세상에 사는 타자 속에서 발견해야 합니다. 하나님이 세상을 이처럼 사랑하사 독생자를 보내셨으니, 우리도 예수님처럼 저 세상의 사람들을 사랑해야 합니다. 그리고 뜨겁고 온전한 사랑이 식지 않도록 교회 내 신자들과 서로 사랑하는 삶, 즉 서로 안에 거하는 삶을 추구해야 합니다.

 제자들이 서로 하나 되고 사랑하며 서로 안에 거할 수 있도록 주님이 기도하신 이유가 이 때문입니다. 제자들의 하나 됨은 온 세상을 품기 위한 출발이요 기본이니, 이 출발과 기본을 구하는 기도를 작은 기도라 말할 수 없습니다. 예수님의 유언, 마지막 기도대로 우리는 서로 사랑하며 그 사랑이 교회 바깥으로 퍼져 나가도록 힘써야 합니다. 또한 시민으로서 세상에 속한 여러 영역에서 사랑과 정의를 이루는 자로 살아야 합니다. 실제로 이런 삶을 사는 신자들, 이런 삶을 촉구하는 교회들이 드물지라도 그들은 어둠 속 등불 같은 복된 사람들입니다. 이러한 복이 우리 모두에게 임하기를 바랍니다.

16 이에 예수를 십자가에 못 박도록 그들에게 넘겨 주니라 17 그들이 예수를 맡으매 예수께서 자기의 십자가를 지시고 해골(히브리 말로 골고다)이라 하는 곳에 나가시니 18 그들이 거기서 예수를 십자가에 못 박을새 다른 두 사람도 그와 함께 좌우편에 못 박으니 예수는 가운데 있더라 19 빌라도가 패를 써서 십자가 위에 붙이니 나사렛 예수 유대인의 왕이라 기록되었더라 20 예수께서 못 박히신 곳이 성에서 가까운 고로 많은 유대인이 이 패를 읽는데 히브리와 로마와 헬라 말로 기록되었더라 21 유대인의 대제사장들이 빌라도에게 이르되 유대인의 왕이라 쓰지 말고 자칭 유대인의 왕이라 쓰라 하니 22 빌라도가 대답하되 내가 쓸 것을 썼다 하니라 23 군인들이 예수를 십자가에 못 박고 그의 옷을 취하여 네 깃에 나눠 각각 한 깃씩 얻고 속옷도 취하니 이 속옷은 호지 아니하고 위에서부터 통으로 짠 것이라 24 군인들이 서로 말하되 이것을 찢지 말고 누가 얻나 제비 뽑자 하니 이는 성경에 그들이 내 옷을 나누고 내 옷을 제비 뽑나이다 한 것을 응하게 하려 함이러라 군인들은 이런 일을 하고 25 예수의 십자가 곁에는 그 어머니와 이모와 글로바의 아내 마리아와 막달라 마리아가 섰는지라 26 예수께서 자기의 어머니와 사랑하시는 제자가 곁에 서 있는 것을 보시고 자기 어머니께 말씀하시되 여자여 보소서 아들이니이다 하시고 27 또 그 제자에게 이르시되 보라 네 어머니라 하신대 그때부터 그 제자가 자기 집에 모시니라 28 그 후에 예수께서 모든 일이 이미 이루어진 줄 아시고 성경을 응하게 하려 하사 이르시되 내가 목마르다 하시니 29 거기 신 포도주가 가득히 담긴 그릇이 있는지라 사람들이 신 포도주를 적신 해면을 우슬초에 매어 예수의 입에 대니 30 예수께서 신 포도주를 받으신 후에 이르시되 다 이루었다 하시고 머리를 숙이니 영혼이 떠나가시니라   • 요한복음 19:16-30

5

성공을 다시 생각한다

죽음

성공을 좋아하지 않을 사람은 없습니다. 반대로 실패했을 때는 참담하지요. 저도 살면서 여러 번 실패를 경험했습니다. 공민학교를 다닐 때 주산 시험을 보았습니다. 6급, 5급 시험은 기분 좋게 합격했는데, 4급 시험은 전표를 넘기면서 주판알을 튕기는 것이 익숙하지 않아 그만 불합격했습니다. 어머니께 시험에 떨어졌다는 이야기를 하면서 얼마나 괴로웠는지 모릅니다. 그런가 하면 중학교 3학년 때는 단 한 가지 조건이 맞지 않아 원하는 고등학교에 가지 못했습니다. 전액 장학금과 무료 기숙사 생활과 취업 보장이라는 특전에 끌려 금오공고에 가려고 했는데요. 한 학교에서 성적 우수생 한 명만 지원할 수 있다는 기준까지 통과했음에도 실제 나이보다 늦은 주민등록상 나이 때문에 응시 기준에 못 미쳐 최종 선발에서 떨어지는 비운을 맛보아야 했습니다. 실패의 경험은 참으로 고통스러웠습니다. 제

친구는 명문대 법대에 지원했는데 연거푸 두 번 탈락했습니다. 가까스로 세 번째 시험에서 합격하고 졸업도 했으나 오래 준비한 사법시험에서는 여러 번 탈락해 끝내 법조인이 되지 못했습니다. 그 친구는 무척 낙심했습니다.

아마 실패의 경험을 꺼내 놓으라고 하면 우리 모두 할 말이 많을 것입니다. 그런데 무엇이 성공일까요? 대부분 좋은 대학을 졸업하고 연봉이 높은 직장에서 즐겁게 일하면서 편안하게 사는 것을 성공이라고 생각할 것입니다. 남들보다 높은 지위, 경제적 풍요, 멋진 배우자를 만나 결혼하는 것, 장수 등이 중요한 지표지요. 특히 한국 사회는 겉모습으로 사람을 평가하는 경우가 많으니 알게 모르게 내세울 것이 많기를 바라는 마음이 인지상정인지도 모릅니다.

사실 성공 자체를 부정할 필요는 없습니다. 목표한 대로 이뤄 내는 것은 기분 좋은 일이니까요. 문제는 성공의 기준입니다. 성경은 세상과 다른 성공의 기준을 제시합니다. 이번 장에서는 성경이 말하는 성공의 기준이 무엇인지 살펴보겠습니다.

노예 검투사 스파르타쿠스의 길을 간 예수님

만일 높은 지위, 경제적 풍요, 사람들로부터의 인정, 장수 등을 성공 요소라고 생각한다면, 예수님은 어느 모로 보아도 실패한 분입니다. 그분은 수입이 없었고, 집이 없어 산에서 주무실 때도 있었습니다. 사랑하는 사람을 만나 결혼하는 기쁨도 누리지 못했고 자식도 없었습니다. 권력자들은 예수님을 비방하기에 여념이 없었습니다. 여기에 더해 예수님이 귀신에 들렸다는 소문이 퍼져 가족들이 찾으러 오기도 했습니다. 또한 예수님을 따르던 많은 사람은 결정적 순간에 모두 떠났습니다.

살면서 견디기 힘든 일 중 하나가 배신입니다. 그런데 예수님은 가장 가깝게 지내던 제자들에게 여러 차례 배신을 당했습니다. 가룟 유다는 예수님을 팔아넘겼고, 군인들에게 체포를 당할 때 마가는 벗은 몸으로 도망갔습니다. 가장 총애하던 베드로는 세 번이나 예수님을 모른다고 부인했고 저주까지 퍼부었지요. 무엇보다 예수님은 젊은 나이에 죽었습니다. 부모보다 먼저 죽는 것만큼 큰 불효는 없습니다. 그러니 예수님은 자식으로서도 실패했습니다. 죽을 때조차 어머니가 보는 앞에서 치욕스럽고 처참하게 죽었습니다.

십자가 위에서 죽는 것이 얼마나 비참한 죽음인지 한 번쯤 생각해 보셨을 겁니다. 주전 73년, 로마에서 스파르타쿠스라는 노예 검투사가 반란을 일으켰습니다. 인간다운 삶을 살기 위해 검투사 훈련소에서 다른 노예 70명과 함께 탈출을 감행했지요. 그는 수만 명의 노예를 모아 로마에 대항하면서 전쟁에서 여러 차례 승리했지만 결국 실라루스 강가에서 패배했습니다. 로마는 반란이 시작된 카푸아에서 로마에 이르는 길에 무려 6천 개의 십자가를 세우고 체포한 노예들을 매달았습니다. 그들은 극심한 고통 중에 죽거나 산 채로 독수리의 밥이 되었습니다.

반란에 실패한 사람들이 맞는 비참한 최후가 바로 십자가였습니다. 그런데 온 우주의 왕이 이 땅에 오셔서 그 십자가에서 죽었습니다. 이런 죽음을 성공이라고 볼 수 있을까요?

주님은 실패를 자청하지 않으셨다

그런데 다시 보면 예수님도 성공을 원하셨고 결국 성공하신 것으로 보입니다. 다만 그분의 성공은 아주 기묘합니다. 요한복음 18-19장은 예수님이 겟세마네 언덕에서 붙잡히신 후(18:1-14) 빌라도에게 십자가형을 언도받고(19:1-16) 결국 갈보리산에서 죽임을 당하는 과정을 그렸습니다.

예수님이 매달린 십자가 좌우로 다른 죄인들이 함께 매달렸습니다. 군인들은 예수님의 손발을 못에 박았고 머리에는 가시관을 씌웠으며, 조롱의 의미가 담긴 '나사렛 예수, 유대인의 왕'(19:19)이라는 팻말을 십자가 꼭대기에 붙였습니다. 군인들은 예수님의 겉옷을 찢어서 나누어 가졌고, 속옷은 제비를 뽑아 한 사람이 가졌습니다(19:23-24). 이는 예수님이 십자가에 나체로 매달리셨다는 의미입니다. 수많은 성화가 십자가 위의 예수님을 그릴 때 하반신만큼은 천으로 가려서 표현함으로써 최소한의 체면은 지켜 주려고 합니다. 하지만 예수님은 완전히 발가벗겨진 채 어머니가 보는 앞에서 죽임을 당합니다.

이보다 더 큰 슬픔이 있을까요? 제가 만일 어머니 앞에서 이렇게 죽는다면, 저는 저를 죽이는 사람들에게 애원할 것입니다. "제발 우리 어머니가 이 모습을 보지 않게 해 주십시오. 제발 어머니가 없는 곳에서 나를 죽이십시오." 자식들은 사소한 슬픔이 있어도 부모에게는 알리지 않습니다. 부모가 걱정하면서 눈물 흘리는 것이 괴롭기 때문입니다. 그래서 가능하면 자랑스러운 모습, 박수 받는 모습을 보여 드리고 싶어 합니다. 그런데 주님은 어머니에게 가장 비참한 모습을 보여 주고 말았습니다.

> 예수의 십자가 곁에는 그 어머니와 이모와 글로바의 아내 마리아와 막달라 마리아가 섰는지라. (요 19:25)

잡히시기 전날 밤에 이제야 당신이 하나님의 아들임을 알겠다고 말해 예수님께 칭찬을 받았던 제자들은 도대체 어디로 간 걸까요? 요한계시록을 쓴 요한 외에 남자들은 모두 배신하고 도망갔습니다. 오직 예수님의 어머니와 이모 그리고 다른 두 여인이 그 자리를 지켰습니다. 그러나 명백한 실패로 보이는 상황에서도 예수님은 자신의 죽음을 부끄러워하지 않습니다. 온몸이 찢겨 나가는 듯한 아픔을 느끼고 모멸감이 영혼을 찌르는 상황에서도 주님은 어머니와 요한을 불러서 부탁합니다.

> 여자여 보소서 아들이니이다 하시고 또 그 제자에게 이르시되 보라 네 어머니라 하신대 그때부터 그 제자가 자기 집에 모시니라. (요 19:26-27)

죽기 직전 "다 이루었다"(19:30)고 하신 말씀을 통해서도 그분이 스스로의 인생을 실패로 여기지 않으셨음을 알 수 있습니다. 예수님의 죽음과 고난, 신 포도주를 마시는 것, 군인들이 제비를 뽑아 그의 옷을 취하는 것 등은 그의 삶이 실패했다는 의미가 아니라 오히려 메시아가 오시면 나타날 징조임을 구약의 예언자들이 말했다고 요한복음은 이야기합니다.

다른 복음서를 보면, 주님은 십자가 위에서 "나의 하나님, 나의 하나님, 어찌하여 나를 버리셨나이까"(막 15:34)라고 외칩니다. 그러나 성경학자들은 이를 두고 예수님이 죽음을 후회하거나 원망해서 한 말이 아니라고 해석합니다. 우리 죄를 대신하여 하나님에게서 '완전한 분리'라는 형벌을 받음으로써 느낀 슬픔을 그렇게 탄식했다고 봅니다. 주님은 죽음을 억울하게 생각하거나 인생을 후회하는 모습을 한 번도 보이지 않으셨습니다. 그의 죽음이 얼마나 장엄했는지 성경은 이렇게 묘사합니다.

> 예수께서 다시 크게 소리 지르시고 영혼이 떠나시니라. 이에 성소 휘장이 위로부터 아래까지 찢어져 둘이 되고 땅이 진동하며 바위가 터지고 무덤들이 열리며 자던 성도의 몸이 많이 일어나되 예수의 부활 후에 그들이 무덤에서 나와서 거룩한 성에 들어가 많은 사람에게 보이니라. 백부장과 및 함께 예수를 지키던 자들이 지진과 그 일어난 일들을 보고 심히 두려워하여 이르되 이는 진실로 하나님의 아들이었도다 하더라. (마 27:50-54)

예수님은 어떻게 고통 속에서도 자기 삶을 실패라 여기지 않고 죽음을 받아들이셨을까요? 우리가 아는 대로, 바로 예수님이 이 땅에 오신 목적이 십자가 위에서 죽으심에 있었기 때문입니다. 죄로 가득한 세상에는 소망이 없었습니다. 구약 선지자들이 죄를 고발하고 회개하라고 외쳤지만 사람들은 회개했다가 다시 벌을 받고 돌아서기를 반복했습니다. 이것이 역사에 무수히 되풀이되면서 죄 문제가 해결되지 않자, 결국 속죄의 역사를 완결 짓기 위해 하나님 자신이 세상에 오셨고, 죄의 삯인 죽음을 받아들이시고 대속의 죽음을 감당하신 것입니다.

주님은 공생애를 시작하시는 순간부터 3년 뒤에 당할 십자가 위에서의 죽음을 향해 달려오셨습니다. 가나에서 열린 혼인 잔치에서 어머니가 잔칫집에 포도주가 다 떨어졌다고 했을 때, "내 때가 아직 이르지 아니하였나이다"라고 말한 것도 '이때'를 염두에 둔 것이었습니다. 동생들이 명절에 예루살렘에 함께 올라가자고 했을 때도 예수님은 "내 때가 아직 차지 못하였[다]"고 거절하셨습니다. 당신의 때를 목표로 달려오셨고 때가 아닐 때는 멈추셨습니다. 예수님이 말씀하신 '내 때'란 궁극적으로 메시아 사역의 완결, 곧 십자가에서의 죽음을 염두에 둔 표현이었습니다.

그렇습니다. 주님은 실패를 자청하는 대신 성공을 추구하셨습니다. 다만 성공과 실패의 기준이 달랐을 뿐입니다. 사람들은 권력을 쥐는 것이 성공이라고 생각했지만, 주님은 권력을 잃는 것이 성공이라고 생각하셨습니다. 사람들은 이스라엘 왕이 되는 것이 성공이라고 생각했지만, 주님은 온 인류를 구원하는 것을 성공이라 여기셨습니다. 사람들은 빵을 먹어 배부른 것을 성공이라 생각했지만, 주님은 영생의 떡이 되신 하나님의 말씀을 나누는 것을 성공이라 생각하셨습니다. 사람들은 주변의 시선에 맞추어 사는 것을 성공이라 생각했지만, 주님은 하나님을 기쁘시게 하는 것을 성공이라 생각하셨습니다. 무엇보다 하나님을 기쁘시게 하기 위해 예수님은 온 인류의 죄를 대신 지고 죽는 것을 선택하셨고 그것이 곧 성공이라고 생각하셨습니다. 그리고 그 길을 가셨습니다.

어둠의 세력이 추구한 성공 그리고 착각

다만 문제는 어둠의 세력이었습니다. 사탄은 예수님이 전하는 하나님 나라의 복음을 사람들이 듣고 따르는 것이 싫었습니다. 예수님이 사람들을 긍휼히 여기셔서 아픈 자를 낫게 해 주고 죽은 자를 살리심으로써 사람들이 하나님을 찬송하는 것이 싫었습니다. 자신의 지배 아래 있다고 생각했던 땅에 새로운 통치자가 나타나 사람들의 마음을 사로잡는 것이 싫었던 것이지요.

예수님을 싫어한 존재들은 더 있습니다. 바로 대제사장과 서기관 그리고 랍비 같은 종교 지도자들과 헤롯 같은 정치가들입니다. 수많은 군중이 예수님을 따르는 것이 그들에게는 위협이었습니다. 예수님의 말씀이 어찌나 이해하기 쉽고 권세가 있던지, 바리새인들의 복잡하고 힘없는 설교와는 차원이 달랐습니다. 종교 지도자들이 밤에 사람들을 비추는 가로등이었다면, 예수님은 햇빛 그 자체였습니다. 갑자기 쏟아진 햇빛에 가로등은 존재감을 잃었고, 사람들이 햇빛에 감사하자 종교 지도자들은 예수님이 미웠습니다. 한 사람 때문에 자칫 군중이 결집해서 들고일어나면 로마 식민지 체제에 기생해 권력을 누리며 사는 자신들의 지위가 날아갈까 봐 두려웠습니다.

사탄의 계략에 종교 지도자들과 정치 지도자들의 질투가 합세했습니다. 그들의 목표는 단 하나, 예수님의 생명을 끊는 것이었습니다. 세력이 커지기 전에 명줄을 끊어 버림으로써 자신들의 이익과 평화를 유지해야겠다고 생각했습니다. 그런데 문제가 생겼습니다. 예수님을 죽이는 것이 그들의 목적이었고, 그 목적만 달성하면 그의 사역도 끝장이 날 거라고 여겼는데, 그들이 승리의 축배를 드는 순간에 지축이 흔들리는 대반전이 일어난 것입니다. 그것은 바로 예수님의 죽음이 파멸과 몰락이 아닌 승리를 의미했기 때문입니다. 예수님은 십자가에서 우리를 위해 죽으심으로써 이 땅에 오신 목적을 달성하셨습니다. 사탄과 유대 종교 지도자들은 예수님을 짓밟기 위해 예수님을 죽였지만, 예수님을 죽임으로써 그분이 이 땅에 오신 목적을 이루는 데 일조한 것입니다.

스스로 성공했다고 여겼지만 사실 그것은 예수님의 성공이었습니다. 씨름으로 따지면 상대의 힘을 이용해 뒤집기 승리를 거둔 격이랄까요. 사탄은 예수님의 목적이 십자가에서의 죽음을 통한 메시아 사역의 완성에 있다는 오묘한 사실을 미처 알아채지 못했습니다. 그 대신 광야에서의 시험이 보여 주듯(마 4:1-11) 예수님이 사탄과 같이 천하만국을 소유하는 데 관심이 있다고 생각했고, 높은 데서 뛰어내림으로써 힘을 자랑하고 싶어 할 거라고 생각했으며, 하나님의 말씀에 순종하는 것보다 빵을 먹고 사는 것을 더 중요하게 여기는 줄 알았습니다. 그 연장선에서 만왕의 왕이 무력하게 십자가 위에서 죽는 것을 성공이라고 생각한다는 사실은 몰랐던 것입니다. 그래서 그를 죽이면 모든 것이 끝난다고 생각했는데, 오히려 예수님의 죽음으로 죄와 사망의 족쇄가 풀렸고, 그들이 다스리던 사람들이 예수님을 믿음으로써 자유인이 되어 하나님을 찬양하고, 인생이 거듭나는 놀라운 역사가 일어났습니다. 이것은 미처 예상하지 못한 대반전이었습니다.

그러나 예수님의 성공은 결코 쉽지 않았습니다. 수많은 유혹이 그분을 흔들었습니다. 오병이어의 기적을 겪은 사람들이 예수님을 이스라엘의 왕으로 추대하려 하자 그 자리를 떠나셔야 했고(요 6:15), 사랑하는 제자 베드로가 그분의 죽음을 말릴 때 '사탄아 내 뒤로 물러가라!'고 호통을 치셔야 했습니다(마 16:23). 예수님이라고 해서 인생의 목표를 이루는 것이 어찌 쉽기만 하셨겠습니까? 인간의 몸을 입고 계셨기에 아픔과 두려움과 슬픔을 모두 겪어야 하셨습니다.

그래서 예수님의 승리는 힘겨운 성공이었습니다. 사탄의 유혹과 두려움을 물리치기 위해 기도하지 않으면 안 되었습니다. 기도란 무엇입니까? 제 힘으로 할 수 없는 일을 두고 하나님께 도와 달라고 요청하는 행위입니다. 예수님은 새벽 미명에 일어나 습관적으로 기도하셨습니다(막 1:35). 사람들이 찾을 때도 홀로 조용한 곳에서 기도

하셨고, 기적을 일으킨 뒤에도 제자들을 보내고 산에서 기도하심으로써(마 14:23) 사명을 잊지 않으려 힘쓰셨습니다. 잡히시던 밤에 감람산에 올라서 땀이 핏방울같이 되도록 기도하셨고(눅 22:44), 십자가 위에서 마지막 순간까지 "아버지 내 영혼을 아버지 손에 부탁하나이다"(눅 23:46) 하고 기도하셨습니다.

성경 66권의 주석서를 모두 쓴 아주 유명한 신학자가 있습니다. 그 신학자의 주석서에서 '예수님은 하나님이시기 때문에 기도하실 필요가 없는 분이다. 그러나 우리에게 기도의 모범을 가르쳐 주기 위해 기도하셨다'는 내용을 본 적이 있습니다. 제 기억이 맞다면 그분의 주장은 틀렸습니다. 하나님의 아들이니 기도할 필요가 없으셨음에도 우리에게 기도하는 법을 알려 주기 위해서 예수님이 기도를 하셨을까요? 저는 그렇게 생각하지 않습니다. 그분은 정말로 기도의 능력이 필요했습니다. 땀이 핏방울같이 되기까지 기도하신 것은, 그분이 사명을 이루기가 참으로 힘들었다는 방증입니다. 본이 되기 위해 기도하는 사람들은 그렇게까지 기도할 필요가 없습니다. 감당하기 어려운 문제를 실제로 지고 있을 때, 비로소 무릎을 꿇고 기도하게 됩니다. 예수님도 육체를 입은 존재셨기에 사명을 감당하기 위해서는 하늘의 힘이 필요하였던 것입니다.

십자가를 미분해서 사는 삶

예수님의 삶과 죽음이 우리에게 주는 메시지는 무엇인가요? 하나님의 말씀을 따라 오직 사랑하며 살라는 것입니다. 자기를 부정하고 자기 십자가를 지고 주님을 따르라는 것입니다. 그것이 바로 예수님을 믿는 사람들이 추구해야 할 인생의 목표입니다. 다른 건 몰라도 그 목표만큼은 반드시 이뤄 내야 합니다.

성경은 수많은 그리스도인이 이렇게 살았음을 보여 줍니다. 삭개오는 재산의 절반을 이웃을 위해 바쳤습니다. 바나바는 전 재산을 바치고 평생 전도자로 살았으며, 베드로는 직업을 버리고 전도하며 살다가 십자가에 거꾸로 매달린 채 죽었고, 바울은 평생 결혼하지 않고 전도자로 살았습니다. 이들은 여러 면에서 자기 것을 포기하고 나누면서 살았지만, 스스로 실패자라고 여기지 않았습니다. 주님을 위해 내 것을 내주며 사는 사람에게는 말할 수 없는 기쁨이 찾아들기 때문입니다. 죽고 나면 아무 소용이 없는 소유에 집착하는 대신 주님을 기쁘시게 하는 일에 몰두하며 사는 삶은 참으로 복된 삶이기 때문입니다.

제가 대학원에서 공부하던 1986년, 캠퍼스에서는 군부독재에 항의하는 시위가 연일 이어졌습니다. 그러던 중 학교에서 큰 사건이 일어났습니다. 입을 다물 수 없을 정도로 비극적인 사건이었습니다. 5월 20일, 농과대 이동수 학생이 자신의 몸에 시너를 뿌리고 불을 붙인 후 학생회관에서 몸을 던진 것입니다.

이 사건은 제 인생에도 적지 않은 영향을 끼쳤습니다. 일요일에 교회에 모인 이들은 이 끔찍한 사건을 떠올리며 괴로워했습니다. '그는 자기 몸에 불을 질러 어두운 세상에 항거했는데 우리는 어떻게 살 것인가?' 하는 자책도 컸습니다. 그때 한 선배가 일어나 이런 이야기를 했습니다. "저는 이동수처럼 옳은 일을 위해 한번에 불꽃이 될 용기는 없습니다. 그러나 저는 매일매일 제 자신을 주님과 이웃을 위해 내주며 살다가 죽기 전에 더 이상 나누어 줄 것이 없는 상태로 말라 죽겠습니다." 아주 뚱뚱한 선배가 말라 죽겠다고 하는 말이 너무 대조가 되어 일순간 사람들이 웃음을 터트리긴 했으나, 저는 지금도 그 선배가 기독교의 귀한 진리를 잘 드러냈다고 생각합니다.

이웃을 위해 일시에 불꽃처럼 자신을 내주는 삶은 참으로 귀합니다. 그러나 매일 작은 불꽃이 되어 신실하고 꾸준하게 이웃을 위해 사는 삶 또한 귀합니다. 단번에 십자가를 지는 것도 귀하지만, 매일 자기를 부인하고 십자가를 미분해서 사는 삶도 아름답습니다. 어떤 모양으로든 우리는 매일 끊임없이 이웃을 위해 우리 자신을 내주다가 죽을 때는 더 이상 나누어 줄 것이 없는 빈 몸으로 주님 앞에 가야 합니다. 저는 그런 삶을 살고 싶습니다. 그런 삶을 살다가 자주 넘어지는 것이 주님 앞에서 부끄러울 따름입니다.

우리 역사에도 그렇게 살다 간 사람들이 많습니다. 김교신 선생은 일제강점기에 교사로서 사랑하는 학생들에게 민족정신과 성경을 열심히 가르쳤습니다. 그러나 일제의 황민화 정책에 반대하여 교사를 그만두었지요. 그는 '성서 위에 조선을 세우자'는 정신을 추구한 「성서조선」의 주필이기도 했는데 「성서조선」에 실린 "조와"(弔蛙)라는 글이 문제가 되어 옥고를 치렀습니다. 출소하여 흥남 질소 비료 공장에서 노동자로 일하면서 민족운동을 하던 중, 발진티푸스에 걸린 환자를 돌보다가 자신도 감염되어 해방 4개월 전, 39세로 목숨을 잃었습니다. 김교신 선생은 제 마음속 영원한 선생입니다.

제가 존경하는 또 다른 분은 장기려 박사입니다. 이분은 한국전쟁 전에 북한 김일성 주석의 주치의까지 맡았으나, 신앙을 지키기 위해 남한으로 내려와 가난한 이들을 치료하는 일에 인생을 바쳤습니다. 돈 없는 환자를 치료해 주고 뒷문으로 도망가게 하고, 병원 직원들과 의사들에게 월급을 똑같이 주거나 가족이 많은 사람에게 더 주어서 직원들이 월급을 더 받는 일도 있었습니다. 우리나라 최초로 민간 의료보험을 만들었는데 이는 현 국민건강보험의 산파 역할을 했습니다. 이분은 병원 옥탑방에 사실 정도로 검소했고 평생을 예수님의 제자로 살기 위해 애썼습니다.

미국 대통령 에이브러햄 링컨은 노예제도를 없앴으며, 루터 킹 목사는 흑백차별 폐지 운동을 위해 일하다가 괴한의 총에 맞아 죽었습니다. 영국 국회의원 윌버포스 또한 노예제 폐지를 이끌었고 그 결과 개인적으로는 총리에 오를 기회를 잃었습니다. 더러는 살 만큼 살았지만, 많은 사람이 손해를 보고 위험에 빠지고 목숨을 잃었습니다.

저는 김교신 선생이 교사여서가 아니라 예수님의 사랑으로 제자들을 사랑했기에 존경합니다. 장기려 박사가 의사여서가 아니라 하나님의 뜻에 순종하여 자신의 재능을 가난한 이들을 위해 사용했기에 존경합니다. 킹 목사가 연설을 잘해서가 아니라 흑인들의 인권을 위해 싸웠기에 존경합니다.

그리스도인도 다른 사람들처럼 열심히 공부해야 하고 재능에 따라 직업을 선택하며, 목적한 바를 이루기 위해 높은 자리에 진출할 필요도 있습니다. 그러나 이런 열심을 내는 목적만큼은 달라야 합니다. 예수님의 제자는 돈을 많이 벌기 위해서가 아니라 아픈 사람을 고쳐 주기 위해 의사가 되고자 합니다. 안정적 미래를 위해서가 아니라 시민에게 봉사하기 위해 공무원이 되고자 합니다. 정치적 영향력을 높이기 위해서가 아니라 고통받고 억울한 사람들 편에 서기 위해 정치가가 되려고 합니다. 이러한 목적을 갖고 직업을 선택한 이들은 목적을 달성하고 나면 그 자리에 욕심을 내지 않고 물러날 줄 압니다. 예수님의 제자들에게 돈과 안정성은 직업을 선택하는 기준이 아닙니다. 하나님 나라를 위해 살다 보면 찾아오는 여러 부산물 중 하나일 따름입니다. 예수님의 제자라면 이렇게 살아야 합니다.

저 또한 제 나름대로 그렇게 살고 싶어서 지금까지 좋은교사운동과 사교육걱정없는세상 등 교육운동을 해 왔습니다. 그 과정에서 더러 오해와 비판을 받기도 했지요. 포털 사이트에 올라온 기사에 비방 댓글이 도배된 적도 있고, 우리 단체가 책임질 필요가 없는 큰 사건이 휘몰아쳐 이해 집단들에게서 공격받고 일부 후원자들이 등을 돌린 일도 있습니다. 쉴 새 없는 공격 앞에서 정신을 차릴 수 없었습니다. 그래도 이런 비판과 공격은 변화를 위해 일어선 사람들이 치러야 할 대가라는 생각에 버텼습니다.

물론 돌아보고 고쳐야 할 일이기에 비난이 합당한 경우도 있습니다. 그러나 고치고 반성할 것보다 큰 비난이 거듭 닥친다면 억울하더라도 그것은 감내해야 합니다. 그만큼 세상은 변화에 두려움을 느끼고 있다는 의미고 목표한 것이 실현되고 있다는 증거니까요.

2017년, 저는 잠잠할 날이 없을 만큼 지독한 한 해를 보냈습니다. 오랫동안 교육운동을 해 오면서 가장 크게 상처를 받은 해가 아닐까 싶습니다. 쓰나미가 지나가고 연말이 되었을 때 좋은교사운동 이사회에서 저는 이렇게 말했습니다. "많은 것을 잃어버린 해였습니다. 명예도 잃었습니다. 친구들도 떠났습니다. 그러나 의연하게 잘 버텼기에 감사합니다." 의연하게 버텼다는 말이 참 적절했습니다.

앞으로도 사명을 따라 일하다가 명예와 재산 혹은 친구를 잃는 날이 더 있을 것입니다. 혹시 약간의 명예가 남을지도 모르지만, 조금이라도 남았으니 소중히 지켜야 한다고 생각해서는 안 됩니다. 오히려 필요한 때가 오면 그마저도 기꺼이 버려야 합니다. 물론 혼신의 힘을 기울여도 뜻을 이루지 못할 수 있습니다. 받은 약속이 있어서 달려왔지만 약속이 실현되지 못한 채 결국 생을 마친다면 참 괴로울 것입니다. 누군가는 손가락질하며 이렇게 말하겠지요. "아이들이 울지 않는 세상, 사교육 걱정이 없는 세상이 올 거라고 호언장담하더니 그 세상이 오기 전에 송인수가 먼저 떠나는구나! 헛된 일에 자기 삶을 낭비하다니, 불쌍한 인생이로다!" 그러나 하나님의 손에 들린 실패는 실패가 아닙니다. 하나님은 태산을 움직이는 권능으로 나타나셔서 당신의 약속을 성취하실 것입니다. 그러니 하나님 앞에 자기 인생을 다 소진하는 것이야말로 참된 성공입니다.

유혹을 이겨내기란 얼마나 어렵습니까? 함께 의기투합했던 친구들이 떠나거나 온갖 공격을 받을 때 처음에 세운 뜻을 따라 일하기란 쉽지 않습니다. 그때 우리는 기도하시던 예수님을 기억해야 합니다. 새벽 미명에 한적한 곳에서 기도하신 주님, 제자들과 떨어져 홀로 산에서 기도하신 주님, 십자가를 앞두고 땀이 핏방울같이 되기까지 기도하신 주님을 말입니다. 그리고 주님의 기도를 따라 기도해야 합니다. '하나님의 뜻을 분별하며 오직 그의 부르심에만 예 하고 대답할 수 있게 도와주십시오' 하고 말입니다. 기도는 참된 성공을 위해 지켜야 할 삶의 보루임을 잊지 마십시오.

1 안식 후 첫날 일찍이 아직 어두울 때에 막달라 마리아가 무덤에 와서 돌이 무덤에서 옮겨진 것을 보고 2 시몬 베드로와 예수께서 사랑하시던 그 다른 제자에게 달려가서 말하되 사람들이 주님을 무덤에서 가져다가 어디 두었는지 우리가 알지 못하겠다 하니 3 베드로와 그 다른 제자가 나가서 무덤으로 갈새 4 둘이 같이 달음질하더니 그 다른 제자가 베드로보다 더 빨리 달려가서 먼저 무덤에 이르러 5 구부려 세마포 놓인 것을 보았으나 들어가지는 아니하였더니 6 시몬 베드로는 따라와서 무덤에 들어가 보니 세마포가 놓였고 7 또 머리를 쌌던 수건은 세마포와 함께 놓이지 않고 딴 곳에 쌌던 대로 놓여 있더라 8 그때에야 무덤에 먼저 갔던 그 다른 제자도 들어가 보고 믿더라 9 (그들은 성경에 그가 죽은 자 가운데서 다시 살아나야 하리라 하신 말씀을 아직 알지 못하더라) 10 이에 두 제자가 자기들의 집으로 돌아가니라 11 마리아는 무덤 밖에 서서 울고 있더니 울면서 구부려 무덤 안을 들여다보니 12 흰 옷 입은 두 천사가 예수의 시체 뉘었던 곳에 하나는 머리 편에, 하나는 발 편에 앉았더라 13 천사들이 이르되 여자여 어찌하여 우느냐 이르되 사람들이 내 주님을 옮겨다가 어디 두었는지 내가 알지 못함이니이다 14 이 말을 하고 뒤로 돌이켜 예수께서 서 계신 것을 보았으나 예수이신 줄은 알지 못하더라 15 예수께서 이르시되 여자여 어찌하여 울며 누구를 찾느냐 하시니 마리아는 그가 동산지기인 줄 알고 이르되 주여 당신이 옮겼거든 어디 두었는지 내게 이르소서 그리하면 내가 가져가리이다 16 예수께서 마리아야 하시거늘 마리아가 돌이켜 히브리 말로 랍오니 하니 (이는 선생님이라는 말이라) 17 예수께서 이르시되 나를 붙들지 말라 내가 아직 아버지께로 올라가지 아니하였노라 너는 내 형제들에게 가서 이르되 내가 내 아버지 곧 너희 아버지, 내 하나님 곧 너희 하나님께로 올라간다 하라 하시니 18 막달라 마리아가 가서 제자들에게 내가 주를 보았다 하고 또 주께서 자기에게 이렇게 말씀하셨다 이르니라 19 이날 곧 안식 후 첫날 저녁 때에 제자들이 유대인들을 두려워하여 모인 곳의 문들을 닫았더니 예수께서 오사 가운데 서서 이르시되 너희에게 평강이 있을지어다 20 이 말씀을 하시고 손과 옆구리를 보이시니 제자들이 주를 보고 기뻐하더라 21 예수께서 또 이르시되 너희에게 평강이 있을지어다 아버지께서 나를 보내신 것같이 나도 너희를 보내노라 22 이 말씀을 하시고 그들을 향하사 숨을 내쉬며 이르시되 성령을 받으라 23 너희가 누구의 죄든지 사하면 사하여질 것이요 누구의 죄든지 그대로 두면 그대로 있으리라 하시니라

• 요한복음 20:1-23

6

동쪽 하늘 언덕, 간달프의 군대
부활

죽음은 모든 인간이 피하고 싶은, 그러나 누구에게나 한번은 찾아오고야 말 사건입니다. 어린 시절, 동네 어른들은 말했습니다. "밤에 어느 집에서 불꽃이 하늘로 올라가면, 그 집에 사는 사람이 죽었다는 뜻이란다. 만일 불꽃의 꼬리가 길다면 남자가 죽은 것이고, 짧으면 여자가 죽은 것이다. 그런데 불꽃을 본 사람도 죽게 된다." 이 이야기를 듣고 나서 저는 한동안 밤에는 고개를 푹 숙인 채 다녔습니다. 죽고 싶지 않았기 때문입니다.

저는 그때 죽음이 저에게도 찾아올 수 있다는 사실을 받아들일 수가 없었습니다. 어린 나이에 죽는 것은 정말 어울리지 않는 일이니까요. 그러나 죽음은 예고 없이 불쑥 찾아오는 것이 맞더군요. 동네에서 친하게 지내던 동생 중에 상태라는 녀석이 있었습니다. 열다섯 살 무렵 어느 날, 상태와 함께 동네 언덕에 올라 연을 날렸습니다.

그런데 그날 밤 상태와 상태 누나가 잠을 자다가 연탄가스에 중독되어 의식을 잃었습니다. 급히 병원으로 옮겼는데, 애석하게도 그 병원에는 가스 해독 캡슐이 딱 하나만 있었습니다. 둘 중 한 명만 살릴 수 있었던 것입니다. 선택의 기로에서 상태 아버지는 아들 대신 딸을 그 캡슐에 넣었고 결국 상태는 죽었습니다. 상태와 함께 어린 시절을 함께 보낸 친구들이 꽃상여를 메고 장지로 향했습니다. 그 길에서 수없이 되물었습니다. '바로 어제까지 함께 놀던 친구인데, 게다가 이렇게 어린데 어떻게 죽을 수 있지? 죽음이 무엇이지? 아니 삶은 무엇이지?'

제 어머니는 일흔이 훌쩍 넘었습니다. 그렇지만 저는 어머니가 돌아가실 것을 지금도 상상조차 못합니다. 어머니가 계시지 않으면 제 나이가 몇이든 저는 '엄마 없는 고아'라는 생각에 비통할 것 같습니다. 10여 년 전에 어머니를 모시고 제주 여행을 할 때였습니다. 제주의 아름다운 풍경 위로 저녁 해가 찬란하게 저물고 있었습니다. 그때 어머니가 문득 이렇게 탄식하셨지요. "아, 내 인생도 저 석양처럼 기우는구나!"

사실 쉰이 넘은 저도 이제는 기우는 해라고 할 수 있습니다. 저도 언젠가 죽을 것입니다. 누구도 죽음을 피할 수는 없기 때문입니다. 그러나 피할 수 없다고 해서 누구나 죽음을 똑같이 받아들이지는 않습니다. 누군가는 인정하지만 누군가는 부정합니다. 죽음을 두려워하는 사람이 있는가 하면 익숙한 친구처럼 받아들이는 사람도 있습니다. 죽음이 무엇인지에 대해서도 사람마다 다르게 생각합니다. 죽고 나면 몸과 의식 모두가 사라져 '무'가 된다고 보는 사람이 있는 반면, 죽음이 끝이 아니라 다른 방식으로 삶이 시작된다고 보는 사람도 있습니다.

죽은 사람에 대한 평가는 어떻습니까? 한 사람의 인생은 죽음과 비교했을 때 그것을 이기는 가치 쪽으로 저울추가 기울 때 비로소 그 의미를 얻습니다. 학력 좋고 재산도 많고 화려한 업적을 자랑하는 사람도 저울추가 가치 있는 인생 쪽으로 기울지 않는다면 그는 인생을 잘못 산 것입니다. 그렇다면 과연 죽음을 이기는 더 큰 가치란 무엇일까요? 만일 죽음 후에도 삶이 있고 그때 이 땅에서의 삶으로 평가를 받는다면, 우리는 어떤 인생을 살아야 하겠습니까?

시신을 도둑맞은 마리아의 슬픔

죽음은 주님에게도 예외 없이 찾아왔습니다. 우리가 알듯 주님은 유대 지도자들과 민중의 오해와 증오 때문에 십자가 위에서 비참하게 죽었습니다. 3일 후 막달라 마리아는 예수님의 시신에 향료를 바르기 위해 파수꾼이 지키고 있는 예수님의 무덤을 찾아갑니다.

마리아가 예수님이 부활하실 것을 알고 간 것은 아닙니다. 만약 그랬다면 무덤 문이 열린 것을 보고 쏜살같이 제자들에게 가서 말했겠지요. "우리 주님이 부활하셨어요. 무덤 문이 열렸어요!" 그러나 그녀는 그렇게 말하지 않았습니다.

> 안식 후 첫날 일찍이 아직 어두울 때에 막달라 마리아가 무덤에 와서 돌이 무덤에서 옮겨진 것을 보고 시몬 베드로와 예수께서 사랑하시던 그 다른 제자에게 달려가서 말하되 사람들이 주님을 무덤에서 가져다가 어디 두었는지 우리가 알지 못하겠다 하니. (요 20:1-2)

마리아의 말을 들은 베드로와 다른 제자는 벌떡 일어나서 무덤으로 달려갔습니다(요 20:3-4). 사랑하는 사람의 시신을 도둑맞는 것은 큰 충격입니다. 여러 해 전, 탤런트 고 최진실 씨의 유골함이 도난당한 적이 있습니다. 정신질환을 앓고 있던 사람의 소행으로 판명되었는데, 당시 소식을 들은 가족들과 친구 이영자 씨 등이 묘지에 찾아가 오열하던 모습이 선합니다.

바로 그 상황입니다. 주님이 돌아가신 것만으로도 괴로운데 시신마저 탈취당했다고 생각하니 얼마나 침통했을까요? 베드로와 다른 제자가 달리기 시작했습니다. 다른 제자가 베드로보다 무덤에 먼저 도착해서 무덤 안에 세마포가 놓인 것을 보았습니다. 그리고 베드로가 올 때까지 기다렸습니다. 베드로가 도착해서 무덤 안에 들어가 보니 예수님을 두르고 있던 천만 남았고 시신은 사라지고 없었습니다(20:4-7).

베드로도 예수님이 부활했다고 생각하지 못하고, 시신을 도둑맞았다고 생각한 듯합니다. 아마 바리새인들의 짓이라고 생각했을 것입니다. 바리새인들은 제자들이 예수님이 부활했다고 거짓말을 할까봐, 군인들로 하여금 무덤을 지키게 해 달라고 빌라도에게 부탁했었으니까요(마 27:63-66). 베드로는 생각했겠지요. 그들이 무덤을 지키는 것만으로는 성에 차지 않아서 아예 시신을 훔쳐 갔을 거라고요.

가장 먼저 이렇게 생각한 사람은 소식을 처음 접한 마리아였을 듯합니다. 마리아는 무덤이 열린 것을 보고 시신이 있는지 확인도 안 한 채 제자들에게 가서 "사람들이 주님을 무덤에서 가져[갔다]"(요 20:2)고 말했습니다. 한글 성경은 시신을 가져간 이들을 불특정 다수를 뜻하는 '사람들'이라고 옮겼습니다. 그러나 영어 성경은 "They have taken the Lord out of the tomb"에서 보듯이 특정 세력을 뜻하는 그들(they)로 표현했습니다. 마리아는 그들이 누구인지 제자들에게 설명하지 않았는데요. 제자들도 이미 그들이 누구인지 알 거라고 믿었기 때문 같습니다.

빈 무덤을 확인한 두 제자는 허탈하게 돌아갔습니다. 다른 복음서와 묘사가 조금 다르지만, 요한복음은 이 장면을 기록하면서 베드로와 다른 제자가 돌아갈 때 마리아가 그들을 따라가지 않고 거기에서 울고 있었다고 썼습니다(20:10-11). 때 이르게 죽임을 당한 것도 억울한데, 죽어서까지 편히 눕지 못하고 어딘가에 시신이 버려졌을 거라고 생각하니 마리아의 마음이 얼마나 아팠을까요?

뒤늦게 무덤에 들어간 마리아는 낯선 사람 둘을 보았습니다. 흰 옷을 입은 천사들이었습니다만, 마리아가 묘지를 지키는 사람들이라고 생각했던 것으로 보아 평범한 사람의 모습을 하고 있었던 것 같습니다(20:15). 한 사람은 예수님의 시신을 두었던 머리맡에 있었고 다른 사람은 발치에 있었습니다. 베드로와 다른 제자는 그 둘을 보지 못했습니다. 아마 그들이 돌아간 후에 나타난 것 같습니다. 그들이 마리아에게 물었습니다. "여자여 어찌하여 우느냐?"(20:13). 마리아가 답하지요. "사람들이 내 주님을 옮겨다가 어디 두었는지 내가 알지 못함이니이다"(20:13). 마리아는 시신이 어디로 갔는지 알 수 없다고 말하면서, 그들에게 빈 무덤을 보라는 듯이 뒤로 돌았습니다. 그 순간 또 다른 사람을 보았는데, 마리아는 그도 동산을 지키는 사람이라고 생각한 모양입니다. 그래서 이렇게 요청하지요. "주여 당신이 옮겼거든 어디 두었는지 내게 이르소서. 그리하면 내가 가져가리이다"(20:15).

그런데 동산지기라고 여긴 그가 상상도 못한 답을 합니다. "마리아야!"(20:16). 우리는 사랑하는 사람의 목소리를 모르지 않습니다. 시끌벅적한 시장 한가운데서 제 어머니가 "인수야!" 하고 부르면 저는 멀리서 얼굴을 보지 않아도 그것이 어머니 목소리라는 것을 압니다. 동산지기가 마리아의 이름을 알 리 없기도 했지만 무엇보다 그 목소리는 너무나 낯이 익었을 것입니다. 마리아는 자신의 이름을 듣고 온몸이 감전된 듯 저릿했겠지요. '주님이시다!' 과연 돌아보니 그분이었습니다. 주님이 왜 베드로와 다른 제자가 왔을 때는 나타나지 않으시고, 마리아에게 나타나셨는지 알 수는 없지만 마리아에게 나타난 주님이 말씀하십니다.

나를 붙들지 말라. 내가 아직 아버지께로 올라가지 아니하였노라. 너는 내 형제들에게 가서 이르되 내가 내 아버지 곧 너희 아버지, 내 하

나님 곧 너희 하나님께로 올라간다 하라 하시니. (요 20:17)

막달라 마리아는 돌아가서 제자들에게 "내가 주를 보았다"(20:18)고 말하고 예수님이 하신 이야기를 전했습니다. 제자들은 마리아의 말을 믿지 않았습니다. 이치에 맞지 않았으니까요. 무엇보다 제자들은 두려움에 떨고 있었습니다. 마리아의 말만으로는 도무지 예수님이 부활하셨음을 믿지 못했을 뿐 아니라, 이미 예수님은 돌아가셨기에 종교 지도자들과 군중들이 자신들을 그대로 두지 않을 거라고 생각했습니다. 신변에 위협을 느낀 제자들은 문을 걸어 잠갔습니다. 그런데 그날 예수님이 제자들에게도 찾아오십니다.

이날 곧 안식 후 첫날 저녁 때에 제자들이 유대인들을 두려워하여 모인 곳의 문들을 닫았더니 예수께서 오사 가운데 서서 이르시되 너희에게 평강이 있을지어다. (요 20:19)

부활하신 예수님은 시공간의 제한을 받지 않으셨기에 걸어 잠근 문을 통과해 제자들에게 오셨습니다. 주님은 손과 옆구리를 보여 주시고 그들에게 '평화'를 권하셨습니다(20:21). 왜 평화를 이야기하셨을까요? 제자들이 두려움에 휩싸여 있었기 때문입니다. 평화가 있을 때는 평화를 비는 인사를 할 필요가 없습니다. 평화를 권했다는 것은 불안과 걱정이 있었다는 의미입니다. 그런 제자들에게 주님이 부활하셔서 '이제 너희는 두려워할 필요가 없다'며 평화의 인사를 전하셨으니 제자들은 놀랍고 반가운 마음에 불안과 걱정은 날아갔을 것입니다. 이어 주님은 제자들에게 말씀하십니다.

아버지께서 나를 보내신 것같이 나도 너희를 보내노라. 이 말씀을 하시고 그들을 향하사 숨을 내쉬며 이르시되 성령을 받으라. (요 20:21-22)

주님은 갈릴리에서 만나자고 이야기하고 떠나신 후(마 28:10), 실제로 갈릴리에 오셔서 고기를 잡던 제자들을 만나 함께 아침 식사를 하셨습니다(요 21:1-14). 그 자리에서 주님은 "내 양을 치라"는 사명을 제자들에게 주셨습니다(21:15-17). 제자들은 이후 평생토록 예수님이 그리스도임을 전하며 살았고, 특히 그의 부활을 증언하는 전도자로 살았습니다.

하나님의 뜻과 일치하는 예수님의 부활

이 지점에서 짚고 싶은 내용이 있습니다. 예수님이 제자들에게 전하신 메시지의 핵심은 뭔가요? 자신의 제자가 되어 주님을 구주로 모시며 하나님 나라의 공의와 사랑을 이 땅에서 실천하며 살라는 것입니다. 그런데 이 메시지를 전하기 위해 왜 부활까지 하신 걸까요? 꼭 그럴 필요가 있었을까요? 공자는 부활하지 않았는데도 무수히 많은 제자가 그의 사상을 전했습니다. 우리나라까지 전파되어 퇴계 이황과 율곡 이이가 그의 가르침을 전했고, 그의 사상이 정치와

교육 제도에까지 들어와 지금의 입시 제도를 떠받치는 힘이 되었습니다. 석가모니도 부활하지 않았지만 수많은 제자가 그의 가르침을 전했습니다. 그런데 유독 예수님은 부활하셔서 내 양을 치라고 말씀하셨습니다. 제자들 또한 그분의 부활을 가장 중요한 진리로 선포했습니다. 예수님은 왜 부활하셨고 제자들은 왜 부활을 중시했을까요? 이와 관련한 바울의 이야기는 매우 흥미롭습니다.

> 만일 죽은 자가 다시 살아나는 일이 없으면 그리스도도 다시 살아나신 일이 없었을 터이요. 그리스도께서 다시 살아나신 일이 없으면 너희의 믿음도 헛되고 너희가 여전히 죄 가운데 있을 것이요. 또한 그리스도 안에서 잠자는 자도 망하였으리니. (고전 15:16-18)

이 말씀에 따르면 예수님이 부활하시지 않았다면 우리의 믿음도 헛되고 우리는 여전히 죄 가운데 있을 수밖에 없습니다. 석가모니와 공자는 부활하지 않았는데도 그들의 가르침을 헛되다고 말하는 사람은 없습니다. 그러나 예수님은 다릅니다. 그분의 부활이 사실이 아니라면 그분의 모든 가르침과 우리의 믿음은 헛되다고 바울은 말합니다. 그 이유는 예수님이 생전에 하신 말씀을 하나님이 '옳다'고 인정하신 사건이 바로 부활이기 때문입니다.

예수님은 3년 동안 예수님과 하나님의 관계에 대해 여러 차례 이야기하셨는데 정리해 보면 이렇습니다. 예수님은 하나님의 뜻을 전하기 위해 하나님에게서 오셨습니다. 제자들이 서로 사랑하면 예수님도 제자들을 사랑할 텐데 그러면 하나님이 그들에게 하나님의 사랑을 나타내실 것입니다. 또 제자들이 예수님의 이름으로 하나님께 무언가를 구하면 하나님이 그것을 주실 것이고, 그로 말미암아 그들에게 기쁨이 충만할 것입니다. 그들이 예수님을 믿기 때문에 하나님이 그들을 사랑하십니다. 제자들이 하나님의 뜻을 행하려 한다면 예수님이 전하는 가르침이 하나님에게서 왔는지 예수님 스스로 한 말인지 알게 됩니다. 즉, 예수님은 하나님의 뜻을 전하는 삶을 사셨고 행여라도 임의로 하는 말이 없으셨습니다. 그분이 하신 말씀 중에는 죽은 후에 부활할 것이라는 말도 포함되어 있었습니다.

만약 예수님이 하신 이 말씀들이 정말 하나님의 뜻과 일치한다면, 그것을 증명할 방법은 예수님이 하신 말씀을 하나님이 옳다고 인정해 주시는 것밖에 없습니다. 바로 거기에서 진리와 이단이 나뉩니다. 자신의 생각을 하나님의 뜻으로 둔갑시켜 퍼트리는 이들이 곧 이단인데, 그들은 우리 사회에서도 곧잘 볼 수 있습니다.

한 예로 다미선교회라는 이단이 있었습니다. 그들은 1992년 10월 28일 자정에 휴거(攜擧)가 온다는 종말론을 주장했습니다. 제가 교사로 일하던 때였는데 학생 중에도 신도가 한 명 있었던 걸로 기억합니다. 신도들 중에는 학교와 직장을 그만둔 이들도 있었고 부모가 반대하자 자살을 한 사람도 있었습니다. 그로부터 한 달 전에 교주 이장림이 사기죄 등으로 구속당했지만, 당일 신도들은 흰옷을 입고 모여 휴거를 기다렸지요. 선교회 본부 앞에서 방송사들이 생방송으로 취재를 하고 난리도 아니었지만 당연히 휴거는 일어나지 않았습니다. 신도들은 하늘 나라가 아닌 집으로 돌아갔습니다.

또 다른 예도 있습니다. 영생교는 교주 조희성을 믿는 이단이었습니다. 조희성은 예수가 사기꾼이고 자신이 참된 구세주로서, 자신은 결코 죽지 않고 몸이 영원히 살 것이라고 말했습니다. 제가 대학교에 다니던 때였는데, 같은 교회를 다니던 제 후배도 영생교에 들어갔습니다. 수많은 젊은이를 현혹시킨 교주 조희성은 자신의 뜻에 반하는 몇몇 신도를 몰래 살해했고 구속 기소되어 재판을 받다가 심근경색으로 죽었습니다. 그 후 영생교 신도들은 소리 없이 흩어졌습니다.

무엇이 이단이고 무엇이 진리입니까? 그 기준은 하나님의 말씀을 정확하게 전하는 데 있습니다. 그리고 그것을 증명하려면 앞에 썼듯이 하나님이 인정하신다는 증거가 있어야 합니다. 영생교 교주 조희성은 하나님이 자신을 보냈고 자신은 구세주로서 죽지 않는다고 했지만 죽었습니다. 그는 구세주가 아니었고 그가 한 말은 모두 거짓이었습니다. 다미선교회 교주 이장림이 주장한 휴거가 하나님의 뜻이었다면 신도들이 하늘에 들려 올라가야 했지만 그런 일은 일어나지 않았습니다.

예수님의 가르침이 사기가 아니라 하나님 아버지의 뜻과 일치한다면, 예수님은 그분이 말씀하신 대로 죽은 지 3일 만에 부활해야 했습니다. 생과 사는 하나님이 주관하시니 하나님이 그를 부활시키셔야 했지요. 그게 아니라면 예수님도 허풍쟁이거나 미치광이 혹은 몽상가에 다름없었을 것입니다. 그러니 부활 여부는 매우 중요했습니다다. 한 사람이 자연법칙을 거슬러 목숨을 얻느냐 마느냐 하는 문제가 아니라, 하나님이 보낸 분이 예수님이 맞는지 아닌지, 하나님이 그의 말을 인정하시는지 아니면 허풍쟁이의 궤변인지 확인하는 중요한 잣대였습니다.

그런데 예수님은 실제로 부활하셨습니다. 부활한 몸으로 열두 명의 제자들(누가는 500명 이상에게 나타나셨다고 기록했습니다)에게 나타나셨고, 그들이 보는 앞에서 하늘로 올라가셨습니다. 제자들 입장에서 예수님의 부활은 그분이 하신 모든 말씀이 하나님의 뜻과 일치한다는 가장 중요한 사건이자 증거인 셈이었습니다. 그래서 그들은 복음 전파에 그들의 인생을 걸었던 것입니다. 부활이 없었다면, 부활에 근거해서 예수님의 모든 말씀을 하나님이 옳다고 하셨음을 확신하며 외친 것도 헛되고 인생을 던지면서까지 예수님을 좇은 삶도 헛된 것입니다.

약속을 받은 사람들의 용기

자기가 하는 일이 하나님의 뜻과 관계가 있는지 모르는 사람은 그 일을 하면서 크고 작은 장애를 만날 때마다 넘어집니다. 그러나 자신이 하는 일이 하나님의 뜻에 부합한다는 증거를 가진 사람은 어떤 어려움을 만나도 넘어지지 않습니다. 내 힘으로 해결하지 못할 일은 하나님이 해결해 주실 거라고 믿기 때문입니다. 여호수아는 '하나님이 가나안 땅을 약속의 땅으로 우리에게 주셨다'고 믿었기 때문에 자신들의 힘으로는 도저히 이길 수 없는 가나안 사람들과 전쟁을 치를 수 있었습니다. 갈렙 또한 같은 믿음을 갖고 있었기에 여든다섯이라는 나이에도 불구하고 40세에 받은 약속을 45년간 붙들고 있다가, 가나안에서 가장 힘이 센 거인 부족이 사는 곳을 정복하겠다고 나섰습니다.

아시다시피 저는 사교육걱정없는세상 운동을 합니다. 이 운동의 목표는 입시 경쟁으로 고통받다 죽어 가는 아이들이 한 명도 없는 세상, 부모들이 사교육비를 별로 쓸 필요가 없는 세상을 저와 같은 세대인 부모들의 힘으로 만들어 아이들에게 유산으로 물려주는 것입니다. 저는 하나님이 입시 사교육으로 고통받는 학생들과 부모들을 불쌍히 여기셔서 이 운동을 시작하게 하셨다고 확신합니다. 우리나라 입시 문제는 국가적 난제로, 대중이나 정치가 혹은 학자나 국가도 해결하지 못했습니다.

저는 그런 난제를 해결하기 위해 하던 일까지 그만두고 나섰지만 제가 해결할 수 있다고 자신하지는 못했습니다. 망설이고 또 망설였지요. 저는 이 일이 하나님의 뜻이라면 증거를 달라고 기도했습니다. 그런데 2008년 2월 18일, 정말로 하나님이 증거를 주셨습니다. 저는 교사들이 교원노조 외에 다른 단체에서 활동을 하는 경우에도 휴직이 가능한 법이 제정되면 좋겠다고 생각했고 그것을 증거로 달라고 기도했는데, 그 법이 국회 본회의를 통과한 것입니다. 증거를 받는 순간 망설임과 두려움은 사라졌습니다. 그래서 아무리 힘겨운 일이 생겨도 뒷걸음치지 않습니다. 설령 하는 일이 지지부진해도 낙심하지 않습니다. 어차피 이 일은 힘이 약한 제가 아니라, 하나님이 하실 거라고 믿기 때문입니다. 저는 사교육걱정없는세상을 사람들에게 소개할 때, 2008년 그날 제가 경험한 바로 그 기적, 그 증거를 이야기합니다.

제자들도 마찬가지입니다. 예수님의 제자로 살면서 얼마나 많은 난관이 있었겠습니까? 하지만 그들은 예수님의 부활을 경험하고서는 전에 없던 놀라운 용기를 얻었습니다. 그래서 용감하게 하나님 나라를 전했습니다. 예수님이 죄로 인해 죽을 수밖에 없는 인간을 위해 이 땅에 오셨고, 그를 믿는 자들은 구원을 얻으며, 우리 모두 하나님의 자녀가 되어 죽을 때까지 이웃을 사랑하며 살아야 한다고 말입니다.

스데반은 그 메시지를 전하다가 돌에 맞아 죽었습니다. 바울은 3차에 걸친 전도 여행을 하면서 죽을 고비를 숱하게 넘겼습니다. 비시디아 안디옥에서, 루스드라에서, 빌립보에서, 데살로니가에서, 또 예루살렘에서 고난당했습니다. 요한은 밧모섬에 유배당했고, 도마는 인도까지 가서 복음을 전했으며, 베드로는 십자가에 거꾸로 매달려 죽었습니다. 예수님의 제자들은 2천 년을 지나 오늘에 이르기까지 대대로 하나님 나라를 전하며 살고 있습니다.

신자들은 복음을 전할 때 어떤 어려움에 부딪혀도 두려워하지 않습니다. 예수님의 제자가 되어 예수님의 가르침을 전하는 것이 곧 하나님의 뜻이라고 확신합니다. 그 결정적 증거가 바로 예수님의 부활입니다. 예수님이 부활하지 않으셨다면 예수님은 하나님이 보낸 분이 아니고 따라서 예수님의 제자로 따라 살 필요가 없습니다. 만약 하나님이 예수님을 보내신 게 아니라면 우리는 여전히 죄의 노예로 살 것입니다. 자신의 잘못과 실수 혹은 연약함 때문에 인생이 망가질 때, 해결책을 찾고 못하고 낙담하면서 살 것입니다. 모든 생이 끝나고 죽음을 직면하는 순간에도 어디로 가는지 알 수 없어 혼란스러울 것입니다. 그런데 우리 주님은 부활하셨습니다. 하나님이 예수님을 인정하신 것입니다. 예수님을 믿는 우리는 우리의 죄를 고백하고 구원을 입었고 그의 제자로서 이웃을 사랑하며 살아야 하는 존재가 되었습니다. 또한 우리는 죽어서 부활의 첫 열매가 되신 주님처럼 부활의 몸을 입고 영원하신 주님 앞에 서게 될 것입니다. 이 땅에서 주님을 위해 십자가를 지고 수고한 제자들은 주님을 만나면 반갑고 기뻐 눈물을 흘릴 것입니다.

그러나 주님의 제자로 살면서 때로 허물을 보인 사람은 주님 앞에 나서기 부끄러울 것입니다. 저도 그중 한 사람입니다. 저는 순결하고 흠이 없는 자로 살아왔다고 말할 수 없습니다. 그래서 죽어서 하나님 나라에 가게 된다면, 먼발치에 서 계신 주님을 보고 너무나 기쁘고 반가우면서도 부끄러워서 주춤주춤 기웃거리기만 할 듯합니다. 만약 그때 주님이 많은 사람 틈에서 저를 보시고, 제 허물을 떠올리는 대신 저를 향해 두 팔을 벌리고 이렇게 말씀하신다면 얼마나 좋을까요? "인수야, 네가 나를 위해 수고가 많았다. 아이들과 나의 교회를 위해 네가 아파하고 땀 흘린 것을 기억한다. 비록 너에게 부족한 부분도 있었지만 네 죄에 용감히 맞서 싸우고 잘못된 길로 다시 돌아가지 않았구나! 내 집에 거하면서 너도 편히 쉬거라." 이런 이야기를 들을 수 있다면 저는 그분 앞에 무릎을 꿇은 채 감격하여 울고 또 울며 이렇게 고백할 것입니다. "주님 감사합니다. 저는 죄인입니다. 부족하고 허물이 많은 인생입니다. 이런 저를 받아 주시다니 감사합니다."

부활의 약속이 오늘 주는 위로

우리는 언젠가 모두 죽습니다. 그리고 주님 앞에 서겠지요. 비록 부족하더라도 하나님의 뜻을 품고 이뤄 내기 위해 모든 것을 쏟아 붓는 사람은 죽음을 두려워하지 않습니다. 세상의 빛으로 살려고 애쓰며, 만나는 모든 사람에게 주님을 전할 방법을 고민하며, 고통받는 이들을 위해 사는 사람은 죽음을 두려워하지 않습니다. 그들에게 죽음은 인생의 끝이 아니라 새로운 시작이며, 죽음 후의 부활은 주님을 만날 수 있는 길이자 모든 수고를 마친 후에 쉴 수 있는 축복의 선언입니다.

한 가지 유의할 점은 부활의 의미가 내세에서 쉬는 것만을 의미하지 않는다는 사실입니다. 오늘 우리 삶에도 부활은 큰 의미가 있습니다. 우리는 주님의 일을 하다가 여러 어려움을 겪습니다. 제가 하는 일만 해도 이해 당사자들이 가만히 있지 않고 수시로 공격을 해 옵니다. 약자와 다수의 이익을 대변하기 위해 나섰다가 맹렬한 공격을 받고는 이 운동이 실패로 끝나지 않을까 걱정될 만한 상황이 한두 번 있었던 게 아닙니다.

그러나 하나님의 약속을 붙잡고 있는 삶과 운동은 다릅니다. 그 삶과 운동에는 희망이 있습니다. 어려움을 겪더라도 끝내 부활을 경험합니다. 그것은 죽어서 만나는 부활이 아니라 오늘 여기서 만나는 부활입니다. 예수님은 십자가에서 실패한 후 부활하심으로써 승리한 것이 아니라, 십자가에서 승리를 쟁취하시고 동시에 부활 승리까지 얻으셨습니다. 십자가를 통해 자기 백성을 죄에서 자유롭게 하셨습니다. 그래서 십자가는 그 자체로 성공입니다. 내세의 유보된 성공이 아니라 바로 그 자리에서 결실을 맺었습니다. 우리도 마찬가지입니다. 약속이 있는 한 결코 실패는 없습니다. 모두가 실패라고 절망한 십자가가 승리의 사건이요 최후 승리인 부활의 디딤판이었듯이, 우리가 끝났다고 생각하는 순간 대반전의 역사가 찾아옵니다.

저는 영화〈반지의 제왕: 두 개의 탑〉을 볼 때마다 큰 감동을 받습니다. 오크 군대가 압도적 수를 자랑하며 밀려오자 헬름 협곡 성 안 사람들과 요정 군대들은 견디지 못합니다. 패배가 눈앞에 닥쳤지요. 그러나 아라곤이 낙심에 빠진 세오덴왕을 끈질기게 설득해 마침내 세오덴왕은 성문 밖으로 나가 오크 군대와 싸우기로 합니다. 수십만의 까마득한 적군을 무찌르기 위해 고작 10여 명이 나섰습니다. 그들은 이기기 위해 맞섰지만 이미 죽기로 결심한 상태였습니다. 그때 갑자기 동쪽 하늘에서 빛이 비치며 간달프의 군대가 등장합니다. "닷새째 아침에 돌아오겠네. 동틀 무렵 동쪽을 바라보게나." 아라곤에게 한 약속을 간달프가 지킨 것입니다. 간달프와 빛의 군대는 "세오덴왕이 홀로 일어섰도다!"라고 외치며 오크의 군대를 섬멸합니다.

간달프가 동쪽 하늘 계곡 위로 찬란한 빛과 함께 나타나는 장면을 보노라면 언제나 눈물이 터집니다. 저에게도 언젠가 이런 영광이 찾아올 것만 같기 때문입니다. 저는 의심하지 않습니다. 저뿐 아니라 주님의 약속을 받고 이 땅에서 분투하는 신자들 모두에게 이런 영광과 은총이 찾아올 것입니다. 그것이 바로 부활의 역사, 승리의 역사입니다. 다시 말하지만 부활은 모든 싸움이 실패로 끝나고 죽어 하늘 나라에 가서 얻는 승리의 은총이기 전에, 오늘 여기 약속이 있는 싸움에서 먼저 경험할 은총입니다.

실패했지만 죽어서 하나님께 칭찬받는다고요? 그것이 부활 신앙이라고요? 네, 맞습니다. 그러나 그것만으로는 기뻐할 수 없습니다. 이 땅에서 죽어 가는 아이들을 살려 내는 데 실패한 채 저 나라에서 부활을 맞는 것으로 만족할 수가 없습니다. 그래서 저는 이렇게 기도합니다. '주님이 제게 약속하셨으니 그 약속을 지금 이루어 주십시오.' 이 약속이 어떻게 이루어질지 저는 모릅니다. 제가 어떻게 알겠습니까. 그러나 저는 하나님의 약속이 성취된다는 것만은 믿습니다. 먼 미래에 가서가 아니라 오늘 여기에서 말입니다.

이러한 부활 신앙을 가진 자만이 내세의 부활 승리를 믿을 수 있습니다. 여기서 부활 승리의 증거를 경험하지 못한 사람들이 어찌 미래의 부활을 믿겠습니까? 오늘 약속을 붙들고 씨름하다 얻은 부분적 부활 승리를 경험하지 못했는데 어찌 온전한 부활이 이루어질 그날을 사모하겠습니까? 여기서 부분적으로나마 사랑을 경험할 때 온전한 사랑을 고대할 수 있고, 여기서 부분적으로 예수님과의 만남을 경험해야 그날의 온전한 만남을 사모할 수 있습니다. '약속을 주셨으니 미루지 마시고 여기에서 그 약속을 이루어 주십시오.' 이렇게 끈기 있게 기도하는 자들은 과연 예수님을 향한 소망이 있는 자들입니다. 이런 믿음이 현실에서 결실을 맺는 것을 경험하는 자들만이 뒷날을 사모하며 오늘을 견딜 수 있습니다.

그러니 부활을 내세의 일로 제한하는 대신, 오늘 우리에게 임할 약속이라고 믿고 굳세게 살아갑시다. 그래야 실패가 임박한 순간에도 굴복하지 않을 수 있습니다. 홀로 고립된 채 싸워도 외롭지 않습니다. 그분이 주신 약속이 있는 한 절망할 이유가 없습니다. 약속을 붙들고 힘겹게 싸우고 있을 때, 간달프의 군대처럼 아침 동쪽 하늘 언덕 너머로 빛의 군대들이 홀연히 우리를 찾아올 것입니다. "세오덴의 왕이 홀로 일어섰도다." 성문을 열어젖히고 피 흘리며 싸우는 우리를 보고 주님이 이렇게 외치며 산비탈을 내려오실 것입니다. 그날을 보는 이들은 복된 자들입니다.

만남

초판 발행_ 2018년 7월 17일
2쇄 발행_ 2019년 11월 25일

지은이_ 송인수
펴낸이_ 신현기

펴낸곳_ 한국기독학생회출판부
등록번호_ 제313-2001-198호(1978.6.1)
주소_ 04031 서울시 마포구 동교로 156-10
대표 전화_ (02)337-2257 팩스_ (02)337-2258
영업 전화_ (02)338-2282 팩스_ 080-915-1515
홈페이지_ http://www.ivp.co.kr 이메일_ ivp@ivp.co.kr
ISBN 978-89-328-1640-1

ⓒ 송인수 2018

책값은 뒤표지에 있습니다.
무단 전재와 복제를 금합니다.